Kohlhammer

Psychotherapie kompakt

Herausgegeben von Nina Heinrichs, Rita Rosner, Günter H. Seidler, Carsten Spitzer, Rolf-Dieter Stieglitz und Bernhard Strauß

Begründet von Harald J. Freyberger, Rita Rosner, Ulrich Schweiger, Günter H. Seidler, Rolf-Dieter Stieglitz und Bernhard Strauß

Eine Übersicht aller lieferbaren und im Buchhandel angekündigten Bände der Reihe finden Sie unter:

 https://shop.kohlhammer.de/psychotherapiekompakt

Der Autor

Prof. Dr. phil. Bernhard Strauß, Professor für Medizinische Psychologie und Psychotherapie, Direktor des Instituts für Psychosoziale Medizin, Psychotherapie und Psychoonkologie am Universitätsklinikum Jena.

Studium der Psychologie in Konstanz, Promotion zum Dr. phil. an der Universität Hamburg, Habilitation an der Christian-Albrechts-Universität zu Kiel. Psychologischer Psychotherapeut (tiefenpsychologisch fundierte Psychotherapie/Psychoanalyse), Past President der Society for Psychotherapy Research (SPR), des Deutschen Kollegiums für Psychosomatische Medizin (DKPM) und der Deutschen Gesellschaft für Medizinische Psychologie (DGMP).

Arbeitsschwerpunkte sind die Psychotherapieforschung mit Schwerpunkt Gruppentherapie, klinische Bindungsforschung, unerwünschte Wirkungen von Psychotherapie, Psychoonkologie und psychologische Interventionen in verschiedenen Bereichen der Medizin sowie die klinische Sexualforschung.

Bernhard Strauß

Gruppenpsychotherapie

Grundlagen und integrative Konzepte

Verlag W. Kohlhammer

Dieses Werk einschließlich aller seiner Teile ist urheberrechtlich geschützt. Jede Verwendung außerhalb der engen Grenzen des Urheberrechts ist ohne Zustimmung des Verlags unzulässig und strafbar. Das gilt insbesondere für Vervielfältigungen, Übersetzungen und für die Einspeicherung und Verarbeitung in elektronischen Systemen.

Pharmakologische Daten verändern sich ständig. Verlag und Autoren tragen dafür Sorge, dass alle gemachten Angaben dem derzeitigen Wissensstand entsprechen. Eine Haftung hierfür kann jedoch nicht übernommen werden. Es empfiehlt sich, die Angaben anhand des Beipackzettels und der entsprechenden Fachinformationen zu überprüfen. Aufgrund der Auswahl häufig angewendeter Arzneimittel besteht kein Anspruch auf Vollständigkeit.

Die Wiedergabe von Warenbezeichnungen, Handelsnamen und sonstigen Kennzeichen berechtigt nicht zu der Annahme, dass diese frei benutzt werden dürfen. Vielmehr kann es sich auch dann um eingetragene Warenzeichen oder sonstige geschützte Kennzeichen handeln, wenn sie nicht eigens als solche gekennzeichnet sind.

Es konnten nicht alle Rechtsinhaber von Abbildungen ermittelt werden. Sollte dem Verlag gegenüber der Nachweis der Rechtsinhaberschaft geführt werden, wird das branchenübliche Honorar nachträglich gezahlt.

Dieses Werk enthält Hinweise/Links zu externen Websites Dritter, auf deren Inhalt der Verlag keinen Einfluss hat und die der Haftung der jeweiligen Seitenanbieter oder -betreiber unterliegen. Zum Zeitpunkt der Verlinkung wurden die externen Websites auf mögliche Rechtsverstöße überprüft und dabei keine Rechtsverletzung festgestellt. Ohne konkrete Hinweise auf eine solche Rechtsverletzung ist eine permanente inhaltliche Kontrolle der verlinkten Seiten nicht zumutbar. Sollten jedoch Rechtsverletzungen bekannt werden, werden die betroffenen externen Links soweit möglich unverzüglich entfernt.

1. Auflage 2022

Alle Rechte vorbehalten
© W. Kohlhammer GmbH, Stuttgart
Gesamtherstellung: W. Kohlhammer GmbH, Stuttgart

Print:
ISBN 978-3-17-031655-3

E-Book-Formate:
pdf: ISBN 978-3-17-031656-0
epub: ISBN 978-3-17-031657-7

Geleitwort zur Reihe

Die Psychotherapie hat sich in den letzten Jahrzehnten deutlich gewandelt: In den anerkannten Psychotherapieverfahren wurde das Spektrum an Behandlungsansätzen und -methoden extrem erweitert. Diese Methoden sind weitgehend auch empirisch abgesichert und evidenzbasiert. Dazu gibt es erkennbare Tendenzen der Integration von psychotherapeutischen Ansätzen, die sich manchmal ohnehin nicht immer eindeutig einem spezifischen Verfahren zuordnen lassen.

Konsequenz dieser Veränderungen ist, dass es kaum noch möglich ist, die Theorie eines psychotherapeutischen Verfahrens und deren Umsetzung in einem exklusiven Lehrbuch darzustellen. Vielmehr wird es auch den Bedürfnissen von Praktikern und Personen in Aus- und Weiterbildung entsprechen, sich spezifisch und komprimiert Informationen über bestimmte Ansätze und Fragestellungen in der Psychotherapie zu beschaffen. Diesen Bedürfnissen soll die Buchreihe »Psychotherapie kompakt« entgegenkommen.

Die von uns herausgegebene neue Buchreihe verfolgt den Anspruch, einen systematisch angelegten und gleichermaßen klinisch wie empirisch ausgerichteten Überblick über die manchmal kaum noch überschaubare Vielzahl aktueller psychotherapeutischer Techniken und Methoden zu geben. Die Reihe orientiert sich an den wissenschaftlich fundierten Verfahren, also der Psychodynamischen Psychotherapie, der Verhaltenstherapie, der Humanistischen und der Systemischen Therapie, wobei auch Methoden dargestellt werden, die weniger durch ihre empirische, sondern durch ihre klinische Evidenz Verbreitung gefunden haben. Die einzelnen Bände werden, soweit möglich, einer vorgegeben inneren Struktur folgen, die als zentrale Merkmale die Geschichte und Entwicklung des Ansatzes, die Verbindung zu anderen Methoden, die empirische und klinische Evidenz, die Kernelemente von Diagnostik und Therapie sowie Fallbeispiele umfasst. Darüber hinaus möchten wir uns mit verfahrensübergreifenden Querschnittsthemen befassen, die u. a. Fragestellungen der Diagnostik, der verschiedenen Rahmenbedingungen, Settings, der Psychotherapieforschung und der Supervision enthalten.

Nina Heinrichs (Bremen)
Rita Rosner (Eichstätt-Ingolstadt)
Günter H. Seidler (Dossenheim/Heidelberg)
Carsten Spitzer (Rostock)
Rolf-Dieter Stieglitz (Basel)
Bernhard Strauß (Jena)

Die Buchreihe wurde begründet von Harald J. Freyberger, Rita Rosner, Ulrich Schweiger, Günter H. Seidler, Rolf-Dieter Stieglitz und Bernhard Strauß.

Gruppenerfahrungen – Eine persönliche Vorbemerkung

»Der Sprung ins kalte Wasser«

Mein eigener Kontakt mit Gruppenpsychotherapie war rückblickend absolut abschreckend. Als neues Mitglied des Teams einer psychosomatischen Universitätsklinik, noch ohne abgeschlossene Psychotherapie-, geschweige denn Gruppenausbildung, wurde ich ganz überraschend mit der Aufgabe konfrontiert, die für die stationäre Gruppe zuständige Oberärztin etliche Wochen zu vertreten. Das Setting war speziell: eine 10-Betten-Station für überwiegend strukturell stark beeinträchtigte Patientinnen und Patienten mit einer üblichen Aufenthaltsdauer von sechs Monaten in einer halb-offenen Gruppe. Alle Behandlungsangebote waren in Gruppen organisiert, Einzelgespräche fanden in der Regel nicht statt, die »analytische« Gruppe wurde fünfmal pro Woche für 90 Minuten durchgeführt. Nach einer Woche als Beobachter der scheidenden Oberärztin (die eine extrem abstinente Haltung einnahm und dazu beitrug, dass in zwei von fünf Sitzungen komplett geschwiegen wurde) musste ich übernehmen – ohne jede Vorbildung und mit wenig Supervision. Im Nachgang hatte ich das Gefühl, dass die Gruppenmitglieder mit mir machten, was sie wollten, ein wirklicher Fortschritt war nach den wenigen Wochen nicht erkennbar.

Meine Verarbeitung dieser negativen Erfahrung, die mir in ähnlicher Form danach und bis heute oft von vielen Kolleginnen und Kollegen berichtet wurde, insbesondere von jenen Ausbildungsteilnehmerinnen und -teilnehmern, die im Rahmen ihrer PiA-Zeit in Kliniken ebenso unvorbereitet und unsupervidiert in das »kalte Gruppenwasser« geworfen wurden, war eher kontraphobisch. Ich zog mich nicht von Gruppen zurück, sondern versuchte mehr über sie zu erfahren, Selbsterfahrung in Gruppen zu machen und die bestmögliche Kompetenz zu erwerben, um Gruppen selbst durchführen zu können. Dies führte dann auch dazu, dass ich nach einiger Zeit für die oben beschriebene stationäre Gruppe selbst zuständig war und trotz aller Anstrengung und aller immer wieder auftauchender Schwierigkeiten große Freude an der Leitung dieser und später vieler anderer Gruppen fand.

Wissenschaftliche Neugierde als Bewältigungsstrategie

Ein Teil der Verarbeitung war auch die Entwicklung eines wissenschaftlichen Interesses an der Gruppe, das in dem besagten stationären Setting zunächst realisiert wurde durch die sog. Kieler Gruppenpsychotherapiestudie (gefördert durch die Breuninger Stiftung, Stuttgart), in der wir über einen Zeitraum von fast zwei Jahren den Verlauf einer stationären Gruppenpsychotherapie mit vielfältigen Methoden bis hin zu Videoaufzeichnungen und täglichen Einschätzungen zu verstehen versuchten (Strauß und Burgmeier-Lohse 1994a).

Die besagte Studie fiel in eine Zeit (Ende der 1980er Jahre), in der die Mainzer Kollegen Sven Olaf Hofmann, der dortige Lehrstuhlinhaber für Psychosomatische Medizin, und Markus Bassler die sog. Mainzer Werkstatt zur empirischen Forschung in der stationären Psychotherapie gründeten. Dies war ein mutiger und notwendiger Schritt. Gemeinsam mit Jochen Eckert (damals Professor für Klinische Psychologie an der Universität Hamburg) stellte ich fest, dass trotz der hohen Bedeutung von Gruppenpsychotherapien im stationären Setting keine der in dieser Werkstatt gegründeten Arbeitsgruppen sich mit dieser speziellen Thematik befassen wollte, was 1989 dazu führte, dass Jochen Eckert und ich den *Arbeitskreis stationäre Gruppenpsychotherapie* im Rahmen der Mainzer Werkstatt begründeten, der dann 1990 erstmalig an der Universität Kiel zusammenkam und tatsächlich bis heute noch existiert (seit 2020 unter der Leitung von Ulrike Dinger). Der Arbeitskreis schaffte es, immer mit »Bordmitteln«, kleinere Studien zu klinischen Fragen, insbesondere aber auch zur Entwicklung von Methoden durchzuführen, die die Literatur zur Gruppenpsychotherapie und die gruppenpsychotherapeutische Praxis bereichern konnten (z. B. Strauß 2011a).

Rollenmodelle

Im Kontext dieses Arbeitskreises und darüber hinaus habe ich von vielen Kolleginnen und Kollegen[1] viel über Gruppen, Gruppenpsychotherapieforschung und andere relevante Themen gelernt. Viele davon waren treue Mitglieder des Arbeitskreises und waren rückblickend für meine eigene Gruppensozialisation wichtig. Ich kann keineswegs alle erwähnen, möchte jedoch besonders hervorheben Susanne Davies-Osterkamp, Jürgen Ott, Anne Biermann-Ratjen und Jochen Eckert, Reinholde Kriebel, Henning Schauenburg, Karin Schreiber-Willnow und Klaus-Peter Seidler oder Diether Höger, der mit mir gemeinsam die Bindungsthematik in den Arbeitskreis brachte (Strauß et al. 2006).

Erfahrungen mit Gruppen »im Osten«

Helga Hess aus (Ost-)Berlin, mit der sich bereits vor der Wiedervereinigung ein Kontakt ergab, war ebenfalls von Anfang an Mitglied des Arbeitskreises. Der Kontakt mit ihr förderte den Austausch mit Konzepten und Forschungsansätzen in Ostdeutschland und im sozialistischen Europa, der u.a. auch seinen Niederschlag in einem Methodenbuch zur Gruppentherapie fand (Strauß et al. 1996). Helga Hess ermöglichte mir auch die Teilnahme an einer »internationalen [überwiegend osteuropäischen] Selbsterfahrungsgruppe«, die sie und ihr polnischer Kollege Czeslaw Czabala aus Warschau leiteten und die für viele kurzfristig ein Ort der Verarbeitung der Wendezeit gewesen war.

»Learning by doing and by teaching«

Der rege Austausch im Arbeitskreis zwischen den Forschern, Praktikern und in der Klinikorganisation Erfahrenen machte immer wieder deutlich, dass es (bis heute) massive Mängel im Bereich der Aus-, Fort- und Weiterbildung in der Gruppentherapie gibt. Eine gemeinsam durchge-

---

[1] Zugunsten einer lesefreundlichen Darstellung wird im Folgenden in aller Regel das generische Maskulinum verwendet, das alle Geschlechter (weiblich, männlich, divers) einschließt und ansprechen möchte.

führte Studie aus dem Arbeitskreis machte deutlich, dass tatsächlich die Mehrzahl gruppentherapeutisch Tätiger ihre Kompetenz schlicht über »Learning by Doing« erwerben musste (Strauß et al. 2012).

Dies hat dazu geführt, dass ich mich angeregt durch den Austausch mit den Kolleginnen und Kollegen aus dem Arbeitskreis zunehmend intensiver für die Organisation und Durchführung von Weiterbildungsveranstaltungen engagierte. Diese fokussierten auf die »traditionellen« Weiterbildungswochen in Orten wie Erfurt, Lindau, Lübeck oder Langeoog und diverse Ausbildungsinstitute.

Darüber hinaus entwickelte ich mit Dankwart Mattke aus München ein Curriculum zu »Allgemeinen und spezifischen Techniken der institutionellen Gruppenpsychotherapie« (AsTiG) unter dem Motto »Keine Angst vor Gruppen«, in dem wir versuchten, entweder dezentral oder in Form eines Inhouse-Trainings die ganze Breite allgemeiner und störungsspezifischer Ansätze in institutionalisierten Gruppen mit etlichen namhaften Gästen zu vermitteln (vgl. Strauß und Mattke 2009). Eine kondensierte Form dieses Curriculums konnte über fünf Jahre als Modul im Rahmen der Lindauer Psychotherapiewoche unter unserer Leitung angeboten werden (vgl. Mattke, Reddemann und Strauß 2017; Strauß und Mattke 2018).

Später wurde das Konzept wieder aufgegriffen in einer Weiterbildungskonzeption, die ich gemeinsam mit meinem leider viel zu früh verstorbenen Freund und Kollegen Harald J. Freyberger aus Greifswald/Stralsund entwickelte und in der wir versuchten, parallel verhaltenstherapeutische und psychodynamische Gruppenansätze zu vermitteln und zu unterrichten.

»Die kleine Community der Gruppenforscher«

Innerhalb der Psychotherapieforschung ist die Gemeinde der Gruppenpsychotherapieforscher vergleichsweise klein. Dies gilt sowohl auf nationaler Ebene, wie auch international, wo auch in Verbänden und Fachgesellschaften (für die Gruppe früher der DAGG, später die D3G) zumindest die empirische Forschung eine Randexistenz führt. Dort stehen mehr theoretische, klinische, gesellschaftstheoretische Themen im Mittelpunkt.

Auch die American Group Psychotherapy Association (AGPA) ist primär keine Forschungsorganisation, auch wenn dort immer wieder der Versuch gemacht wird, die Forschung sichtbar zu machen und zu verbreiten. Immerhin gibt es dort eine Special Interest Group für Gruppenforschung, eine Task Force Science to Service (S2S) und vor einigen Jahren eine Task Force, die Materialien und Methoden aus der Forschung zur Unterstützung von Gruppenpsychotherapeuten empfahl (Strauß et al. 2006b; Burlingame et al. 2006).

Im Hinblick auf die internationale Zusammenarbeit und Kooperation auf wissenschaftlicher Ebene war eine Begegnung anlässlich der jährlichen Tagung der Society for Psychotherapy Research (SPR) 2000 in Chicago von besonderer Bedeutung: Damals wurde ich von Gary M. Burlingame und K. Roy MacKenzie eingeladen, als Vertreter der europäischen Perspektive mit den beiden Kollegen ein Kapitel über die Gruppenpsychotherapieforschung in der 5. Auflage des Handbook of Psychotherapy and Behavior Change mit zu verfassen. Mit dieser Begegnung begann eine wirklich extrem produktive und intensive Kooperation speziell mit Gary Burlingame und seiner Arbeitsgruppe an der Brigham Young University, die auch von hoher Effizienz und von großem Gewinn für einige Mitarbeiterinnen und Mitarbeiter meiner eigenen Arbeitsgruppe bzw. meines Instituts war, die über verschiedene Stipendien und andere Finanzierungsformen die Möglichkeit hatten, Arbeitsaufenthalte an der Brigham Young University in Provo im Labor von Gary Burlingame zu absolvieren.

Die gemeinsamen Projekte und Arbeiten sind zahlreich. Das damals mit Roy MacKenzie verfasste Handbuchkapitel fand zunächst einen Nachfolger in einem Folgekapitel, in dem Anthony Joyce den leider verstorbenen Roy MacKenzie ersetzte und wurde soeben über ein gemeinsames Kapitel für die nunmehr 7. Auflage des Handbuchs, die Ende 2021 erschienen ist, grundlegend aktualisiert.

Absicht dieses Buches

Wie im Untertitel ausgedrückt, geht es in diesem Buch darum, die allgemeinen Grundlagen und integrative Konzepte der Gruppenpsychotherapie *kompakt* darzustellen. Mir ist klar, dass mit der Kompaktheit auch eine manchmal starke »Verdichtung« von Inhalten einhergeht, die aber vielleicht dazu anregt, anderswo weiterzulesen und weiterzulernen. Die dargestellten Konzepte sind für gruppentherapeutisch Tätige in allen Verfahren relevant. Informationen zu spezifischen Gruppenverfahren sind deshalb relativ knappgehalten (▶ Kap. 2), ebenso wie die Hinweise auf störungsorientierte oder -spezifische Gruppentherapien (▶ Kap. 6). Die Kapitel orientieren sich an einem einfachen Modell der wichtigen Einflussfaktoren auf das Ergebnis der Gruppentherapie, das sich gut eignet, sowohl die theoretischen Konzepte als auch Forschungsergebnisse zusammenzufassen. Ergebnisse der Gruppenpsychotherapieforschung, soweit sie die Wirkung und ausgewählte Prozessfaktoren betreffen, sind in einem gesonderten Kapitel behandelt (▶ Kap. 7), wie einige Aspekte der Gruppenpsychotherapieaus-, fort- und -weiterbildung (▶ Kap. 8). Der Umfangsbegrenzung ist geschuldet, dass in diesem Buch auf die Darstellung kasuistischen Materials verzichtet wurde.

Dank für wertvolle Gruppenerfahrungen

In dem Abriss meiner wesentlichen Erfahrungen mit Gruppenpsychotherapie in Klinik, Forschung und Ausbildung sind nur einige wenige Personen explizit genannt, denen ich ebenso wie zahlreichen anderen Kollegen, Patienten und Weiterbildungsteilnehmern sehr dankbar bin für den Austausch, viele reale Gruppenerfahrungen und dafür, von deren praktischem und theoretischem Wissen unendlich viel profitiert zu haben. All denen, die mir auf diesem Weg begegnet sind, möchte ich ebenso danken, wie den Menschen in meinem privaten Umfeld, die immer sehr viel Verständnis dafür hatten, dass ich mich in Gruppendingen engagierte und sich davon teilweise durchaus auch anstecken ließen.

Ich danke nicht zuletzt den Mitherausgebern dieser Buchreihe, insbesondere Carsten Spitzer, der den Text sehr gründlich und konstruktiv kritisch durchgesehen hat, und den Mitarbeitern des Kohlhammer Verlages, dieses kleine Kompendium der Gruppenpsychotherapie veröffentlichen zu können, das – wenngleich sehr kondensiert – versuchen will, jene Themen integrativ zusammenzufassen, die mir im Laufe der Jahre für die Praxis der Gruppenpsychotherapie besonders wichtig geworden sind.

Ein Zusatz: Gruppe in Zeiten der Pandemie

Die zeitlichen Freiräume für die Fertigstellung dieses kompakten Buches sind in den vergangenen Monaten paradoxerweise durch die COVID-19-Pandemie entstanden, aufgrund derer andere Aktivitäten und damit leider auch wichtige Gruppenerfahrungen stark eingeschränkt wurden.

Die Pandemie und ihre Bewältigung hat uns aus gruppenpsychologischer Sicht angesichts ihrer gewaltigen sozialen Dimension vieles über Gruppenprozesse gelehrt, wenngleich daran auch die Zweischneidigkeit der Gruppenperspektive deutlich wurde: Einerseits gilt körperliche Nähe und die Zusammenkunft von Gruppen als Gefahr und Ursache für die Verbreitung der Erkrankung, auf der anderen Seite sind Gruppenzusammenkünfte bekanntermaßen auch ein probates Mittel gegen Stress und Belastungen: »An intervention intended to reduce the likelihood of physiological illness likely contributes to a rise in likelihood of psychological illness« (Marmarosh et al. 2020, S. 124).

Allgemein ist jedoch zu erwarten, dass Gruppen und Gruppenpsychotherapie im Angesicht der Pandemie einen gewaltigen Aufschwung erleben, wie dies Craig Parks in einem Schwerpunktheft der Zeitschrift Group Dynamics formulierte:

> »The light is shining more brightly than ever on the power of group psychotherapy to help people quickly make meaningful improvements in their quality of life. Hopefully, all of this will spur interest in groups, interest in funding scholars of groups, and willingness to more fully underwrite group-based treatments for mental and life issues« (Parks 2020, S. 120).

Jena, im Januar 2022
Bernhard Strauß

Inhalt

Geleitwort zur Reihe		5
Gruppenerfahrungen – Eine persönliche Vorbemerkung		7
1	Gruppen und Gruppenpsychotherapie	19
	1.1 Konzepte der Gruppe	19
	1.2 Ambivalenz gegenüber Gruppen	23
	1.3 »Bowling Alone« – Stellenwert der Gruppe im Wandel	29
	1.4 Individuelle Ängste gegenüber Gruppen	32
	1.5 (Wegfall von) Barrieren für die praktische Durchführung von Gruppenpsychotherapie	33
	1.6 Ein allgemeines Modell zu Determinanten des Gruppentherapieergebnisses	37
2	Geschichte der Gruppenpsychotherapie und der Gruppentheorien	39
	2.1 Formale Veränderungstheorien der Gruppenpsychotherapie	39
	2.2 Historische Aspekte der Gruppenpsychotherapie ...	42
	2.3 Übersicht über gruppenpsychotherapeutische Verfahren	51
3	Strukturelle Aspekte von Gruppenpsychotherapie	72
	3.1 Typen therapeutischer Gruppen	72
	3.2 Verschiedene Behandlungssettings und ihre Besonderheiten	75

	3.3	Allgemeine Rahmenbedingungen von Gruppentherapien	87
	3.4	Auswahl von Gruppenmitgliedern/Indikation für Gruppentherapien	90
	3.5	Zusammensetzung einer Gruppe	96
	3.6	Vorbereitung und Information	101
4	**Gruppendynamik und Kleingruppenprozesse**		**111**
	4.1	Definitorisches zur Gruppendynamik	111
	4.2	Gruppendynamik und Prozesse in therapeutischen Gruppen	116
	4.3	Therapeutische Beziehungen in Gruppen	145
	4.4	Beendigung von Gruppen	148
	4.5	Spezifische und inhaltliche Aspekte von Kleingruppenprozessen	149
	4.6	Gruppendynamik in die Gruppe holen	151
5	**Merkmale der Gruppenmitglieder**		**153**
	5.1	»Matching« von Patientenmerkmalen und Behandlungsansätzen	153
	5.2	Prädiktoren für den Behandlungsprozess und das -ergebnis	155
	5.3	Besondere Herausforderungen durch Patientenmerkmale	161
6	**Gruppenleitung und Merkmale der Gruppenleiter**		**165**
	6.1	Aufgaben der Gruppenleitung	166
	6.2	Leiterstile	171
	6.3	Gruppenpsychotherapeutische Kompetenz	178
7	**Gruppentherapieforschung und Qualitätssicherung**		**183**
	7.1	Das Verhältnis von Forschung und Praxis – Ein Grundproblem	183
	7.2	Forschungsergebnisse zur Wirksamkeit von Gruppenpsychotherapie	185
	7.3	Feedbacksysteme in Gruppen	194

	7.4	Prozessforschung	196
	7.5	Forschungsrückblick und -ausblick	197
	7.6	Qualitätssicherung	200
8	**Aus- und Weiterbildung in Gruppenpsychotherapie**		**208**
	8.1	Formale und organisatorische Aspekte	208
	8.2	Inhaltliche Aspekte der Ausbildung	213
	8.3	Praxis und Verlauf der Ausbildung	219

Literatur ... 224

Sachwortverzeichnis ... 251

1 Gruppen und Gruppenpsychotherapie

»You lose yourself, you reappear, you suddenly find you got nothing to fear…«
(Bob Dylan, It's alright, Ma)

> Dieses Kapitel führt zunächst in einige Gruppenkonzepte ein und beschreibt die häufige Ambivalenz gegenüber Gruppen und ihre Quellen. Die Gruppe hat aus gesellschaftlicher Sicht in unterschiedlichen Zeiten eine unterschiedliche Wertigkeit und ist auf individueller Ebene durchaus mit verbreiteten Ängsten assoziiert. Im Hinblick auf die Durchführung von Gruppenpsychotherapie gab es jüngst eine Reihe von Maßnahmen, die es psychotherapeutisch Tätigen erleichtern, Gruppen anzubieten. Das Kapitel schließt mit einem Modell zu den Determinanten von Gruppentherapieergebnissen, das die Struktur für die Folgekapitel vorgibt.

1.1 Konzepte der Gruppe

Emile Durkheim hat in seiner Studie über den Selbstmord (1897) vermutet, dass eine entscheidende Ursache dieses freiwilligen Abschieds aus dem Leben die »schwindende Integrationskraft einer Gemeinschaft« sei (zit. nach Abels 2019). Um zu verhindern, dass ein Individuum »im Egoismus und in der Regellosigkeit versinkt«, sei es deshalb wichtig, es wieder in eine Gruppe zu integrieren. Durkheim, der bei dieser Gruppe in erster Linie an die »Berufsgruppe« dachte, führte an anderer Stelle (1902) aus, dass die Gruppe die moralische Funktion habe, *die Bindung der Individuen untereinander und an die Gesellschaft* zu sichern. Ähnlich wie Durkheim betonte in der Frühzeit der Soziologie auch Georg Simmel (1898) die zentrale Bedeutung von Gruppenbindungen für die Gesellschaft (Gesellschaft sei überall dort, »wo eine Anzahl von Menschen in Wechselwirkung treten und eine vorübergehende oder dauernde Einheit bilden«, S. 313). Seither wird der Gruppe in der Soziologie und der Entwicklungspsychologie eine hohe Bedeutung als »Motor der Sozialisation« zugewiesen.

Innerhalb der Sozialwissenschaften – so machen König und Schattenhofer (2020) deutlich – hat das Thema »Gruppe« von 1930 bis in die späten 1970er Jahre eine besondere Blütezeit erlebt und sei zum einen als eine »soziale Form«, zum anderen als »Prinzip« untersucht worden. Entsprechend war das Verständnis des Gegenstandes »Gruppe« lange Zeit sehr unterschiedlich und wurde im Laufe der Zeit vor allem mit zwei anderen zentralen sozialen Formen in Verbindung gebracht, nämlich der Familie [als prototypische Primärgruppe, Cooley 1909] einerseits, der Organisation andererseits.

Primäre Gruppen, wie die Familie und die »Peer Group«, die als »Schwelle zur Gesellschaft« verstanden wird, umfassen den ganzen Menschen und sind geprägt durch ein Gefühl der engen persönlichen Verbundenheit. Im Kontext von Primärgruppen lassen sich oft benutzte Attribute der Gruppe am besten verstehen, wonach diese als Heimat, Übergangsraum, Container, Mutter, Vater, sicherer Hafen oder sicherer Ort begriffen wird. In der Primärgruppe geht es von Anfang an um die ganze Person, in der Sekundärgruppe, die nur unter einem spezifischen Interesse beansprucht wird, geht es dagegen zunächst nur um die Rolle, die sie spielt (Abels 2019, S. 249).

Eine »paradigmatische Bedeutung« – so König (2015) – erreichte der Gruppenbegriff durch eine Einengung in den 1940er Jahren, in denen sich speziell die Sozialpsychologie mit Kleingruppenforschung und Gruppendynamik befasste. Dies ist insbesondere verknüpft mit Personen wie Jacob Moreno und Kurt Lewin, die maßgeblich prägten, was heute auch im klinischen Kontext an gruppendynamischen Konzepten noch bedeutsam ist (▶ Kap. 4).

1.1 Konzepte der Gruppe

Anfang der 1940er Jahre wurde der Begriff der Bezugsgruppe (Merton 1957) für Gruppen geprägt, »deren Zustimmung oder Ablehnung dem Individuum sehr wichtig sind« mit hoher normativer Funktion (jeder Mensch möchte so sein, wie die Anderen in seiner Bezugsgruppe; die Bezugsgruppe fungiert quasi als unsichtbarer Dritter in jeder dyadischen Interaktion, Strauss 1959).

In der sozialpsychologischen und soziologischen Literatur wird die Gruppe oft als *intermediäre Instanz* begriffen, die zwischen dem Individuum und der Gesellschaft vermittelt. König und Schattenhofer (2020) haben dies ausführlich dargestellt, indem sie eine innere Umwelt und eine äußere Umwelt des interaktionellen Raumes Gruppe differenzieren (▶ Abb. 1.1). Ein wichtiges Konzept, das vor allem mit dem Familienbild der Gruppe verbunden ist, ist die Auffassung, dass die Gruppe eben auch eine spezifische Gemeinschaft darstellt, während die gruppendynamischen Studien der Sozialpsychologie oftmals Gruppenarbeit im Kontext von produktiven Aufgaben (Gruppe als Team) gesehen haben.

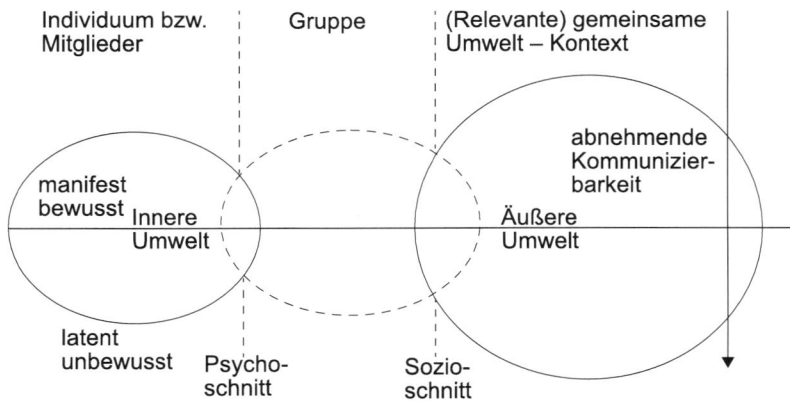

Abb. 1.1: Horizontale und vertikale »Schnittstellen« von Gruppen (König 2018, S. 20, Abchdruck mit Genehmigung von Springer © 2018)

Auf diesen Grundlagen baut die Konzeption der *Gruppe als Therapeutikum* auf, wobei (▶ Kap. 2), neben Jacob Moreno und Kurt Lewin auch einige frühe Psychoanalytiker für diesen Aspekt Pate standen.

S. H. Foulkes (2007) griff den erwähnten intermediären Ansatz in seinen Ausführungen auf, wenn er schreibt: »Der eigentliche Grund, weshalb unsere Patienten in der therapeutischen Gruppe ihre normalen Reaktionen erstarken lassen und ihre neurotischen Reaktionen korrigieren können, liegt darin, dass sie kollektiv die eigentliche Norm, von der sie abweichen, konstituieren (S. 39).«

Von großer Bedeutung für diese Schnittstelle, vielleicht fast etwas unterschätzt (vgl. Schultz-Venrath 2018), ist die Konzeption der therapeutischen *Gruppe als sozialer Mikrokosmos*, also die Annahme, dass sich in einer Kleingruppe *alle* sozialen Prozesse und Strukturen einer Gesellschaft reflektieren. Diese Auffassung geht ursprünglich auf Syz (1928) zurück und spielt auch in der gruppentherapeutischen Konzeption von Yalom (1970) eine tragende Rolle. Hans Caspar Syz scheint tatsächlich einer der vergessenen Väter der Gruppenpsychotherapie, -analyse und der Auffassung der sozialen Einbettung »neurotischer Zustände« (1928) zu sein: »Die sozial bedingte Natur des in einem gegebenen Fall erscheinenden Symptoms muss speziell berücksichtigt werden; man muss sich vergegenwärtigen, dass darin die Beziehung des Individuums zu Anderen ihren Ausdruck findet, dass das Symptom durch die für die allgemeine soziale Struktur charakteristischen Wechselbeziehungen bedingt ist« und »es muss definitiv mit dem Umstand gerechnet werden, dass die Untersuchungsinstrumente des Beobachters, sein Wahrnehmen, Überlegen und seine affektive Einstellung in einer für das soziale System typischen Weise modifiziert und geleitet werden« (Syz 1928/2018, S. 49). Entsprechend sei »in der Gruppenuntersuchung das Interesse nicht auf das individuelle System konzentriert. Es wird eher die Einstellung des Individuums im System lebendiger Dinge und die reziproke Haltung des sozialen Systems ihm gegenüber untersucht« (S. 50).

In ▶ Kap. 2 wird die Weiterführung der Gruppenidee in der Psychotherapie im historischen Kontext und bezogen auf diverse Behandlungstheorien weiter dargestellt. Diese Weiterentwicklung ist eng mit dem Konzept der *therapeutischen Gemeinschaft und des therapeutischen Milieus* verbunden, das ursprünglich mit Personen wie Cody Marsh und Tom Main verbunden war.

1.2 Ambivalenz gegenüber Gruppen

Der Pionier der Milieutherapie, Cody Marsh (1933), soll den Satz gesagt haben: »By the crowd they have been broken, by the crowd they shall be healed«, worin bereits die *Ambiguität von Gruppen* beschrieben ist, d. h. ihr heilsames ebenso wie ihr destruktives Potential. Es ist wichtig, beide Pole zu kennen, um die therapeutische Kraft der Gruppe optimal nutzen zu können.

Die destruktiven Seiten von Gruppen wurden früh in Schriften zur Massenpsychologie thematisiert und später in der gruppendynamischen Literatur wieder aufgegriffen. Wichtig sind in diesem Kontext auch einige »klassische« sozialpsychologische Befunde.

Sigmund Freud, der in seiner Abhandlung zur »Massenpsychologie und Ich-Analyse« das destruktive Potential von Großgruppen oder »Massen« beschrieben hat, beruft sich auf eine heute interessanterweise wieder sehr populär gewordene Schrift des französischen Wissenschaftlers Gustave Le Bon (1895) mit dem Titel »Psychologie der Massen« (»Psychologie des foules«), die bereits einige wichtige Themen der Gruppendynamik (wie z. B. Konformität, Entfremdung, Führung, ▶ Kap. 4) markierte: Le Bon betonte die zentrale Rolle des Unbewussten und vermutete, dass der Einzelne, sei er auch noch so kultiviert, in der Masse im Sinne einer Ansteckung kritikunfähig wird und sich primitiv verhält und damit von »Führern« leicht zu lenken sei.

Dieses Problem findet sich auch in Aphorismen klassischer Schriftsteller (von Friedrich Schiller stammt der Ausspruch: »Jeder, sieht man ihn einzeln, ist leidlich klug und verständig; sind sie in corpore, gleich wird euch ein Dummkopf daraus«; Goethe formulierte: »Nichts ist widerwärtiger als die Majorität; denn sie besteht aus wenigen kräftigen Vorgängern, aus Schelmen, die sich akkommodieren, aus Schwachen, die sich assimilieren, und der Masse, die nachtrollt, ohne nur im mindesten zu wissen, was sie will«).

In seiner berühmten Schrift zur Massenpsychologie verglich Freud (1921) die Masse mit einer Urhorde, die für den Einzelnen einerseits unheimlich, andererseits aber auch vertraut sei. Freud war der Auffassung, dass die Massenbildung immer die individuelle Neurose zurücktreten ließe und ebenso die Realitätsprüfung hinter die Stärke affektiver Wunschregelung stelle. Die Masse, Freud bezog sich hauptsächlich auf die künstlichen Massen der Kirche und des Heeres (heute könnte man seine Auswirkungen z. B. auf Hooligans und extreme politische Gruppen beziehen), sei geleitet von einem Massenideal zu dessen Gunsten das Ich-Ideal des Einzelnen aufgegeben wird. In der Masse, meist gerichtet auf eine Autorität, kommt es zu Regressionen, die sich zeigen an einer intellektuellen Schwäche, ungehemmter Affektivität, der Unfähigkeit zur Mäßigung, affektiven Grenzüberschreitungen und einer Gefühlsabfuhr in Handlungen. In der Masse würden – so Freud – Verdrängungen abgeworfen. Grundtatsachen der Massenpsychologie seien die Affektsteigerung und die Denkhemmung.

Auch wenn er mit diesen Charakterisierungen sicher nicht die Kleingruppe im Blick hatte, die wir heute therapeutisch nutzen, ist in dieser Darstellung doch deutlich, dass Gruppen eine gewisse Gefährlichkeit haben und somit auch durchaus Angst machen können.

Aus gruppendynamischer Sicht haben bspw. Sader (2008) und Antons (2009) viel dazu gearbeitet, wie man »*die dunkle Seite von Gruppen*« besser verstehen kann. Antons bezog sich gelegentlich auf Schulerfahrungen, wenn es um die destruktiven Gruppenerfahrungen geht und meinte »Wer immer auch einmal in einer Schule war, kennt die dunklen Seiten von Gruppen« (S. 324). Die Thematik ist immer wieder in gruppendynamischen Publikationen – recht vielfältig in den 1970er Jahren, in denen die Gruppe einen Auf- und Abschwung erlebte (siehe unten) – behandelt worden, bspw. von Sbandi (1973), der bspw. zum Gruppendruck, der in sozialpsychologischen Experimenten von zentraler Bedeutung war, meinte: »Dies alles scheint darauf hinzuweisen, dass der Einzelne nicht ertragen kann, sich in einer Situation zu befinden, in der er sich in Gefahr erlebt, isoliert zu werden. Er wird rasch versuchen, sich denjenigen anzuschließen, die ihn aus dieser Situation befreien können. Es kann sich dabei um einen Partner, jedoch auch um eine Mehrheit mit verworrenen Ideen, ja sogar um eine Autorität handeln, die von ihm Schreckliches verlangt« (S.65). (Wie aktuell ist dieses Resümee in Zeiten einer Corona-Pandemie geworden.)

Antons, der die sozialpsychologischen Experimente und auch gruppendynamische Konzepte durchaus kritisch diskutierte, bietet ein sehr brauchbares Modell zweier polarer Kräfte an, die Gruppen am Leben halten und die seiner Meinung nach für die Entstehung von Gruppendynamik überhaupt notwendig sind. Die beiden Kräfte bezeichnet er als die zentripetale (für den Zusammenhalt des Systems sorgende) und die zentrifugale Kraft, die für Ausdehnung und Abgrenzung sorgt. Zurecht meint Antons, dass jedes Individuum in einer Gruppe sich der Herausforderung stellen muss, eine gute Balance zu finden zwischen der (relativen) Aufgabe von Autonomie, Selbstbestimmung und Individualität, um überhaupt Gemeinsamkeit zu schaffen und zu erleben, demgegenüber jedoch auch sich selbst abzugrenzen und vor »dem Sog des Kollektivs« zu schützen: »Gruppe bringt etwas – kostet aber auch etwas. Zugehörigkeit wird gegen Freiheit eingetauscht.« Zu viel zentripetale Energie kann dazu führen, dass es zu einer Verschmelzung mit dem Kollektiv kommt, die sich bspw. in hohem Konformitätsdruck zeigt.

Das von Janis (1972, 1982) entwickelte Konzept des Gruppendenkens (Groupthink) beschreibt beispielhaft eine Tendenz zu Harmoniesucht und Konfliktscheu. Interessanterweise hat Janis das Konzept anhand wichtiger politischer Entscheidungen von Spitzengremien im Weißen Haus entwickelt (ursprünglich zur Amtszeit J.F. Kennedys anlässlich der Entscheidung seines Beratergremiums für die Invasion der Schweinebucht auf Kuba), um für eine wachsame Entscheidungsfindung zu plädieren. Groupthink wird bedingt durch eine hohe Kohäsion der Gruppe, eine hohe soziale und ideologische Homogenität ihrer Mitglieder, ein hohes Maß an Belastung, eine direktive und autoritäre Leitung, das Fehlen von Entscheidungsverfahren und die Tatsache, dass die Gruppe von äußeren Einflüssen isoliert arbeitet. Forsyth (2020) hat das Konzept des Gruppendenkens im Kontext der COVID-19-Pandemie wieder aufgegriffen und gezeigt, dass insbesondere bestimmte Gruppen, die sich dezidiert gegen die Befolgung von Maßnahmen der öffentlichen Gesundheit stellen, potentiell Mechanismen des Gruppendenkens unterliegen (vgl. Strauß et al. 2021a).

Maßnahmen gegen die Homogenisierung, die in der Gruppendynamik empfohlen werden, sind durchaus auch für die Gruppenpsychotherapie relevant, wie bspw. der Versuch, Gruppen möglichst heterogen zu besetzen, um eine Vielzahl von Perspektiven und Standpunkten zu ermöglichen (Antons 2009, S. 335). Auch die Verfestigung von Gruppengrenzen und die Abschottung nach außen und die in bspw. Philip Zimbardos Stanford Prison Experiment (s. u.) nachgewiesene Unterwerfung und Gehorsam sind Folgen allzu zentripetaler Kräfte. Antons, wie auch ein weiterer Pionier der Gruppendynamik, Manfred Sader, haben in verschiedenen Arbeiten gezeigt, wie Sozialisationsprozesse ebenso wie Prozesse auf politischer Ebene letztlich durch die Dynamik von Gruppen beeinflusst sind und immer wieder die dunkle Seite der Gruppe reflektieren.

Im Hinblick auf die zentrifugalen Kräfte führt Antons ein Modell an, das in Kap. 4 ausführlicher aufgegriffen wird, nämlich die soziodynamische Grundformel nach Schindler (2006), die beinhaltet, dass sich eine Gruppe immer auch gegenüber einem fiktiven Gegner formiert und darüber zusammenfindet (▶ Kap. 4). Folgen von übermäßigen zentrifugalen Kräften können zur Zerstörung der Gruppe führen, zur Spaltung der Gruppe, zur Schaffung eines Sündenbocks oder mehrerer Sündenböcke, für die ebenfalls wieder Schindlers Modell im Sinne der Omega-Position einer Gruppe ein gutes Beispiel liefert.

Letztendlich gehört die dunkle Seite zur Realität der Gruppe ebenso wie ihre helle Seite. Antons (2009) meint, dass ein Modell von Gruppe, das Evolution auf dem Prinzip von Kooperation sieht und ein konstruktives Miteinander für nötig und möglich hält (wie es therapeutische Gruppen zweifelsfrei beinhalten sollten) geeignet ist, um die grundlegende Frage immer wieder im Blick zu haben, »Wie bekomme ich die zentrifugalen Kräfte wieder in eine Balance mit den zentripetalen?« (S. 355). Wenn Gruppenleiter sich dies vor Augen halten und die Thematik auch mit Gruppenmitgliedern diskutieren, dürfte das sozialpsychologisch gut belegte destruktive Potential von Gruppen gut zu entgiften sein.

Aufgrund einiger Verstöße gegen gute wissenschaftliche Praxis und im Kontext der Replikationskrise in der Psychologie ist die *Sozialpsychologie* jüngst etwas in Verruf geraten, dennoch hat sie wesentlich dazu beigetragen, dass Gruppenprozesse – sowohl die positiv wirksamen wie die destruktiven – gut untersucht sind.

Es gibt eine Reihe von klassischen Experimenten in der Geschichte der (Sozial-)Psychologie, die eine Ambivalenz gegenüber Gruppen begründen, wie z. B. Solomon Aschs Studie (1951) zur Konformität, in der es um eine extrem simple Aufgabe, nämlich die Einschätzung einfacher Linien ging:

Auf einer Karte wurde einer Probandengruppe (in der außer dem jeweiligen Probanden nur »Komplizen« des Versuchsleiters enthalten waren) eine Linie dargeboten. Neben dieser Referenzlinie wurden drei weitere Linien gezeigt und es war die Aufgabe der Personen, einzuschätzen, welche dieser drei Vergleichslinien gleich lang war wie die Referenzlinie. Bei jedem Durchgang war eine der Linien deutlich erkennbar gleich lang wie die Referenzlinie. In der Kontrollgruppe sollten die Vertrauten des Versuchsleiters ihre wahre Einschätzung in der Gruppe äußern, welche Linie die gleich lange sei. Erwartungsgemäß macht die Versuchsperson, die mit den heimlich Vertrauten am Tisch sitzt, unter dieser Bedingung kaum Fehler (unter 1 %).

In der Experimentalgruppe fanden jeweils 18 Schätzungen statt. Während sechs dieser Durchgänge waren die heimlichen Vertrauten des Versuchsleiters instruiert, ein richtiges Urteil abzugeben. Während der verbliebenen zwölf Durchgänge (zufällig unter die sechs richtigen gemischt) sollten die Vertrauten einstimmig ein falsches Urteil abgeben. Die Probanden passten sich bei etwa einem Drittel der Durchgänge trotz offensichtlicher Fehlentscheidung der Mehrheit an. Nur ein Viertel der Versuchspersonen ist unbeeinflusst geblieben, sie machten auch in den zwölf manipulierten Durchgängen keinen Fehler. Wenn ein Vertrauter des Versuchsleiters willentlich falsche Urteile abgab, dann passten sich die Probanden in einem Drittel aller Versuchsdurchgänge trotz ganz offensichtlicher Fehlentscheidung der Mehrheit an. Lediglich ein Viertel blieb unbeeinflusst.

Die Experimente von Asch wurden erst vor wenigen Jahren mit 4jährigen Kindern repliziert (Haun und Tomasello 2011). In dieser Studie wurden Vorschulkinder in Gruppen von vier Kindern untersucht.

Die Kinder erhielten scheinbar identische Bücher mit 30 doppelseitigen Illustrationen, auf denen Tierfamilien abgebildet waren. Auf der linken Seite waren die Mutter, der Vater und das Kind gemeinsam zu sehen, auf der rechten Seite nur eines der drei Mitglieder. Die Kinder wurden gebeten, die Familienmitglieder aus dem rechten Blatt zu identifizieren. Obwohl die Kinder alle glaubten, identische Bücher zu haben, waren nur drei der vier Bücher tatsächlich identisch, in dem vierten war gelegentlich ein Mitglied einer anderen Tierfamilie auf der rechten Seite zu sehen. Diese experimentelle Variation diente dazu, das Kind mit der abweichenden Buchversion mit einer aus seiner Sicht falschen, aber einhelligen Meinung der Gleichaltrigen zu konfrontieren. Von 24 Kindern passten sich 18 mindestens einmal der Mehrheitsentscheidung an, obwohl diese aus eigener Sicht falsch war. in der Fortführung dieser Studie wurde die Motivation für die Konformität der Kinder weiter untersucht. Kurz zusammengefasst, zeigte diese Fortsetzung, dass Konformität dadurch noch gesteigert wurde, dass die Antwort der Kinder öffentlich (in diesem Fall laut ausgesprochen) war, was die Untersucher damit interpretierten, dass sozialer Druck ein wesentlicher Motivator für die soziale Anpassung darstellt.

Ein Schüler von Solomon Asch, Stanley Milgram (1974), wurde berühmt mit einem Experiment zur Bereitschaft Einzelner, autoritären Anweisungen auch dann zu folgen, wenn sie mit dem eigenen Gewissen gar nicht vereinbar waren. In diesem »Milgram-Experiment« ging es darum, Fehler zu bestrafen und elektrische Schläge gegenüber einem »Schüler« zu applizieren, die eigentlich real gar nicht auszuhalten gewesen wären. In dem Originalexperiment verabreichten 26 von 40 Probanden elektrische Schläge von maximaler Spannung (450 Volt). Die Relevanz des Experiments für die Gruppe liegt u. a. in der Bedeutung von Gehorsam und der Bereitschaft unter Autoritätsdruck asoziales Verhalten zu zeigen.

Eine ähnliche Berühmtheit hat das von Philip Zimbardo entwickelte, sog. Stanford-Prison-Experiment erreicht (auch dieses hat in jüngster Zeit einige Zweifel hervorgerufen). Das Experiment (Haney et al. 1973) teilte eine Freiwilligengruppe in Gefangene und Wärter ein und beobachtete, wie die Gruppen ihre Rollen finden. Nach wenigen Tagen musste das Experiment bereits abgebrochen werden, da die gegenseitige Gewaltbereitschaft eskalierte und Exzesse zu befürchten waren.

Schließlich sei beispielhaft noch auf das sog. Robbers-Cave-Experiment verwiesen, das von Sherif et al. (1961) durchgeführt wurde und das im Rahmen eines Ferienlagers zwei separate Gruppen betreute mit dem Ziel, ein Gruppengefühl zu entwickeln. Dieses Vorgehen führte dazu, dass die beiden Gruppen sich gegenseitig beschimpften und aggressiv wurden, wenn sie miteinander in Wettbewerb treten mussten. Sherif konnte zeigen, dass die Stereotype, die sich in den Gruppen entwickelten, erst dann auflösbar waren, wenn man den Gruppen Aufgaben stellte, die sie letztendlich nur gemeinsam lösen konnten. Damit wurde das Experiment von einer äußerst destruktiven in eine konstruktive Richtung umgewandelt durch die Setzung gemeinsamer Ziele und die Notwendigkeit aktiver Zusammenarbeit.

Einige dieser Experimente und ihre Grundprinzipien wie Konformität, Beeinflussbarkeit und Gruppendruck sind in Spielfilmen wie z. B. »Das Experiment« (2001), »Die zwölf Geschworenen« (1957) oder »Die Welle« (2008) hervorragend nachzuvollziehen.

1.3 »Bowling Alone« – Stellenwert der Gruppe im Wandel

Es war vermutlich der Geist der 1968er Jahre, der Gruppen als Bühne für Selbsterfahrung, Begegnung und Entwicklung einen mächtigen Auftrieb gab. Das von Horst Eberhard Richter 1972 publizierte Buch »Die Gruppe« kennzeichnet diesen Geist, der sich auch im Untertitel des Buches »Hoffnung auf einen neuen Weg, sich selbst und andere zu befreien« spiegelt. Gruppen hatten damals hehre Ziele, die – wie König (2011) ausführt – einen sehr weitgehenden sozialen und moralischen Anspruch ausdrückten, verbunden mit der Idee, durch die Nutzung von Gruppen auch die Gesellschaft zu verändern und sie u. a. zu einer sozialeren, gerechteren und altruistischeren Gesellschaft zu machen.

Der Anspruch führte dazu, dass es sehr modern und speziell in bestimmten Schichten geradezu als politisch korrekt galt, sich in Gruppen zu finden, zu begegnen und zu entwickeln (bei Richter 1972 war die Rede von der Krise des Individuums). In den letzten Jahren ist in den Diskussionen über den Stellenwert von Gruppen und Gruppenpsychotherapie von diesem Geist der Revolte nicht mehr viel übrig, stattdessen – siehe unten – von der Krise der Gruppe und der Zunahme des Individualismus (und des Narzissmus) in der Gesellschaft.

Für die Jahre seit 2000 in der Bundesrepublik Deutschland machte König (2011) deutlich, dass Gruppenkonzepte, die in den 1970er Jahren zunächst im therapeutischen und pädagogischen Bereich, dann aber auch mehr und mehr in der Arbeitswelt an Bedeutung gewannen, ihren Stellenwert eingebüßt hätten. Der Deutsche Arbeitskreis für Gruppenpsychotherapie und Gruppendynamik (DAGG), der sich in Sektionen differenzierte, die sich eher mit gruppenanalytischen/gruppentherapeutischen, gruppendynamischen und psychodramatischen Ansätzen befassten, hat seine Organisationsform 2011 aufgelöst, u. a. auch, da die einzelnen Sektionen sich doch sehr voneinander separiert hatten. Parallel dazu haben Gruppenkonzepte in verschiedenen Bereichen des psychosozialen Feldes zumindest einen Bedeutungswandel erfahren. Sie sind sehr viel fokussierter, ökonomisierter und von den idealistischen Ansprüchen, die oben genannt wurden, »befreit«. König (2011) beschreibt, dass heute Gruppen Konjunktur hätten, die für genau definierte Bedürfnisse und Ansprüche gedacht sind, wie bspw. religiöse oder spirituelle Gruppen für die Sinnsuche, Trainingsgruppen für den Erwerb spezifischer Fertigkeiten, selbstverständlich vielfältige soziale Gruppen, zu denen auch die sozialen Netzwerke im Internet gehören, Kreativgruppen und auch gesundheitsbezogene Gruppen, die sich sowohl in Fitness-Studios als auch unter dem Label einer störungsspezifischen Therapiegruppe – im psychotherapeutischen Versorgungssystem – finden lassen.

König (2011) macht die Modernisierung und damit verbundene Wandlungsprozesse für eine Veränderung der kulturellen Bedeutung von Gruppen verantwortlich und deutet an, dass diese Wandlung zugunsten der Individualität erfolgte. Dies stimmt überein mit den Überlegungen eines US-amerikanischen Soziologen, Robert D. Putnam, der in seinem 2000 erschienenen Buch »Bowling alone« deutlich macht, dass auch in der US-amerikanischen Gesellschaft eine Verhaltensänderung stattgefunden hat, gekennzeichnet durch die *Loslösung des einzelnen von anderen und Gemeinschaften*, jedoch auch eine damit verbundene *Desintegration sozialer Strukturen*.

In einer Abhandlung des britischen Gruppenanalytikers Farhad Dalal (1999), die sich mit den Themen Macht, Identität und Konflikt in Gruppen befasst, vertritt dieser die Auffassung, dass Identität letztend-

1.3 »Bowling Alone« – Stellenwert der Gruppe im Wandel

lich maßgeblich aus einer Bewertung der Beziehungen zwischen Menschen entsteht (z. B. den Anhängern eines Therapieverfahrens, einer Theorie oder einer politischen Idee). Nach Dalal neigen Menschen dazu, Gruppenidentitäten zu kreieren (zumindest in der Phantasie) mit dem Zweck, die Illusion von Stabilität zu konstruieren (Wer ich bin und was ich bin, hängt davon ab, zum wem/was ich gehöre).

Nun werden Identitäten kontinuierlich bedroht (bspw. von außen und durch andere Gruppen). In dieser Bedrohung kämpfen Menschen um ihre Identität, indem sie an den Bezeichnungen (Labels) für ihre Gruppen umso mehr festhalten, diese für essentiell halten und erklären. Dalal macht deutlich, dass dann oft Fundamentalismus (z. B. religiöser oder politischer) resultiert, wenn diese Tendenz zu mächtig wird. Über diese Funktion ist die Notwendigkeit der Identifikation mit Gruppen und die Affinität zu Gruppen trotz aller gesellschaftlichen Veränderungen des Stellenwertes von Gruppen gesichert. Diese Veränderung betraf auch die Gruppenpsychotherapie, wie Hirsch (2004) zeigte, der sich Gedanken zum »Schwinden der Attraktivität analytischer Gruppenpsychotherapie« machte.

Die Debatte um die Frage der Attraktivität von Gruppen hat dazu geführt, dass eine eigene Arbeitsgruppe im Jahr 2010 im Rahmen einer Repräsentativerhebung bei 2512 Bundesbürgern überprüft hat, wie Personen ganz allgemein Gruppen erleben und welche Einstellung und Haltung sie gegenüber klinischen Gruppen haben. Die Ergebnisse dieser Studie sind bei Strauß et al. (2015) ausführlich beschrieben. Die Studie zeigte, dass die »Bundesbürger« sowohl im Arbeits- als auch im Freizeitbereich vielfältige Erfahrungen mit Gruppen berichten, die sie auch überwiegend positiv bewerten. Interessanterweise hatten mehr als die Hälfte bekannt, dass sie sich etwas unter »Gruppenpsychotherapie« vorstellen könnten, noch mehr waren der Meinung, dass Gruppenpsychotherapie etwas Sinnvolles sei (83%), immerhin 6,4% gaben sogar eigene Erfahrungen mit Gruppenpsychotherapien an, was möglicherweise durch die Verbreitung von Gruppen in Reha-Kliniken innerhalb der Bundesrepublik Deutschland zu erklären ist. Auf die Frage, was die Befragten empfehlen würden, wenn ein guter Freund Probleme hätte und psychotherapeutische Hilfe bräuchte, gaben immerhin etwa 35% (gegenüber 65% für die Einzeltherapie) an, Gruppenpsychotherapien zu empfehlen, insbesondere im Falle von traumatisierenden Erfahrungen oder Unfällen, Angst, Depression, aber auch Trauer und Verlust.

Einer durchaus positiven Einstellung innerhalb der Bevölkerung, wie sie sich in dieser Repräsentativerhebung abzeichnete, steht nach wie vor entgegen, dass Gruppenpsychotherapien zumindest im ambulanten Versorgungssystem immer noch vergleichsweise wenig verbreitet sind (▶ Kap. 1.5).

1.4 Individuelle Ängste gegenüber Gruppen

Wenn man sich Antons' (2009) Hinweis darauf vergegenwärtigt, dass bspw. Schulerfahrungen oft die dunklen Seiten von Gruppen darlegen, ist gut vorstellbar, dass kaum jemand im Laufe der Entwicklung *keine* negative Gruppenerfahrung gemacht haben dürfte. Solche Erfahrungen beginnen u. U. bereits im Vorschulalter, reichen über die Schul- und Ausbildungszeit bis hin ins Berufsleben, wo negative Gruppenerfahrungen in unterschiedlichen Arbeitsgruppen, im Extremfall »Mobbing«, berichtet werden. Diese Erfahrungen sind sicher eine wesentliche Quelle für ein Unbehagen von Patienten, das oft zu beobachten ist, wenn ein gruppentherapeutisches Angebot unterbreitet wird.

Dazu kommen oft generelle Ängste vor anderen Menschen und davor, sich selbst zu öffnen, oder sich öffnen zu müssen und dann beschämt zu werden. Häufig werden Befürchtungen geäußert, dass in Gruppentherapien Themen und Emotionen erst durch die Berichte und Darstellungen anderer Gruppenmitglieder aktiviert werden, was bei einzelnen Personen durchaus die Angst vor Retraumatisierungen schürt. Umgekehrt gibt es auch die Angst, dass die Probleme anderer »ansteckend« sein könnten oder dass die Situation in Gruppen insgesamt schwer kontrollierbar ist und somit auch Einzelne die Befürchtung haben müssen, die Kontrolle über sich und die Situation zu verlieren.

Des Weiteren – und dies ist vermutlich besonders verbreitet – äußern viele Patienten Zweifel, ob sie sich innerhalb einer Gruppe anvertrauen,

Vertrauen zu anderen, zunächst fremden Menschen finden können, was bei Menschen mit psychischen Störungen naturgemäß entwicklungsbedingt ein schwieriges Unterfangen darstellt. Es gibt – möglicherweise auch verbunden mit eigenen Vorerfahrungen – häufige Mythen über therapeutische Gruppen, bspw. dass man sich dort unentwegt »entblößen« müsse, man schutzlos ausgeliefert sei und ständig Gefahr laufe, von anderen zurückgewiesen zu werden. Schließlich gibt es oft Bedenken, dass die Vertraulichkeit im Hinblick auf Themen, Inhalte und Affekte, die in Gruppen offenbart werden, außerhalb der Gruppe nicht gewahrt bleiben könnte, dass also Informationen von anderen Gruppenmitgliedern weitergegeben werden und Schweigepflichten bzw. Verschwiegenheitsgebote nicht eingehalten werden.

All diese Aspekte schüren eine gewisse Skepsis gegenüber Gruppen, sind weit verbreitet, können jedoch in der Regel durch eine adäquate Information und Aufklärung entkräftet oder zumindest soweit reduziert werden, dass Patienten den Mut schöpfen, sich in eine Gruppe hineinzubegeben (▶ Kap. 3). Wenn die dort gemachten Erfahrungen dann hinreichend positiv sind, werden die meisten durchaus bereit sein, sich auf einen länger dauernden Gruppenprozess einzulassen. Eine wichtige Voraussetzung dafür, Bedenken von Patienten gegenüber Gruppen auszuräumen, ist selbstverständlich die Überzeugung der Therapeuten, dass Gruppenpsychotherapie ein hochwirksames und vielversprechendes Behandlungsangebot darstellt.

1.5 (Wegfall von) Barrieren für die praktische Durchführung von Gruppenpsychotherapie

Im Hinblick auf die Bereitschaft und die Motivation, Gruppen anzubieten bzw. – auf Patientenseite – Gruppen in Anspruch zu nehmen, gibt es mittlerweile große Unterschiede in Abhängigkeit vom Behandlungssetting. In *stationären und teilstationären Einrichtungen* gehören Gruppentherapien i. d. R. zu den Standardbehandlungselementen (▶ Kap. 3).

Die *ambulante Gruppenpsychotherapie* war im Rahmen von Richtlinienverfahren lange nur wenig verbreitet, obwohl eine beträchtliche Zahl an niedergelassenen Psychotherapeuten eigentlich fachlich befähigt bzw. ermächtigt wäre, Gruppen durchzuführen. Es gibt Hinweise dafür, dass beginnend in den letzten Jahrzehnten des vergangenen Jahrhunderts der Anteil an Gruppenbehandlungen im Bereich der Richtlinienpsychotherapie stetig zurückging: wurden im Jahr 1991 noch 3,5% der Richtlinienpsychotherapien in Gruppen angeboten, waren es 1998 nur noch 1,5% und 2005 nur noch 0,8%, ein Anteil, der erst nach einer verbesserten Gratifikation wieder leicht anstieg. Dennoch wurden noch unlängst Befunde berichtet, die zeigen, dass von den abrechnungsberechtigten und für Gruppenpsychotherapie qualifizierten Psychotherapeuten (in der Untersuchung von Walendzik et al. 2011 waren dies 24,2%) nur ein Drittel tatsächlich gruppentherapeutische Behandlungen durchführte (7,7%).

Nach einer Studie der Bundespsychotherapeutenkammer (BPtK 2018) zur Versorgung ein Jahr nach wesentlichen Reformen der Psychotherapierichtlinien (z. B. Einführung von Sprechstunde, Akutbehandlung, Einzel- und Gruppentherapiekombination) machte die Gruppenpsychotherapie unmittelbar nach den Reformen immer noch nur einen Anteil von 1–2% der Behandlungen in der ambulanten Versorgung aus, obwohl 28,9% der in der Studie Befragten angaben, dass sie über eine Abrechnungsgenehmigung für Gruppenpsychotherapie verfügten. Nur ein Drittel der Psychotherapeuten (34,3 %), die über eine Abrechnungsgenehmigung für Gruppenpsychotherapie verfügen, hatte bisher überhaupt Gruppen angeboten. »Nach Ansicht der befragten Psychotherapeuten haben sich durch die Reform der Psychotherapie-Richtlinie die Grundlagen für ein ambulantes gruppentherapeutisches Angebot nicht wesentlich verbessert. Fast alle Psychotherapeuten (91,6 %), die über eine Abrechnungsgenehmigung für Gruppenpsychotherapie verfügen und bisher davon keinen Gebrauch gemacht haben, tun dies auch nach der Reform nicht. Auch die Psychotherapeuten, die vor der Reform bereits Gruppenpsychotherapien angeboten haben, weiteten ihre gruppenpsychotherapeutischen Angebote kaum aus. Lediglich 16,3 Prozent der Psychotherapeuten, die bereits zuvor Gruppenpsychotherapie durchgeführt haben, haben ihr Angebot ausgebaut« (BPtK 2018, S. 27).

Lange waren im ambulanten Kontext *organisatorische und administrative Hindernisse* relevant für die mangelnde Verbreitung der Gruppen. Ganz profan ist es bis heute (nicht zuletzt auch angesichts der COVID-19-Pandemie) nicht immer einfach, die richtigen räumlichen Voraussetzungen für eine Gruppenpsychotherapie zu schaffen.

Die Koalitionsvereinbarung zwischen CDU/CSU und SPD aus dem Jahr 2013 (»Deutschlands Zukunft gestalten«, Bundesregierung 2013) führte im Verbund mit anderen Maßnahmen der Entbürokratisierung und zur Verbesserung der psychotherapeutischen Versorgung die Absicht auf, die »Gruppentherapie zu fördern« (S. 54).

Tatsächlich sind in den vergangenen Jahren bis in die jüngste Vergangenheit eine Reihe von Reformen beschlossen worden, die es in der psychotherapeutischen Praxis erheblich erleichtern sollten, Gruppenpsychotherapien durchzuführen, nämlich

- deutliche Verbesserungen der Vergütung von gruppenpsychotherapeutischen Sitzungen
- flexible Kombination von Einzel- und Gruppenpsychotherapie (auch in den psychoanalytisch begründeten Verfahren)
- flexible Gruppengröße und Möglichkeit, Gruppen mit drei Teilnehmern zu beginnen (was die früher oft lange Planungs- und Wartezeit vor einer Gruppe massiv verringert)
- Wegfall des Gutachterverfahrens für Gruppenpsychotherapien
- »Gruppenpsychotherapeutische Grundversorgung«, die der strukturierten Vermittlung und weiteren Vertiefung von grundlegenden Inhalten der ambulanten Psychotherapie dient, »auch mit dem Ziel, individuelle Hemmschwellen und Vorbehalte, insbesondere gegenüber Psychotherapie in Gruppen, abzubauen und die Motivation zur Teilnahme an einer Gruppentherapie aufzubauen und zu stärken« (GBA 2020)
- probatorische Sitzungen im Gruppensetting
- Durchführung von Gruppentherapie (ab 6 Pat.) gemeinsam von zwei Therapeuten (ggf. auch praxisübergreifend)

Es ist wahrscheinlich und – beispielsweise im Supervisionskontext – auch zu bemerken, dass sich die Attraktivität durch all die genannten Reformen tatsächlich deutlich erhöht hat. Es ist auch bekannt, dass einige niedergelassene Psychotherapeuten mittlerweile ihre Praxis ausschließlich gruppenpsychotherapeutisch organisieren und davon offensichtlich gut leben können.

Nach wie vor liegen *Barrieren in der Ausbildung* (▶ Kap. 8). Die Gruppenausbildung bzw. -weiterbildung fand nur verzögert Eingang in die »üblichen« Curricula zur Qualifikation von Psychotherapeuten, wird jedoch wohl in der künftigen Weiterbildung von Fachärzten und Psychotherapeuten fest verankert sein.

Psychotherapeutische und psychosomatische *Fachgesellschaften* kümmerten sich lange relativ wenig um die Belange der Gruppenpsychotherapie. *Intensivere Gruppenausbildungen*, wie sie bspw. im gruppenanalytischen Kontext stattfinden, sind häufig sehr zeit- und geldaufwändig und werden von vielen Personen nicht zuletzt primär zum Zwecke der Selbsterfahrung genutzt.

Die mangelnde *Akzeptanz von Gruppen* mag eine weitere Barriere darstellen. Patienten präferieren in der Regel in ambulanten Behandlungen eine Einzeltherapie, zumindest wenn sie die Wahl haben und die Gruppentherapie nicht als gleichwertige Alternative angeboten wird.

Die oben genannte BPtK-Studie kam bezüglich der Zukunft der Gruppe zu Schlussfolgerungen und Forderungen, die aus heutiger Sicht bereits teilweise nicht mehr relevant sind (z. B. die Reduktion des bürokratischen Aufwandes i. S. der Antrags- und Genehmigungspflicht). Relevant ist immer noch der Vorschlag, die Kassenärztlichen Vereinigungen mögen regional Transparenz über bestehende gruppenpsychotherapeutische Angebote herstellen (was private Organisationen mittlerweile »übernommen« haben, vgl. www.gruppenplatz.de).

1.6 Ein allgemeines Modell zu Determinanten des Gruppentherapieergebnisses

▶ Abb. 1.2 zeigt ein Modell, das im Kontext systematischer Reviews zur Gruppenpsychotherapie ursprünglich von Burlingame et al. (2004) entwickelt wurde. Dieses Modell umfasst *fünf Faktoren*, von denen die Ergebnisse einer Gruppenpsychotherapie potentiell abhängig sein können, nämlich – in gewisser Hinsicht übergeordnet – die sog. formale Veränderungstheorie der Gruppenbehandlung (▶ Kap. 2), strukturelle Merkmale der Gruppe (▶ Kap. 3), die Gruppendynamik (▶ Kap. 4) sowie Merkmale der Gruppenmitglieder/Patienten (▶ Kap. 5) und der Person des Leiters bzw. das Leiterverhalten (▶ Kap. 6).

Entlang dieser Komponenten lassen sich wesentliche Prinzipien der Gruppenpsychotherapie und entsprechende Kompetenzbereiche skizzieren. Die in der Abbildung gezeigten Komponenten bilden die Gliederung für die folgenden fünf Kapitel.

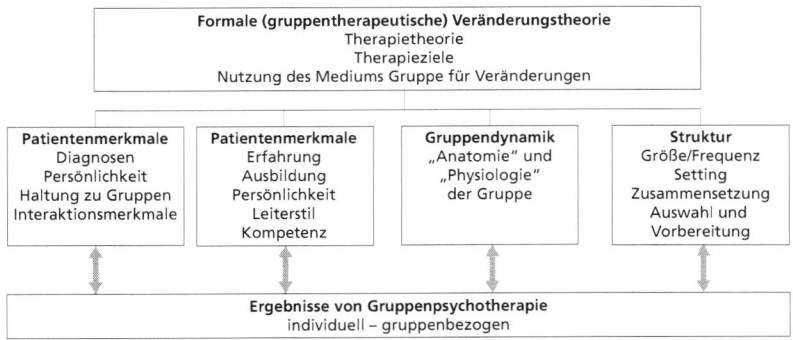

Abb. 1.2 Ein allgemeines Modell relevanter Einflussfaktoren auf das Ergebnis von Gruppenpsychotherapien (Darstellung in Anlehnung an Burlingame, MacKenzie und Strauß 2004)

Weiterführende Literatur

Edding C, Schattenhofer K, Amman K (Hrsg.) (2015) Handbuch Alles über Gruppen. Theorie, Anwendung, Praxis. 2. Aufl. Weinheim: Beltz.
Frey D, Bierhoff HW, Corcoran K (2011) Sozialpsychologie – Interaktion und Gruppe. Göttingen: Hogrefe.
König O, Schattenhofer K (2020) Einführung in die Gruppendynamik. Heidelberg: Carl Auer.
Putnam RD (2000) Bowling alone. New York: Simon und Schuster.
Mattke D, Reddemann L, Strauß B (2017) Keine Angst vor Gruppen. 3. Aufl. Stuttgart: Klett-Cotta.

2 Geschichte der Gruppenpsychotherapie und der Gruppentheorien

»The times, they are a-changin'«
(Bob Dylan)

> Aufbauend auf der Übersicht in ▶ Abb. 1.2 wird in diesem Kapitel das Konzept der »formalen gruppentherapeutischen Veränderungstheorie« definiert. Einer historischen Übersicht über Meilensteine der Gruppenpsychologie und Gruppentherapie folgt eine kurze Darstellung der wichtigsten Gruppentherapieverfahren und der Versuch, diese zu integrieren.

2.1 Formale Veränderungstheorien der Gruppenpsychotherapie

In dem Modell in ▶ Abb. 1.2 wird die »formale gruppenpsychotherapeutische Veränderungstheorie« als ein wesentlicher Einflussfaktor genannt. Mit diesem Begriff wird zum einen die zugrundeliegende Therapietheorie (im Sinne der Methode oder des Therapieverfahrens) beschrieben. Neben der Therapietheorie umfasst die »formale Veränderungstheorie« aber auch eine Konzeption zur *Nutzung allgemeiner Wirkfaktoren und Prinzipien des Mediums Gruppe*, etwa die explizite Berücksichtigung gruppendynamischer und interaktioneller Prozesse. Letzteres war lange eher typisch für Gruppentherapien in der Tradition der Psychoanalyse oder der humanistischen Psychotherapie (Lorentzen 2014; Biermann-Ratjen und Eckert 2018), während die Gruppendynamik in der Verhaltenstherapie wenig Beachtung fand (manche [z. B. Fiedler 2005] bezeichneten die Gruppendynamik gar als »Mythos«). Nachdem sich die Psychotherapieforschung zur Wirksamkeit von formalen Veränderungstheorien vermehrt in Richtung störungsspezifischer und manualisierter Therapieansätze entwickelte (▶ Kap. 7), die in der (kognitiven) Verhaltenstherapie schon lange als Standard gelten, hat sich auch die verhaltenstherapeutische Gruppentherapie deutlich im Sinne einer umfassenderen Beachtung von störungsunabhängigen Gruppenprozessen weiterentwickelt (Sipos und Schweiger 2018; Marwitz 2016).

In einigen neueren Publikationen (z. B. Sipos und Schweiger 2018; Marwitz 2016) wird bezüglich der Gruppenkonzepte eine Differenzierung in *drei wesentliche Ansätze* vorgeschlagen, nämlich

- *interaktionsorientierte Gruppenkonzepte* (besonders zentral in der psychodynamischen und humanistischen Psychotherapie), in denen die Interaktion zwischen den Gruppenmitgliedern (inkl. Gruppenleiter) das zentrale therapeutische Agens darstellt,
- *einzelfallorientierte Gruppenkonzepte* (verbreitet in der Verhaltenstherapie, jedoch auch in der Gestalttherapie und im Psychodrama), bei denen meistens Protagonisten im Vordergrund stehen bezüglich einer Problemstellung oder -lösung (»Einzel in der Gruppe«), die übrigen Mitglieder aber mehr oder weniger einbezogen sind als Quelle von Feedback und Erfahrungen und von dem Geschehen modellhaft etwas für sich erfahren und lernen können,
- *störungsspezifische, mitgliederorientierte Gruppentherapie* (typisch z. B. für bestimmte verhaltenstherapeutische, aber auch psychoedukative Ansätze), in denen – meist manual-basiert – im Hinblick auf spezifische Störungen zunächst Informationen vermittelt, Verhaltens- und Problemanalysen durchgeführt und dann mittels Fertigkeitstraining und anderen (z. B. kognitions- oder emotionsbezogenen) Interventionen Verhaltensmodifikation angestrebt werden.

Die drei verschiedenen Modelle sind in ▶ Abb. 2.1 noch einmal im Hinblick auf die Interaktionsrichtungen visualisiert. Theoretisch sind

2.1 Formale Veränderungstheorien der Gruppenpsychotherapie

diese verschiedenen Interaktionsrichtungen (zumindest temporär) in jeder Gruppe möglich, sie können auch innerhalb einer Gruppensitzung wechseln. Zum Beispiel kann auch in einer psychodynamisch interaktionsorientierten Therapie etwa in der Anfangsphase (wenn es um die Erläuterung des Rahmens geht) eine eher »unidirektionale« Informationsvermittlung des Therapeuten an die Gruppe erfolgen. Im Falle einer spezifischen, auf ein Mitglied bezogenen »Störung« (z. B. das Auftreten einer Dissoziation bei einem Mitglied oder wenn eine Person droht, die Gruppe zu verlassen) kann zeitweise ein Fokus auf diese Person i. S. eines Protagonisten sinnvoll sein, während vielleicht über die meiste Zeit die Interaktionsform dem Muster A in ▶ Abb. 2.1 entsprechen wird.

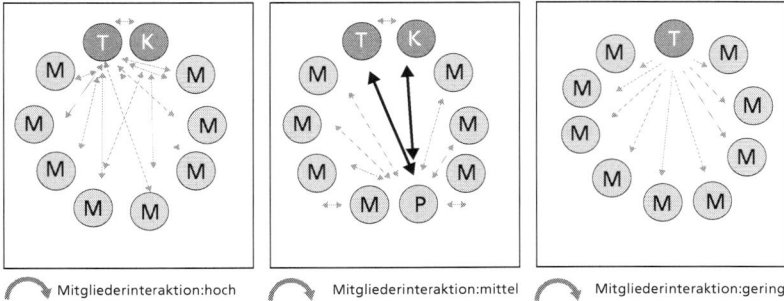

Abb. 2.1: Graphische Darstellung unterschiedlicher Gruppenmodelle: A: Interaktionsorientierte Gruppe (bei Gruppen nach dem Tavistock Modell (▶ Kap. 2.3.1) wäre der Gruppenleiter (meist nur einer) eher außerhalb des Kreises zu platzieren; B: Einzelfallorientierte Gruppen; C: Störungsorientierte/psychoedukative Gruppen.
T = Therapeut/Leiter/»Dirigent«, K = Ko-Leiter (▶ Kap. 6.2), M = Mitglied, P = Protagonist

2.2 Historische Aspekte der Gruppenpsychotherapie

Vorläufer von Gruppentherapien finden sich in anthropologischen und philosophischen Diskursen, die weit in die Geschichte zurückreichen. Ebenso gibt es zahlreiche Mythen und Geschichten über den Einfluss gruppenpsychologischer Aspekte auf das menschliche Verhalten in der Weltliteratur (vgl. z. B. Sbandi 1973). Vorläufer der Entwicklung einer Gruppenpsychologie und -dynamik werden bei Le Bon (1895) und seiner Schrift zur Psychologie der Masse (▶ Kap. 1) und bei Triplett (1898) gesehen, der sich mit der Frage befasste, zu welchen Leistungen Gruppen im Vergleich zu Einzelpersonen imstande sind (und hierbei den Vergleich des individuellen Radfahrens mit dem Fahren im »Peloton« anstellte).

Als Pionier der Gruppenpsychotherapie gilt der Internist Joseph Hersey Pratt, der 1907 erstmalig – heute würde man sagen – *psychoedukative Gruppen* installierte, um Hygienebedingungen für sozial Unterprivilegierte zu vermitteln, die an Tuberkulose litten (vgl. Ambrose 2013). Pratt beschrieb, dass sich die sozialen Kontakte im Zusammenhang seiner »Klassen« sowohl positiv auf die Symptomatik wie auch auf den Zusammenhalt und den Optimismus der einzelnen Teilnehmer auswirkten. Die Teilnehmer meldeten auch zurück, dass der Kontakt mit anderen wichtiger als die Information gesehen wurde, was später ähnliche »psychoedukative« Ansätze inspirierte (bspw. von Lazell, der 1921 Veteranen des Ersten Weltkriegs in ähnlichen Gruppen behandelte, die psychotische Symptome entwickelt hatten).

Sigmund Freud, der sich mit der Psychologie der Gruppe durchaus beschäftigte (Freud 1921, ▶ Kap. 1), war eher skeptisch gegenüber der Anwendung »seiner« Psychoanalyse innerhalb von Gruppen. Der nachfolgende Auszug aus einem Brief an Trigant Burrow, der wiederum selbst versuchte, die Psychoanalyse in Gruppen zu befördern und die Begriffe »Gruppenanalyse« und »Hier und Jetzt« geprägt haben soll, macht Freuds Haltung deutlich.

> *»Ich glaube nicht, dass die Analyse eines Patienten auf irgendeine andere Weise als in der familiären Situation, d. h. begrenzt auf zwei Personen, durchgeführt werden kann. Die Massensituation wird entweder sofort in einem Führer resultieren und sol-*

chen, die durch ihn geführt werden, was [zwar] bedeutet, dass es einer familiären Situation nahekommt, die aber mit großen Schwierigkeiten in der Funktion des Ausdrucks und unnötigen Komplikationen von Eifersucht und Rivalität verbunden ist, oder es bildet sich eine ›Bruderhorde‹, in der jeder dasselbe Recht hat und ein analytischer Einfluss, so fürchte ich, unmöglich ist« (Freud an Trigant Burrow am 14.11.1926, zit. n. Campos 1992, S.8).

Neben Burrow war es vor allem Samuel Slavson, der schon 1919 *psychoanalytisch fundierte Therapiegruppen* durchführte. Slavson war Ingenieur, Journalist und Lehrer und setzte sich sehr für fortschrittliche Erziehungsmethoden ein, publizierte über Gruppenpsychotherapie und gründete 1942 die American Group Psychotherapy Association (AGPA).

Er begann mit Aktivitätsgruppen mit Kindern und Jugendlichen und propagierte dann die sog. Interviewgruppentherapie, in der die Gruppenmitglieder offen und ehrlich miteinander kommunizieren und vor allem auf die positiven Eindrücke fokussieren sollten, die sie von anderen in der Gruppe hatten. Er war der Überzeugung, dass »Self-Expression« und Selbstakzeptanz Gesundheit und Zufriedenheit fördern würden.

Die »Gruppenanalyse« bekam während und nach dem Zweiten Weltkrieg weitere Impulse, vor allem aus England (durch S.H. Foulkes und W. Bion), die Entwicklungen einer psychodynamischen Gruppenpsychotherapie beförderten (▶ Kap. 2.3).

Der Begriff *Gruppenpsychotherapie* soll von Jacob Levy Moreno 1931 geprägt worden sein, 1932 gab es eine erste Konferenz der American Psychology Association (APA), die sich mit Gruppentherapie befasste. Moreno war bekanntlich Urheber des Psychodramas, das per se eigentlich eine Gruppentherapie darstellt, in der einzelne Gruppenmitglieder Rollen spielen, darüber im Austausch mit anderen unter Verwendung bekannter Techniken wie Rollenwechsel oder Doppelung und spontane Bewertungen des Erlebten reflektieren. Vermutlich ist das Psychodrama die älteste Gruppenanwendung im Bereich der *humanistischen Psychotherapie*, die allerdings auch in der Gestalttherapie, der Transaktionsanalyse und in der klienten- oder personenzentrierten Gesprächspsychotherapie sehr auf die Gruppe als Behandlungssetting setzte.

Unter den wichtigen Gruppentheoretikern und Forschern, die die gruppentherapeutische Praxis nachhaltig beeinflusst haben, ist *Irvin D.*

Yalom hervorzuheben, der neben der Entwicklung seiner spezifischen interpersonalen Therapie in der Gruppe vor allem durch praxisrelevante Veröffentlichungen Generationen von Gruppentherapeuten geholfen hat. Zu nennen sind hier der »Concise guide to group therapy« (Vinogradov und Yalom 1989), »Inpatient Group Psychotherapy« (1983; dt. »Im Hier und Jetzt«, 2005a) und das Standardwerk »Theorie und Praxis der Gruppenpsychotherapie«. Dieses Buch ist in englischer Sprache erstmalig 1970 erschienen, soeben hat Yalom gemeinsam mit M. Lesczc (2020) die 6. Auflage des Buches publiziert.

Innerhalb psychiatrischer Kliniken wurde in den 1930er Jahren Gruppenpsychotherapie befördert, bspw. durch den Initiator der *Milieutherapie*, Cody Marsh oder Thomas Main, der für das Konzept der *therapeutischen Gemeinschaft* Pate stand, die wiederum die stationären Gruppentherapieangebote bis heute sehr beeinflusst (▶ Kap. 3).

Spätestens in den 1960er Jahren, in denen bekanntlich die Psychoanalyse mehr und mehr kritisiert wurde, da sie als zu ätherisch, abstrakt, schwer zu beforschen und manchmal verstörend sei (vgl. Burlingame und Baldwin 2018), bekam ein eher logisch-positivistischer Zeitgeist die Vorderhand, der behavioristische Ideen, wie sie anfangs mit den Namen Pawlow, Watson, Skinner und Wolpe assoziiert waren, beförderte. Von diesen Theoretikern übernahm die (kognitive) *Verhaltenstherapie* sowohl die Verhaltensgrundlagen (Konzepte des Konditionierens oder der reziproken Hemmung) wie auch kognitive Grundlagen, wie sie bspw. Albert Ellis im Zusammenhang mit irrationalen Vorstellungen, Aaron Beck mit dem Konzept der automatisierten pathogenen Gedanken über sich, die Welt und die Zukunft beisteuerte, was eine wichtige Grundlage der kognitiven Depressionsbehandlung wurde. Alle Techniken, die sich innerhalb der kognitiven Verhaltenstherapie im Laufe der Jahrzehnte entwickelten, wurden früher oder später auch in Gruppen angewandt, wobei lange Zeit diesen Techniken eindeutig das Primat zugeordnet wurde gegenüber psycho- und gruppendynamischen Aspekten und dem Ziel, Einsicht in unbewusste intrapsychische Konflikte zu finden.

Wie oben erwähnt, hat sich die verhaltenstherapeutische Gruppenbehandlung sowohl im Hinblick auf wissenschaftliche Studien (▶ Kap. 7) als auch Konzepte deutlich weiterentwickelt und im Zuge der diversen

2.2 Historische Aspekte der Gruppenpsychotherapie

»Wellen« viele Elemente – zuletzt in starkem Maße Techniken der Achtsamkeits-und Commitment- (ACT) und der achtsamkeitsbasierten (kognitiven) Therapie (MBCT) auch in Gruppen integriert (Michalak et al. 2021).

▶ Tab. 2.1 versucht (sicher sehr selektiv) einige Meilensteine der Geschichte der Gruppenpsychotherapie, bezogen auf Personen, Ideen und Handlungen (einschließlich der Veröffentlichung von Schriften), zusammenzufassen (vgl. auch Burlingame und Baldwin 2018). Aus der Tabelle wird deutlich, dass nach den Pionierjahren bis zum Zweiten Weltkrieg (Burlingame und Baldwin sehen die Jahre 1900–1930 als die wesentlichen »foundational years«), in der Zeit danach wichtige Impulse für die Gruppenpsychotherapie aus der Sozialpsychologie (z. B. durch Lewin, Arendt), aus den einzelnen Psychotherapieschulen und der Gesellschaft kamen (man denke an die Folgen der 1968er für die Gruppe). Daraus resultierte eine zunehmende Anerkennung von Gruppen, eine Differenzierung von Gruppenangeboten (Burlingame und Baldwin: »Expansion of group models and practice«) und deren Vertretung/Verbreitung in einzelnen wissenschaftlichen Fachgesellschaften, die vermutlich auch zu einer noch besseren Verankerung in der psychotherapeutischen Versorgung geführt hat. Ein wesentliches Kennzeichen der Jahre um die Jahrtausendwende ist eine zunehmende Spezifizierung von Gruppen für spezifische Populationen.

Tab. 2.1: Einige Meilensteine aus der Geschichte der Gruppenpsychotherapie (und Gruppenpsychologie)

Jahr	Person/Ereignis/Publikation
1896	Gustave Le Bon: La Psychologie des Foules (dt. Psychologie der Massen)
1897	Emile Durkheim: Über den Selbstmord
1898	Norman D. Triplett: Vergleich von Individualleistung und Leistung des Individuums in Gruppen (The dynamogenic factor in pacemaking and competition)
1905	Joseph Pratt: »Psychoedukative« Behandlung von Tuberkulose-Patienten (The class method of treating consumption in the homes of the poor)

2 Geschichte der Gruppenpsychotherapie und der Gruppentheorien

Tab. 2.1: Einige Meilensteine aus der Geschichte der Gruppenpsychotherapie (und Gruppenpsychologie) – Fortsetzung

Jahr	Person/Ereignis/Publikation
1909	Charles H. Cooley: Familie als prototypische Primärgruppe
1921	Edward W. Lazell: Psychoedukation für schizophrene Patienten (The group treatment of dementia praecox)
1921	Sigmund Freud: Massenpsychologie und Ich-Analyse
1923	Gründung des Lifwynn Camps, eines Gruppentherapieforschungsseminars in Adirondack/Westport durch Hans Caspar Syz und andere (führte zur Gründung der Lifwynn Foundation)
1927	Trigant Burrow: The group method of analysis (1928: The basis of group analysis)
1928	Hans C. Syz: Sozialer Mikrokosmos als Spiegelung der Lebenswelten von Gruppenmitgliedern
1932	Jakob Levy Moreno prägt den Begriff *Gruppenpsychotherapie* (bei einer Tagung der American Psychiatric Association in Philadelphia), Publikation des Buches von Jacob Moreno und Ernest S. Whitin: Application of the group method to classification
1933	Cody Marsh: An experiment in group treatment of patients at Worcester State Hospital
1930er Jahre	Samuel Slavson: Arbeit mit Kindern mit psychischen Störungen in Aktivitätsgruppen, R. Dreikurs: Erste Durchführung von privaten Gruppen
1935	Paul Schilder: Implementierung von Gruppenanalyse am Bellevue Hospital in New York
1936	Karl Menninger: Psychoanalytic principles applied to the treatment of hospitalized patients
1936	Louis Wender: The dynamics of group psychotherapy and its application
1939	Paul Schilder: Results and problems of group psychotherapy in severe neurosis
1942	Gründung der American Society for Group Psychotherapy and Psychodrama

Tab. 2.1: Einige Meilensteine aus der Geschichte der Gruppenpsychotherapie (und Gruppenpsychologie) – Fortsetzung

Jahr	Person/Ereignis/Publikation
1942	Gründung der American Group Psychotherapy Association (AGPA) durch Slavson
1946	Thomas Main: The hospital as a therapeutic institution
1946	Carl Rogers: Supervisionsgruppen in der Gesprächspsychotherapie
1946	Kurt Lewin: Training- oder »T«-Groups (1947: Frontiers in group dynamics)
1946	Siegmund Heinrich (S.H.) Foulkes: Group analysis in a military neurosis centre
1952	Gründung der Group Analytic Society (GAS) international (später GASi) durch S.H. Foulkes, Elizabeth Marx, James Anthony, Patrick De Mare, WHR Iliffe, June Abercrombie und Norbert Elias
1957	Raoul Schindler: Grundprinzipien der Psychodynamik in der Gruppe
1957	Peter R. Hofstätter: Gruppendynamik – Kritik der Massenpsychologie
1961	Muzafer Sherif's Robber's Cave Experiment
1962	Alexander Wolf: Psychoanalyse in Gruppen
1964	Samuel Slavson: Analytische Gruppentherapie (als Einzel in der Gruppe)
1950er	Erprobung von Gruppenpsychotherapie in der Klinik in Tiefenbrunn bei Göttingen durch Annelise Heigl-Evers (und Franz Heigl) in Begegnung mit Ideen von Hannah Arendt, Walter und Raoul Schindler und Ruth Cohn (themenzentrierte Interaktion) als Vorläufer des »Göttinger (Schichten-)Modells«
1951	Carl Rogers: Gesprächspsychotherapie in Gruppen (später übernommen von Reinhard und Annemarie Tausch in Deutschland)
1951	Kurt Lewin: Feldtheorie als Grundlage der Gruppendynamik
1951	Fritz Perls: Gestalttherapie in Gruppen
1953	Jacob L. Moreno: Who shall survive? Foundations of sociometry, group psychotherapy and sociodrama

2 Geschichte der Gruppenpsychotherapie und der Gruppentheorien

Tab. 2.1: Einige Meilensteine aus der Geschichte der Gruppenpsychotherapie (und Gruppenpsychologie) – Fortsetzung

Jahr	Person/Ereignis/Publikation
1955	Richard Corsini und Bruce Rosenberg: Mechanisms of group psychotherapy: process and dynamics (Begründung der Annahme therapeutischer [Wirk-]Faktoren von Gruppen)
1959	Rudolf Dreikurs: »positive Kraft von Gruppen als Mittel zur Veränderung und als Spiegel der Ursprungsfamilie« (Early experiments with group psychotherapy, A historical review)
1959	Jacob L. Moreno: Gruppenpsychotherapie und Psychodrama
1960	Hannah Arendt: Vita activa oder vom täglichen Leben (Beschreibung des Gegensatzes von Öffentlichem und Privatem als Spannungsfeld, in dem sich Gruppenmitglieder bewegen)
1961	Arnold S. Lazarus: Systematische Desensibilisierung in Gruppen
1961	Wilfred Bion: Erfahrungen in Gruppen
1964	Dorothy Stock Whitaker und Morton A. Lieberman: Psychotherapy through the group process (Fokalkonflikte in der Gruppe)
1960	Gründung des Workshop Institute for Living-Learning (WILL) durch Ruth Cohn als Ausbildungsinstitut für Themenzentrierte Interaktion (TZI) in New York als allg. Methode zur strukturierten Arbeit in Gruppen
1967	Gründung des Deutschen Arbeitskreises für Gruppenpsychotherapie und Gruppendynamik durch Helmut Enke, Annelise Heigl-Evers, Dorothea Fuchs-Kamp, Alf Däumling und Georg Schwöbel in Karlsruhe (Auflösung des DAGG 2021)
1969	Gründung der Sektion Dynamische Gruppenpsychotherapie der Gesellschaft für Ärztliche Psychotherapie der DDR
1969	Vermehrter Einsatz von Gruppen in Gestalttherapie und Transaktionsanalyse (speziell im Esalen Institut in Kalifornien)
1970	Irvin D. Yalom: 1. Auflage von »The Theory and Practice of Group Psychotherapy« (6. Auflage, gemeinsam verfasst mit Molyn Leszcz, Ende 2020 erschienen)
1970	Carl Rogers: Encounter Gruppen
1971	Henri Tajfel: Theorie der sozialen Identität

Tab. 2.1: Einige Meilensteine aus der Geschichte der Gruppenpsychotherapie (und Gruppenpsychologie) – Fortsetzung

Jahr	Person/Ereignis/Publikation
1972	Horst Eberhard Richter: Die Gruppe – Hoffnung auf einen neuen Weg, sich selbst und andere zu befreien
1972	Josef Rattner: Gruppentherapie – Die Psychotherapie der Zukunft
1972	Philip Zimbardo – Stanford Prison Experiment
1972	Irving Janis – Theorie des »Groupthink«
1973	Morton A. Lieberman, Irvin D. Yalom, Matthew B. Miles: Encounter Groups – First Facts
1974/76	Donald W. Meichenbaum und Myles Genest: Kognitive Verhaltenstherapie in Gruppen
1972	Hermann Argelander: Gruppenprozesse
1972	Helen E. Durkin: Analytic group therapy and general systems theory
1973	Anneliese Heigl-Evers, Franz Heigl: Gruppentherapie: Interaktionell – tiefenpsychologisch fundiert (analytisch orientiert – psychoanalytisch)
1973	Kurt Höck: »Intendiert dynamische Gruppenpsychotherapie« als Bezeichnung der Standard-Gruppenpsychotherapie in der DDR
1974–1977	Workshops mit Foulkes u. a. in Altaussee, 1976, Gründung der Internationalen Arbeitsgemeinschaft für Gruppenanalyse (IAG) durch Alice Ricciardi, Josef Shaked, Michael Hayne, 1977 Etablierung von regelmäßigen gruppenanalytischen Workshops in Altaussee
1977	Gründung des Gruppenanalyseseminars (GRAS) durch Michael Lukas Möller
1978	Reinhard und Annemarie Tausch beginnen im 3. Programm des SWR die Reihe »Psycho-Treff« mit Zusammenschnitten aus (Encounter-)Gruppengespräche
1978	Michael Lukas Möller: Selbsthilfegruppen. Selbstbehandlung und Selbsterkenntnis in eigenverantwortlichen Kleingruppen
1979	Uri Bronfenbrenner – Ökosystemische Theorie
1981	Yvonne M. Agazarian: The visible and the invisible group (Begründung eines systemischen Ansatzes)

Tab. 2.1: Einige Meilensteine aus der Geschichte der Gruppenpsychotherapie (und Gruppenpsychologie) – Fortsetzung

Jahr	Person/Ereignis/Publikation
1985	Gründung der Arbeitsgemeinschaft für die Anwendung der Psychoanalyse in Gruppen in Göttingen/Tiefenbrunn und Weiterentwicklung des Göttinger Modells
1987	Paul L. Janssen: Psychoanalytische Therapie in der Klinik (das integrative Modell stationärer [Gruppen-]therapie)
1989	Gründung des Arbeitskreises Stationäre Gruppenpsychotherapie im Rahmen der »Mainzer Werkstatt« durch Jochen Eckert und Bernhard Strauß
1994	Addi Fuhriman und Gary M. Burlingame: Handbook of group psychotherapy: An empirical synthesis
1997	K. Roy MacKenzie: Time-managed group psychotherapy (Beschreibung einer psychodynamischen Kurzzeitgruppe)
2000	John B. White, Arthur S. Freeman: Cognitive behavioral group therapy for specific problems and populations
2005	Susan A. Wheelan (ed.): The handbook of group research and practice
2006	Gary M. Burlingame, Bernhard Strauß et al.: American Group Psychotherapy Association (AGPA) Core Battery
2011	William E. Piper et al.: Short Term Group Therapies for Complicated Grief
2011	Gründung der D3G (Deutsche Gesellschaft für Gruppenanalyse und Gruppenpsychotherapie) in Berlin (Zusammenschluss der ehem. Sektionen Analytische Gruppenpsychotherapie, Klinik und Praxis sowie Intendierte dynamische Gruppenpsychotherapie des 2011 aufgelösten Deutschen Arbeitskreises für Gruppenpsychotherapie und Gruppendynamik (DAGG)
2018	Anerkennung der »Specialty« Group Psychology and Group Psychotherapy durch die American Psychological Association (APA)
2014–2021	Reformen der Psychotherapierichtlinien zur Förderung der Gruppenpsychotherapie in der BRD

2.3 Übersicht über gruppenpsychotherapeutische Verfahren

Die in ▶ Tab. 2.1 dargestellten historischen »Meilensteine« zeigen, dass in den ersten Jahrzehnten des letzten Jahrhunderts, in den »Gründungsjahren« neben pragmatisch-edukativen vor allem psychoanalytisch begründete Entwicklungen wichtig waren, weswegen es nicht überrascht, dass bis heute vielfältige gruppenanalytische Methoden existieren und zuerst mit Moreno, dann – deutlich später – mit dem Behaviorismus, andere Ansätze an Bedeutung gewannen.

In der Psychotherapie werden heute gemeinhin vier als wissenschaftlich fundiert geltende Psychotherapieverfahren differenziert, die auch als Gruppenverfahren ausgearbeitet sind und die im Folgenden mit einigen historischen Bezügen relativ kurz skizziert werden.

▶ Tab. 2.2 zeigt zunächst eine fokussierte Abgrenzung der zentralen Therapietheorien (bzw. Verfahren) bezüglich *ihrer Anwendung in Gruppen* (differenzierte Darstellungen finden sich z. B. bei Marwitz 2016 für die Verhaltenstherapie, bei Strauß 2016a für die psychodynamische, bei Herr et al. 2018, für die systemische sowie bei Biermann-Ratjen und Eckert 2018 für die Gesprächspsychotherapie).

Tab. 2.2: Spezifika gruppentherapeutischer Arbeit in den Psychotherapieverfahren (Rief, Schramm, Psychotherapie, 1. A. 2021 © Elsevier GmbH, München)

Charakteristika	Psychodynamische Therapie	Verhaltenstherapie	Gesprächspsychotherapie	Systemische Therapie
Bedeutung und Funktion der Gruppe	Beziehungsmatrix, Raum für Übertragungen und Gegenübertragungen, sozialer Mikrokosmos	Schutzraum für soziales und interaktionelles Lernen und Üben	Raum für offene und authentische Begegnung, wechselseitige Vermittlung positiver Beachtung, »Labor für zwischen-	Selbstregulierendes System und Ort der Ressourcenaktivierung und Kontextualisierung

Tab. 2.2: Spezifika gruppentherapeutischer Arbeit in den Psychotherapieverfahren (Rief, Schramm, Psychotherapie, 1. A. 2021 © Elsevier GmbH, München) – Fortsetzung

Charakteristika	Psychodynamische Therapie	Verhaltenstherapie	Gesprächspsychotherapie	Systemische Therapie
			menschliche Beziehungen«	
Wesentliche Techniken	Klarifikation, Konfrontation, Deutung und Durcharbeiten, »bifokale Orientierung«, Berücksichtigung der Konfiguration der Gruppe und der Lokalisierung einer Störung	Alle Standardmethoden der Verhaltenstherapie, inkl. Rollenspiele	Verbalisierung, Exploration und ggf. Aktivierung emotionaler Erlebnisinhalte	Zirkuläres Fragen, Hypothesen bilden, Aufstellungs-/Skulpturarbeit, »Reflecting Team«
Haltung des Leiters	Eher zurückhaltend, wohlwollend, »Projektionsfläche«, auf der sich unbewusste Prozesse abbilden (analytisch), reflexiver Betrachter, der Einsichten ermöglicht	Coach, Vermittler von Informationen und Wissen, »Veränderungsassistent«	Unbedingt positiv wertschätzend, vermittelnder Begleiter	Teilnehmender Beobachter, lösungsorientierter Coach, Moderator
Leiterstil	Auf einem Kontinuum zwischen supportiv und aktivierend/ deutend, prozess- bzw. situationsorientierte Interventionen, selektiv selbstoffenbarend	Eher direktiv, supportiv und strukturierend, transparent	Non-direktiv, supportiv und prozessorientiert und erlebnisaktivierend	Direktiv, prozessorientiert und stimulierend

Tab. 2.2: Spezifika gruppentherapeutischer Arbeit in den Psychotherapieverfahren (Rief, Schramm, Psychotherapie, 1. A. 2021 © Elsevier GmbH, München) – Fortsetzung

Charakteristika	Psychodynamische Therapie	Verhaltenstherapie	Gesprächspsychotherapie	Systemische Therapie
Therapieziele	Verhaltensänderungen innerhalb und außerhalb der Gruppe durch Einsichten und korrektive Erfahrungen, positiveres Selbstbild und Adaption weniger maladaptiver/dysfunktionaler Beziehungsmuster	Erwerb von Problemlösekompetenzen, Erwerb interpersoneller Fertigkeiten und sozialer Kompetenzen, Vermittlung störungsspezifischen Wissens	Selbstaktualisierungen unter den Bedingungen persönlicher Beziehungen, Änderung des Selbstbilds und von Vorstellungen bezüglich anderer Menschen	Verständnis der Wechselwirkung von Systemelementen, Kontextualisierung von Problemen und Störungen, Mobilisierung von Ressourcen, lösungsorientierte Kooperation

2.3.1 Psychodynamische Gruppentherapie

Angesichts der Vielfalt von Gruppenmethoden in der Tradition psychoanalytischer Theorien überrascht es nicht, dass in der psychodynamischen Gruppentherapie immer wieder eine begriffliche Unschärfe besteht. Nachfolgend wird zunächst auf die Gruppenanalyse[2] eingegangen, wie sie sich insbesondere nach dem Zweiten Weltkrieg entwickelte, dann aber sowohl im Kontext theoretischer Verzweigungen innerhalb der Psychoana-

---

2 Der Begriff Gruppenanalyse wird unterschiedlich interpretiert. Schultz-Venrath (2018, S. 123) schreibt dazu: »Gruppenanalyse ist ein tradiertes Ideal, welches sich auf mindestens zwei Definitionen beruft: sie ist einerseits eine *Psychotherapie für Gruppen* und andererseits *eine Forschungsmethode bezüglich des Handelns von Individuen im Kontext ihrer Beziehungen in Gruppen*. Die Anlehnung an die Psychoanalyse ist insofern gegeben, als Gruppenanalyse in ihren Anwendungen als tiefenpsychologisch fundierte oder analytische Gruppenpsychotherapie – wie die Einzelpsychotherapie – eine Methode der psychoanalytisch begründeten Verfahren in der Richtlinien-Psychotherapie ist.«

lyse als auch angesichts der Anforderungen in der Versorgung von Menschen mit unterschiedlichen Krankheitsbildern, Varianten und Modifikationen entwickelt wurden, die letztlich jedoch alle psychoanalytisch begründet und »psychodynamisch« sind, weswegen dieser Oberbegriff (wie mittlerweile auch in der Psychotherapie allgemein) hier benutzt wird.

Nach dem Zeiten Weltkrieg erfuhr die Gruppenpsychotherapie einen dramatischen Schub sowohl im Hinblick auf Anwendung, Theorieentwicklung als auch auf Forschung. Dies wurde sicher dadurch befördert, dass viele Soldaten nach dem Krieg an psychologischen Problemen und Traumafolgestörungen litten und einen besonderen Bedarf an neuen Behandlungsansätzen generierten. Besonders hervorzuheben in diesem Kontext ist zunächst *Siegmund Heinrich Foulkes*, ein in Karlsruhe gebürtiger Psychiater, der über Wien nach England emigrierte und am Northfield Hospital in einem »Military Neurosis Center« tätig war und der, basierend auf der Beobachtung, dass sich die Patienten bereits im Warteraum frei assoziativ miteinander unterhielten, die Konzepte der *Gruppenanalyse* und der *therapeutischen Gemeinschaft* weiterentwickelte.

Auf Foulkes geht bspw. die Konzeption der »Gruppe als Ganzes« zurück, die Konzeption multipler Übertragungen innerhalb der Gruppe und das Konzept der Matrix, wobei interessant ist, dass Foulkes den Begriff »Dirigent« dem Begriff des »Leiters« (oder »Führers/Leader«) aufgrund der negativen Konnotation dieses Begriffs nach dem Zweiten Weltkrieg vorzog. Viele der heute praktizierten Varianten psychodynamischer Gruppen gehen auf die Gruppenanalyse S.H. Foulkes zurück.

Foulkes und andere Repräsentanten der Gruppenanalyse sehen die Gruppe als wesentliches Behandlungsinstrument und gehen dabei von folgenden Annahmen aus:

- Eine entwicklungspsychologische Perspektive auf die Persönlichkeit,
- die Existenz intrapsychischer Repräsentationen interpersonaler Beziehungen
- primär psychische Ursachen von Problemen (mentale Störungen sind interpersonale Störungen),
- ein Einfluss unbewusster individueller *und* gruppenbezogener Prozesse,
- die Allgegenwart psychischer Konflikte und
- die Existenz psychischer Abwehr.

2.3 Übersicht über gruppenpsychotherapeutische Verfahren

Wesentlich in der Foulkes'schen Theorie ist der Begriff der Matrix, zu der Foulkes sagt:

> »The matrix is the hypothetical web of communication and relationship in a given group. It is the common shared ground which ultimately determines the meaning and significance of all events and upon which all communications and interpretations, verbal and non-verbal rest« (Foulkes 1964, S. 292).

Oder an anderer Stelle:

> »The network of all individual mental processes, the psychological medium in which they meet, communicate and interact, can be called the matrix« (Foulkes und Anthony 1984, S. 26).

Foulkes sieht den Menschen als primär soziales Wesen, für den in Folge kultureller Entwicklungen Individualität zwar zugenommen hat, die Gruppe jedoch bedeutsam bleibt. Diese repräsentiert deutlich mehr als Individuen oder »Einzelteile«. Die Komplexität der Gruppe wird beschrieben durch die *Foundation matrix* (Körper, Sozialisation in der Gruppe, Abhängigkeit von Kommunikation, Sprachfähigkeit etc.), die determiniert durch die »interactional/dynamic matrix« (Netzwerke, Geschichte einer spezifischen Gruppe) ist. Die einzelnen Personen sind sich der Matrix nicht bewusst.

Steinar Lorentzen (2014) sieht in der Gruppenanalyse eine »investigative Therapie«, die das Ziel hat, Interaktionen zwischen den Mitgliedern zu optimieren und das Verständnis für die Gruppendynamik und die intrapsychischen Konflikte der Mitglieder zu fördern. Entsprechend zielt die Gruppenanalyse auf der Basis der genannten Annahmen darauf ab, durch Einsichten und korrektive Erfahrungen Verhaltensänderungen inner- und außerhalb der Gruppe zu bewirken, ein positiveres Selbstbild und die Verbesserung/Überwindung maladaptiver/dysfunktionaler Verhaltensmuster zu erreichen.

Auf Lorentzen (2014) geht die nachfolgende Zusammenstellung der Grundprinzipien der Gruppenanalyse (GA) zurück:

- Die Rekapitulation interpersonaler Muster in der Gruppe entspricht der »Übertragungsneurose« in der Einzeltherapie, moderner: Mitglieder entwickeln multiple Übertragungen (inkl. Übertragung auf den Gruppenleiter), die u. a. von frühen Bindungs- und interpersonalen

Erfahrungen in anderen Kontexten und zu anderen Personen abhängen
- In der GA erfolgt eine Sozialisation durch die Gruppe (über Imitation, Identifikation, soziales Lernen, direktes Erproben interpersonaler Strategien)
- Typisch für die GA sind die Spiegelphänomene (Foulkes bezeichnete die Gruppe als »hall of mirrors«), d. h. die Konfrontation mit sozialen, psychischen und körperlichen Merkmalen des Einzelnen in der Wahrnehmung und den Rückmeldungen der anderen Gruppenmitglieder (und des Leiters),
- die Kondensation (Verdichtung von archaischem und primitivem Material und Gedanken und Phantasien),
- die Kettenreaktion/Amplifikation (freie Assoziation der gesamten Gruppe zu relevanten Themen) und
- die Resonanz (Sprechen und Verstehen, Interpretationen und Missverständnisse basieren auf innerer Resonanz, die von der Situation und dem aktuellen Zustand abhängig ist).

Der zweite wichtige Nachkriegspsychoanalytiker, der sich um die Gruppenanalyse bemühte, war *Wilfred Bion*, ein Schüler von Rickman und Melanie Klein, der innerhalb der Psychoanalyse viele theoretische Impulse bspw. im Hinblick auf die Entwicklung von Theorien des Denkens und von Veränderungsprozessen beitrug.

1961 wurde eine Aufsatzsammlung von Bion unter dem Titel »Experiences in Groups« publiziert. Bion benutzte in erster Linie unstrukturierte Gruppenansätze, um Gruppenprozesse zu untersuchen und motivierte die Mitglieder, sich ganz der Gruppendynamik »auszusetzen«. Eine seiner wichtigsten Theorien war die *Theorie der Grundannahmen*, die mit der konstruktiv-produktiven Arbeit von Gruppen interferieren.

Diese Grundannahmen sind eines von vielen gruppendynamischen, vornehmlich jedoch psychodynamischen Konzepten, wobei die Grundannahmen letztendlich der Abwehr archaischer Ängste dienen, die unbewusst mit dem Wirken von Gruppen verbunden sind (z. B. Selbstaufgabe, Verlust von Sicherheit und Autonomie).

Die von Bion formulierten Grundannahmen sind:

2.3 Übersicht über gruppenpsychotherapeutische Verfahren

Kampf und Flucht: Dies beschreibt, dass Gruppenmitglieder sich so verhalten, als würde es darum gehen, sich mit einem Feind zu identifizieren und diesen dann zu bekämpfen (dies kann der Leiter sein, die Gruppe als Ganzes, einzelne Mitglieder, die bspw. Sündenbockfunktion haben, aber auch externe »böse Objekte«).

In der Grundannahme der *Abhängigkeit*, die häufig in den Anfangsphasen von Gruppentherapien relevant ist, verhalten sich die Gruppenmitglieder so, als wäre es das primäre Ziel, totale Sicherheit für alle Mitglieder zu erlangen. Dies ist mit Versorgungswünschen verknüpft sowie mit einer Idealisierung des Leiters. Wenn das Sicherheitsbedürfnis frustriert wird, reagieren die Gruppenmitglieder nach diesem Modus mit einer Gegenabhängigkeit (Infragestellung der Macht des Leiters), die Aggression, Vermeidung, nichtkooperatives Verhalten und Entmutigung beinhaltet.

Der dritte Modus einer Grundannahme im Bion'schen Sinne ist die *Paarbildung*, die für die Gruppe dazu dient, eine fast messianische Phantasie im Hinblick auf das Paar (das zwei Mitglieder, ein Mitglied und der Leiter oder die Ko-Leiter sein können) zu attribuieren, auf dass dieses die Gruppe auf wunderbare Weise erretten könnte.

Im Bion'schen Sinne stehen diese Grundannahme einem Modus einer »Sophisticated Work Group« (*Arbeitsgruppe*) entgegen, in der die Mitglieder unabhängig und autonom aufgabenbezogen und differenziert arbeiten.

Später fügte Hopper (2010) auch auf der Basis der Beiträge anderer Autoren eine *vierte Grundannahme* hinzu, die er »*Incohesion: Aggregation/Massification*« nannte.

Massification wird dabei als Phänomen beschrieben, demzufolge sich das differenzierte Selbst der Mitglieder in einer Fusion mit der Gruppe als Ganzes (einem »ozeanischen Zustand«) verliert. Das Gegenkonzept der Massification ist das Konzept Aggregation, in dem das Gefühl interpersonaler Verbindung und eine Gruppenidentität verloren geht und durch ein alleiniges »Sense of Me« ersetzt wird, was andere Autoren auch als Fragmentierung bezeichnet haben. Eine schöne Analogie hierzu: »Sometimes, a group and its members want or act like a collection of individual potatoes, completely apart from one another, while at other times the desire to be and behave like a pot of mashed potatoes losing all sense of separateness and individuality. Back and forth swings the group.« (Kaklauskas und Greene 2020, S. 74).

Innerhalb der psychodynamischen Welt hat sich die Gruppentherapie auch in Abhängigkeit von den unterschiedlichen »Psychologien« der Psychoanalyse (Objektbeziehungs-, Ich-und Selbst-Psychologie) differenziert, die sich innerhalb von Gruppen entsprechend auf unterschiedliche Themen wie bspw. die inneren Repräsentanzen von sich und anderen, Ich-Funktionen oder auf den Narzissmus bezogene Aspekte beziehen. Für die Ideengeschichte der psychodynamischen Psychotherapie muss hier auf andere Quellen, z. B. den aktuellen Übersichtsbeitrag von Boll-Klatt et al. (2021), verwiesen werden.

Es gibt in der Geschichte der Gruppenpsychotherapie auch spezifische gesellschaftsbezogene (regionale) Entwicklungen. Genannt sei hier beispielhaft die in der DDR entwickelte *intendierte dynamische Gruppenmethode (IDG)*, die maßgeblich von Kurt Höck (1981) konzipiert wurde. Kern dieses Ansatzes war es u. a. als Gruppenleiter(paar), einen gruppendynamischen Prozess aus der Abhängigkeits- in eine Arbeitsphase zu ermöglichen, wozu der sog. Kippprozess maßgeblich beitragen sollte. Die IDG existiert nach der politischen Wende nach wie vor – unter dem Dach der Deutschen Gesellschaft für Gruppenanalyse und Gruppenpsychotherapie (D3G) – als gruppenanalytische Methode, wenn auch gegenüber den DDR-Zeiten modifiziert (vgl. Seidler et al. 2010).

Die verschiedenen *gruppenanalytischen Methoden* unterscheiden sich im Hinblick auf den Fokus, aber auch die Haltung des Gruppenanalytikers, die beispielsweise in dem auf Bion und Ezriel basierenden Tavistock-Ansatz neben intrapsychischen und interpersonalen Prozessen vor allem auf die »Gruppe als Ganzes« (und deren unbewusste Muster) fokussiert, durch die o. g. Grundannahmen und einen Leiterstil gekennzeichnet ist, bei dem nur Geschehnisse im Hier und Jetzt gedeutet werden. Ereignisse und Beziehungen außerhalb der Gruppe werden hier ebenso wenig berücksichtigt wie Ereignisse der Vergangenheit.

Übergeordnete Darstellungen von Konzepten für (moderne) psychodynamische Gruppentherapie oder Gruppenanalyse finden sich beispielsweise bei Rutan, Stein und Shay (2011), Staats, Dally und Bolm (2014), Lorentzen (2014), Schlapobersky (2018) oder Janssen und Sachs (2018).

2.3 Übersicht über gruppenpsychotherapeutische Verfahren

Der norwegische Gruppenanalytiker und -forscher Steinar Lorentzen (2014) beschrieb Konzepte der Gruppenanalyse sehr anschaulich in einem Manual, das als Grundlage für eine vergleichende Studie einer psychodynamischen Kurzzeit- und einer Langzeitgruppenpsychotherapie diente (▶ Kap. 7). Neben allgemeinen Prinzipien der Gruppenleitung, orientiert an den konsekutiven/parallelen Aufgaben des Zuhörens, Beobachtens, Reflektierens und Intervenierens (▶ Kasten 2.1), differenziert Lorentzen die Unterschiede zwischen der eher *supportiven Kurzzeittherapie* und der eher *interpretativen* (d. h. deutenden und einsichtsfördernden) *Langzeittherapie* (▶ Tab. 2.3).

Die Konzeption der Kurzzeittherapie basiert beispielsweise auf Ansätzen psychodynamischer Gruppen, die von Budman und Gurman (1988) bzw. MacKenzie (1990) als »time-effective« bzw. »time-managed group therapies« beschrieben wurden. Sicherlich ist die Entwicklung von psychodynamischen Kurzzeitgruppenansätzen sowie fokussierter, z. T. auch störungs- (z. B. Gawlytta et al. 2014, bezogen auf soziale Angststörungen) bzw. problemorienterter (z. B. Piper et al. 2011, bezogen auf komplizierte Trauer) Ansätze kennzeichnend für die jüngere Vergangenheit und vermutlich auch die Zukunft.

Kasten 2.1: Zusammenfassung psychodynamischer Gruppeninterventionen auf der Basis des Manuals von Lorentzen (2014) und der Beschreibungen von Kennard et al. (2005): Die (simultanen) therapeutischen Handlungen des Zuhörens, Beobachtens, Reflektierens und (ggf.) Intervenierens

Voraussetzung für Interventionen:
Fragen der KONFIGURATION (jedes Ereignis vor dem Hintergrund der Gruppe zu sehen) und der LOKALISIERUNG (»Ursache« einer Störung)

Zuhören
Beobachtung (here-and now, Geschichte, Kontext, bifokale Orientierung [Individuen, Gruppe])

Reflexion:
In Welcher Situation befindet sich die Gruppe? (z. B. Aktivität, Emotionalität, Thema)
Welcher Prozess trägt dazu bei (z. B vorangehende Ereignisse, Reaktionen auf Mitteilungen, repetitive Muster)
Worüber wird *nicht* gesprochen? (Aussparen anstehender Themen, Schweigen)
Ist die Situation konstruktiv, destruktiv, neutral? Ist es wünschenswert, etwas an der Situation zu ändern?
Ja, wenn Gruppe blockiert ist, sich wiederholt, wenn jmd. Attactiert/missbraucht wird, wenn Schweigen unproduktiv ist, wenn die Gruppe nocht voran komm bzw. sich zu nehr müht, etwas zu verstehen
Ist es möglich, etwas zu verändern? (Aktiv werden oder abwarten)
Welche Interventionen kommen zur Beeinflussung des Prozesses und der Situation infrage?
Richtung (Gruppe, Individuen, Subgruppen) und Art der Intervention (Beschreibung/Deutung von Inhalten, Form, Bedeutung, Motiven, Lokalisationen)
Habe ich die notwendigen Interventionen in meinem Repertoire?
»Hoffentlich, sonst die Gruppe fragen« oder »Anleihen nehmen«
Ist die Zeit reif für Interventionen?
Konfigurationen und Lokalisationen klar genug, dass Intervention auf fruchtbaren Boden fällt und nicht die Abwehr erhöht?, Interventionen sollten für Einzelne keine »narzisstischen Attacken« darstellen (Bedeutung der Formulierung)
Sicherung des »Rapports« und der Kohäsion (keine Deutungen in frühen Phasen einer Gruppe)

Zuhören, Beobachten, Reflektieren > **Intervenieren** (speziell in Langzeittherapie)
Reflektieren ALLER *verfügbarer Informationen* (Vordergrund, Hintergrund, individuelle Geschichten, Geschichte der Gruppe, Emotionalität, Verteilung von Affekten, Worte, Ausdrucksformen, nonverbales

2.3 Übersicht über gruppenpsychotherapeutische Verfahren

Geschehen etc.) und *kontextueller Faktoren* (z. B. wer fehlt, neue Mitglieder, Störungen jedweder Art)

Gruppe sollte so viel wie möglich selbst erarbeiten und lösen, Leiter hat Verantwortung für »gruppenanalytische Situation« (optimale Atmosphäre)

Mögliche Intervention (Beispiele)

- Aufrechterhalten der Struktur
- Offene und geleitete Prozessförderung
- Keine sofortige Reaktion
- Aktion
- Selbstöffnung
- Modelling
- Klarifikation – Konfrontation – Deutung

Insbesondere im deutschen Sprachraum wurde die *psychoanalytisch-interaktionelle Methode (piM)* als ein wichtiges Konzept psychodynamischer Gruppen bzw. der Gruppenanalyse entwickelt, in dem eine Differenzierung des therapeutischen Vorgehens und der Gruppengestaltung (speziell der Regressionstiefe) in Abhängigkeit vom Strukturniveau der Patienten (piM für eher strukturschwache Patienten) angestrebt wird.

Die piM ist Teil einer Konzeption, die auch unter dem Begriff des *Göttinger Modells für Gruppenpsychotherapie* in die Literatur einging und die ursprünglich von Heigl und Heigl-Evers (1973) entwickelt wurde. Das Ehepaar Heigl differenzierte die psychoanalytisch begründete therapeutische Gruppe für unterschiedliche Patientengruppen in drei Kategorien und berücksichtigte dabei auch ganz explizit sozialpsychologisch-gruppendynamische Konzepte unter Bezug auf Raoul Schindler, David Rapaport und Hannah Arendt (vgl. Heigl-Evers et al. 1998). Während die »klassische« psychoanalytische Gruppentherapie oder Gruppenanalyse i. S. von Foulkes die Regression durch Zurückhaltung und Abstinenz des Therapeuten fördert, zielt die analytisch orientierte (oder tiefenpsychologisch fundierte) Gruppentherapie darauf ab, Menschen mit etwas weniger ausgeprägter Struktur- oder Ichschwäche zu behandeln und deren unbewusste Konflikte zu verstehen sowie Autonomie und Selbstsicherheit zu fördern. Im Gegensatz zur psychoanalytischen Gruppenpsychotherapie wird hier weitgehend auf Deutungen verzichtet.

Tab. 2.3: Abgrenzung eher supportiver (kurzzeitiger) und interpretativer (langzeitiger) psychodynamischer Gruppentherapie nach Aspekten der therapeutischen Beziehung und der Techniken bzw. dem Umgang mit Übertragung (in Anlehnung an Lorentzen 2014, 2020; MacKenzie 1997a, b)

	Supportive Therapie/ Kurzzeittherapie	Interpretative Therapie/ Langzeittherapie
Therapeutische Beziehung	Therapeut transparent, offen und expressiv Konversation, Fokus auf »real relationship« Zielgerichte Konversationen Fokussiert Ressouren-, »hoffnungs« orientert, Angstreduzierend Abwehrstützend	Therapeut i. d. R. technisch neutral Zurückhaltung, weniger transparant Erlaubt Assoziationen/Abschweifungen Ungerichteter Einsichtsorientiert Verhinderung von destruktiver Angst Abwehrdeutend
Techniken	Fokussieren, Reframing, Klarifikation, Konfrontation, Herausfordern Stärken betonen Autonomie fördern Suggestive Techniken Aktive Hilfe zur Problembewältigung	Fokussieren, Reframing, Klarifikation, Konfrontation, Herausfordern Deuten
Übertragung	Negative Übertragung nur thematisiert, wenn sie Fortschritte verhindert Positive Übertragung i. d. R. nicht diskutiert	Alle Übertragungsaspekte werden aktiv exploriert

Die piM als dritte Kategorie bzw. dritter Ansatz im Rahmen des Göttinger Modells fördert primär die Ich-Funktionen, wie etwa die Wahrnehmung und Differenzierung von Affekten. In der piM steht anstelle der Deutung das *Prinzip »Antwort«* im Vordergrund. Antworten bedeutet in diesem Fall, »dass der Therapeut seine persönliche Reaktion (Gegenübertragung) auf den Gruppenprozess und auch auf die einzelnen Teilnehmer selektiv so mitteilt, dass davon eine Anregung für interpersonelles Lernen und die Entwicklung von Ich-Funktionen der Teilnehmer zu erwarten« ist (Staats et al. 2014, S. 53). Staats et al. (2014) verweisen darauf, dass mit der »Betonung der Entwicklung der Ich-Funktionen, mit den Antworten des Therapeuten und dem Eingehen auf Lernschritte innerhalb der Gruppe« (S. 53) die piM deutliche Bezüge zu humanistischen Gruppentherapieverfahren aufweise, teilweise auch zur Verhaltenstherapie und besonders zu der mentalisierungsbasierten Gruppentherapie (s. u.). Das Lehrbuch von Staats, Dally und Bolm (2014) stellt die Methoden des Göttinger Modells ausführlich dar.

Mentalisierungsbasierte Gruppenpsychotherapie (MBGT)

Die MBGT basiert auf der Bindungstheorie John Bowlbys (▶ Kap. 6) und deren Weiterentwicklung durch Bateman, Fonagy und andere (Bateman und Fonagy 2016), die auf der Grundlage einer sicheren Bindungsrepräsentation die Kapazität, uns selbst und andere im Sinne intentionaler mentaler Zustände zu verstehen, als *Mentalisierungsfähigkeit* beschrieben haben. Diese Fähigkeit ist wiederum gepaart mit einem »gesunden« epistemischen Vertrauen (im Gegensatz zu epistemischem Misstrauen und übermäßiger epistemischer Vigilanz) und der Fähigkeit, ostentative Zeichen (Cues) richtig zu lesen und zu interpretieren. Menschen, die psychopathologisch auffällig werden, mangelt es an diesen Eigenschaften:

> »What we are suggesting here is that many, if not all, types of psychopathology might be characterized by temporary or permanent disruption of epistemic trust and the social learning process it enables« (Bateman und Fonagy 2016).

Menschen mit psychischen Störungen befinden sich oft (zumindest zeitweise) in einem Prämentalisierungs-Modus (dem Modus der psychischen Äquivalenz [innere und äußere Welt werden als identisch erlebt], einem teleologischen [nur real Beobachtbares ist real] und dem pretend- oder

Als-Ob-Modus [der innere Zustand hat keine Implikation für die Außenwelt vice versa, vgl. Euler und Walter 2020]. In der MBT-Gruppentherapie wird darauf fokussiert, Inhalte zu vermitteln, die die epistemische Vigilanz mindern (Erklärungen, neue Perspektiven), auf die Förderung und Stimulierung von Mentalisierungsprozessen, sowie die Förderung der Kompetenz sozialen Lernens und deren Erprobung außerhalb der Gruppe.

Die Haltung des Therapeuten in der Gruppen-MBT umfasst vor allem eine Modellierung von Mentalisierung, die Schaffung einer Kultur der Erkundung, kritisches Ansprechen nicht-mentalisierender Gedanken wie Stereotype, Generalisierung etc. (Marmarosh 2019). Details zum Vorgehen finden sich beispielsweise bei Fonagy et al. (2017).

2.3.2 Gruppenpsychotherapie in der kognitiven Verhaltenstherapie

Im Vergleich zur psychodynamischen Therapie ist die Tradition der verhaltenstherapeutischen Gruppentherapie sehr viel kürzer, die Gruppenansätze in diesem Verfahren letztlich auch (noch) homogener und auf kognitiv-behaviorale Veränderungen gerichtet (Bieling et al. 2007). Entsprechend spielte die Evaluation von Veränderungen in diesen Bereichen von Anfang an eine viel größere Rolle als die Differenzierung von Theorien, wie dies in der psychodynamischen oder auch der humanistischen Gruppentherapie der Fall war.

Üblicherweise sind kognitiv-verhaltenstherapeutische Gruppen hoch strukturiert, zeitlich sehr limitiert und auf homogene Störungsgruppen orientiert (▶ Kap. 7, ▶ Tab. 2.2).

In jüngster Zeit werden jedoch zunehmend auch Betrachtungen gruppendynamischer Phänomene in die kognitiv-verhaltenstherapeutischen Modelle einbezogen, ebenso wie es gerade einen Boom von Anwendungen der »Dritte-Welle-Ansätze« bei unterschiedlichen Störungsbildern in Gruppen zu verzeichnen gibt (s. u.).

Marwitz (2016) beschreibt ausführlich »anliegenbezogene verhaltenstherapeutische Gruppen« (AVG), die nicht unbedingt störungsspezifisch sein müssen. Nach dem Schaffen günstiger Ausgangsbedingungen geht

Tab. 2.4: Beispiele für manualisierte, evaluierte kognitiv-behaviorale Gruppentherapien für ausgewählte spezifische Störungsbilder aus dem anglo-amerkanischen und deutschen Sprachraum

Störungsbild	Autoren
Soziale Angststörung	Heimberg und Becker (2002) Stangier et al. (2003)
Depression	Hautzinger und Kischkel (1999) Herle und Kühner (2001) Hautzinger (2000; ältere Patienten) Pössel et al. (2004; Kinder und Jugendliche)
Zwangsstörung	Jónsson et al. (2011) Oelkers et al. (2007)
Generalisierte Angststörung	Duges et al. (2003) Barlow und Craske (2007)
Agoraphobie/Panikstörung	Evans et al. (1991)
Essstörungen	Mitchell et al. (1990)
PTSD	Fallot und Harris (2002) Liedl et al. (2010)
Borderline-Störung	Bohus (2018)

es bei der AVG um die Bearbeitung spezifischer, in der Anfangsphase herausgearbeiteter Themen. Dazu dient oft die Arbeit mit einem »Fokuspatienten« und die Anwendung spezifischer Methoden der Problembearbeitung (vgl. auch Sipos und Schweiger 2018; Kämmerer 2018) wie Rollenspiele, Systemaufstellungen und kognitive Umstrukturierung.

2.3.3 Humanistische Gruppentherapien

Wie in ▶ Tab. 2.1 gezeigt, ist die Entwicklung der Gruppenpsychotherapie sehr stark durch Impulse aus der humanistischen Psychologie/ Psychotherapie mitbestimmt worden. An erster Stelle ist hier sicher das *Psychodrama* zu nennen, das von Moreno »als genuin gruppenpädagogische und -therapeutische Methode konzipiert« wurde (von Ameln et al.

2009). Entsprechend sprach Moreno davon, dass jedes psychodramatische Spiel, auch wenn ein einzelner Protagonist im Mittelpunkt steht, immer »Therapie in der Gruppe, durch die Gruppe, für die Gruppe und der Gruppe...sei« (Moreno 1956, zitiert nach von Ameln et al. 2009). Die typische Struktur einer Psychodramasitzung, beginnend mit einem »Warm Up«, der Entwicklung eines Spielszenarios, mit dem einer oder mehrere Protagonisten sich mit ihren Themen im Austausch mit der Gruppe auseinandersetzen und der Auswertephase, sind naturgemäß alle sehr stark durch die Gruppe geprägt, weswegen Psychodramatherapeuten auch auf gruppendynamische Aspekte sehr achten sollten. Die Differenzierung von Moreno lässt sich sicher auch auf andere Gruppentherapien übertragen, da auch dort die Gruppe ein wichtiges therapeutisches Agens ist, die Gruppenmitglieder üblicherweise davon profitieren, wenn einzelne Protagonisten Fortschritte machen und sich die Gruppe insgesamt (▶ Kap. 4) in ihrer Struktur verändert.

Sowohl in der *Gestalttherapie* als auch in der *Transaktionsanalyse* und im Psychodrama ist es üblich, dass im Gruppenrahmen neben dem Fokus auf die Gruppeninteraktion auch »Einzelarbeiten« mit Gruppenbeteiligungen vonstattengehen, wobei die zugrundeliegenden theoretischen Konzepte und dementsprechend auch die Interventionsmethoden sich in den einzelnen Bereichen unterscheiden.

In der *klientzentrierten Psychotherapie* ist die Geschichte der gruppentherapeutischen Arbeit eng verwoben mit der Encounterbewegung, die insbesondere in den USA in den 1960er Jahren florierte. Diese Bewegung propagierte nichtklinische Selbsterfahrungs- und Kontaktgruppen mit dem Ziel, das Sozialisationsdefizit in der Gesellschaft (vgl. Richter 1972) zu kompensieren und unter günstigen Rahmenbedingungen die Wahrnehmung des Selbst und Anderer und interpersonale Fähigkeiten zu verbessern. Diese Bewegung wiederum geht auf Lewins Seminare zu Trainingsgruppen (T-Groups) oder gruppendynamische Laboratorien zurück und wird, bspw. von Yalom (1970), als Ausgangspunkt einer »wahren Gruppenbewegung« gesehen.

Während die Encountergruppen gewissermaßen für »jedermann« zur Verfügung standen, entwickelten sich daraus im Bereich der klienten- bzw. personenzentrierten Psychotherapie gruppentherapeutische Ansätze, die dann vor allem für klinische Populationen formatiert wurden.

2.3 Übersicht über gruppenpsychotherapeutische Verfahren

Im Rogers'schen Verständnis sollen Gruppen (und die Gruppentherapeuten) es den Mitgliedern ermöglichen, sich gegenseitig die Bedingungen für persönliche Entwicklung zu bieten, »einander bedingungsfrei mit positiver empathischer Beachtung zu begegnen und dabei kongruent zu sein«. Dies spiegelt das grundlegend positive Menschenbild der klientzentrierten Psychotherapie wider und zeigt das Wachstumspotential von Gruppen auf (vgl. Biermann-Ratjen und Eckert 2018). Die Gesprächstherapie in Gruppen hatte besonders in den 1970er Jahren eine Hochzeit (▶ Kap. 1).

Reinhard Tausch, gesprächspsychotherapeutisch orientierter Ordinarius für klinische Psychologie an der Universität Hamburg, gelang es mit dem SWR-Fernsehen eine Serie (*»Psycho-Treff«*) zu gestalten, die gewissermaßen zur Prime Time Ausschnitte aus Encounter-Gruppen öffentlich zeigte, mit dem Ziel, einer breiten Öffentlichkeit die positiven Wirkungen von Gruppenerfahrungen zu verdeutlichen.

Ein »Zwischending« im Hinblick auf eine Verfahrenszuordnung (angesiedelt zwischen psychodynamischen und humanistischen Ansätzen) stellt die *interpersonale Gruppenpsychotherapie* im Sinne von Yaloms Konzeption dar, in der die Gruppenpraxis primär auf das Hier und Jetzt fokussiert ist, die Gruppe als sozialer Mikrokosmos verstanden wird und auf interpersonale Themen (Motive, Wünsche, Probleme etc.) fokussiert wird, die ganz in der Tradition von Harry Stack Sullivan stehen. Die Yalom'sche Konzeption wird bspw. noch innerhalb der Selbsterfahrungssysteme der American Group Psychotherapy Association (AGPA) im Sinne von Process Groups rege praktiziert, hat maßgeblich gruppentherapeutische Ansätze für Krebspatientinnen stimuliert (z. B. Spiegel et al. 1989), ist ansonsten aber insbesondere aus der Forschung mittlerweile fast verschwunden.

Die Yalom'schen Gruppen stehen in Verbindung zu einer humanistisch-existenziellen und transpersonalen Gruppenpsychotherapie, die in Yaloms Gruppentheorie (Yalom und Leszcz 2020) und in seinen populärwissenschaftlichen »Teaching Novels« eine große Rolle spielen. Unter jenen ist die »Schopenhauer-Kur« als eine literarische Hommage an die Gruppe hervorzuheben (Yalom 2005b).

2.3.4 Systemzentrierte Gruppenpsychotherapie

Im Bereich der systemischen Therapien wurden Gruppenkonzepte vornehmlich von Yvonne Agazarian sowie Susan Gantt beschrieben und praktiziert und zu einer Theorie lebendiger menschlicher Systeme verbunden (Agazarian 1983; Agazarian und Peters 1981; Agazarian und Gantt 2003). In diesen Gruppen stehen die Konzepte der Organisation, der Selbstkorrektur und der Zielorientierung und vor allen Dingen die Störungen bzw. Beeinflussungen von Kommunikation und Informationsaustausch als potentielle Verzögerer positiver Entwicklungen im Vordergrund. Ähnlich wie in der systemischen Therapie generell, wird das Prinzip der Isomorphie als Vorstellung einer Hierarchie von Systemen benutzt, die sich im Hinblick auf strukturelle und funktionelle Eigenschaften ähneln und in denen Änderungen quasi von einer Ebene auf die andere transformiert werden können.

In Yvonne Agazarians Konzeption spielt die Betrachtung funktioneller Subgruppen eine zentrale Rolle, mit Hilfe derer Ähnlichkeiten und Unterschiede zwischen Gruppenmitgliedern verdeutlicht werden. Die Gruppe hilft dabei, Unterschiede in Einstellungen, Bedürfnissen und Gefühlen innerhalb der Gruppe sowohl zu explorieren, zu identifizieren als auch zu integrieren.

Kaklauskas und Olson (2020) sprechen davon, dass systemische Gruppen eigentlich Paradebeispiele für integrative Gruppentherapien sind, da sie sowohl auf emotionale Erfahrungen fokussieren, auf Bewältigungsstrategien wie auch auf Beziehungsmuster und eine Kombination aus Reflexion, emotionaler Erfahrung und emotionalem Ausdruck und der Erprobung neuer Fertigkeiten abzielen. Der Gruppenleiter ist in diesen Therapien oftmals eher direktiv, insbesondere die anfänglichen Gruppensitzungen sind sehr stark strukturiert.

2.3.5 Verfahrensunabhängige, -übergreifende und integrative Ansätze

Wie in Kap. 2.1 erwähnt, gibt es im Kontext der »dritten Welle« der Verhaltenstherapie eine ganze Reihe von Ansätzen, die sich an dem

2.3 Übersicht über gruppenpsychotherapeutische Verfahren

Mindfulness-Konzept von Kabat-Zinn (1994) orientieren: »Paying attention in a particular way: on purpose, in the present moment and nonjudgmentally«. Zu dieser Konzeption gehören DBT-Gruppen der jüngeren Generation (Bohus 2018), Gruppen mit der Zielsetzung einer »Mindfulness-Based Stress Reduction« (Imel et al. 2008), die Mindfulness-Based kognitive Therapie (MBCT), entsprechende Rückfallpräventionsprogramme und die Akzeptanz- und Commitment-Therapie (Walser und Pistorello 2004). Alle diese Ansätze sind nicht mehr wirklich traditionellen Psychotherapieverfahren zuzuordnen, sondern eher davon unabhängig.

Psychoedukation in Gruppen: Neben Gruppenpsychotherapien, die sich über die humanistischen Methoden (Psychodrama, Gestalttherapie, klient-zentrierte Psychotherapie), die psychodynamische und die Verhaltenstherapie sowie die systemische Therapie definieren und deren Kernkonzepte anwenden, kann man psychoedukative Gruppen mit der Zielsetzung der Informationsvermittlung, der emotionalen Unterstützung, der Vermittlung von Sicherheit und »Empowerment« durchaus auch als *verfahrensübergreifende* Ansätze definieren. Psychoedukative Gruppen werden auch häufig im Kontext somatischer Erkrankungen (z. B. Schmerz, Krebs, HIV) angewandt und bei einem ganzen Spektrum an psychischen Störungen inklusive Psychosen, Traumafolgestörungen, somatoforme Störungen, Sucht und Essstörungen.

Von Brown (2011) gibt es ein konzeptuelles Modell der psychoedukativen Gruppen, das sich des Kürzels KASST bedient:

- **K**nowledge (gemeint ist die Kenntnis gruppenrelevanter Aspekte und ein Wissen bzgl. der inhaltlichen Zielsetzung einer psychoedukativen Gruppe)
- **A**rt (die interpersonalen und gruppenbezogenen Kompetenzen des Gruppenleiters)
- **S**cience (Fähigkeit, die Konzeption der psychoedukativen Gruppe, das Curriculum zu planen und zu strukturieren und zu organisieren und auf die Patientenbedürfnisse abzustimmen)
- **S**kills (Kompetenzen und Fertigkeiten sowohl im Hinblick auf die Gruppenleitung als auch im Hinblick auf die »pädagogischen« Aspekte psychoedukativer Gruppen)

- **Techniques** (Kompetenz im Durchführen von Übungen, Rollenspielen, Leitung von Gruppendiskussionen, effektive Nutzung von Materialien, wie Handouts, Videobeispielen und Hausaufgaben)

Unabhängig von der Verfahrensorientierung eines Gruppenansatzes wird auch im Gruppenkontext zunehmend auf übergreifende Kompetenzen fokussiert, was sich bspw. an der Entscheidung der APA widerspiegelt, eine spezifische gruppenpsychotherapeutische Kompetenz (»specialty«) anzuerkennen und zu unterrichten (▶ Kap. 8). In der Psychotherapie wird allgemein mehr und mehr danach gefragt, wie es möglich sein kann, dass sich Psychotherapeuten nicht darauf verständigen können, welche allgemeinen Prinzipien der Veränderung und welches psychotherapeutisches »Kernwissen oder Kernverständnis« es gibt. Dies liegt u. a. an den in der Psychotherapie traditionell recht rigiden »Identitätsbildungen« (kürzlich ausführlich diskutiert von Dalal 2018). Damit verbunden und bezogen auf andere Kennzeichen des Psychotherapie- und Wissenschaftssystems gibt es eine Neigung zur »Geschichtsvergessenheit« (Strauß 2018a) und zu einer beharrlichen Weigerung, einen Konsens bezüglich dieser Fragen einzugehen (Goldfried 2000, 2019), aber sich auch mit der Frage der Evidenzbasierung auseinanderzusetzen. Diese Phänomene finden sich auch in der Welt der Gruppentherapie (Staats 2018).

Die meisten gruppentherapeutischen Ansätze teilen jedoch immerhin die Auffassung, dass es in der Gruppenarbeit insbesondere um die empathische Einstimmung, die Fokussierung interpersonaler verbaler (und nichtverbaler) Interaktionen und den Einsatz von Feedback und um die Förderung bzw. Aufrechterhaltung von Kohäsion gehen sollte. Kennzeichnend für sämtliche »formale Veränderungstheorien« in Gruppen dürfte sein, dass sie allesamt *allgemeine Wirkprinzipien gruppentherapeutischen Handelns* berücksichtigen (▶ Kap. 4).

Diese Wirkprinzipien bilden gruppentherapeutische »principles of change« i. S. von Castonguay et al. (2019).

Unabhängig von theoretischen Modellen, Verfahren und therapeutischen Identitäten, sollte auch in der Gruppenpsychotherapie nach einem übergreifenden Kernwissen und den damit verbundenen Kompetenzen gesucht werden.

2.3 Übersicht über gruppenpsychotherapeutische Verfahren

Letztlich sollten weniger die Modelle determinieren, welche Gruppenangebote Patienten angeboten werden, sondern die Bedürfnisse, Möglichkeiten, Aufnahmebereitschaften etc. auf deren Seite dazu beitragen, welche gruppentherapeutischen Methoden und Techniken zum Einsatz kommen:

> »There is probably no human attribute that prevents a member from deriving benefit from group therapy, provided that the group approach is designed to take the attribute into account« (Brabender, Fallon und Smolar 2004).

Weiterführende Literatur

Bernstedt J, Hahn S (2010) Gestalttherapie in Gruppen. Bergisch-Gladbach: EHP.
Fuhriman A, Burlingame GM (1994) Handbook of group psychotherapy: An empirical and clinical synthesis. New York: Wiley.
von Ameln F, Gerstmann R, Kramer J (2009) Psychodrama. 2. Aufl. Heidelberg: Springer.
Janssen P, Sachs G (2018). Psychodynamische Gruppenpsychotherapie. Stuttgart: Schattauer.
Kaklauskas FJ, Greene LR (2020) Core principles of group psychotherapy. New York: Routledge.
Kleinberg J (2012) The Wiley-Blackwell Handbook of Group Psychotherapy. Chichester: Wiley.
Lorentzen St (2014) Group analytic psychotherapy. New York: Routledge.
Marwitz M (2016) Verhaltenstherapeutische Gruppentherapie – Grundlagen und Praxis. Göttingen: Hogrefe
Schlapobersky J (2016) From the couch to the circle. Group-analytic psychotherapy in practice. New York: Routledge.
Staats H, Dally A, Bolm Th (Hrsg.) (2014) Gruppenpsychotherapie und Gruppenanalyse. Ein Lehr- und Lernbuch für Klinik und Praxis. Göttingen: Vandenhoeck und Ruprecht.
Strauß B, Mattke D (Hrsg.) (2018) Gruppenpsychotherapie. Lehrbuch für die Praxis. 2. Aufl. Heidelberg: Springer.

3 Strukturelle Aspekte von Gruppenpsychotherapie

»How does it feel, to be on your own, with
no direction home, like a complete
unknown, like a rolling stone?«
(Bob Dylan, Like a rolling stone)

In diesem Kapitel werden verschiedene Aspekte der Struktur und der Rahmenbedingungen von Gruppen skizziert, beginnend mit unterschiedlichen Gruppentypen und den diversen Behandlungssettings (einschl. Onlinegruppen). Spezifische Rahmenbedingungen, Fragen der Auswahl von Gruppenmitgliedern und der Zusammensetzung von Gruppen werden erörtert, ehe der essentielle Strukturaspekt der Vorbereitung und Information beschrieben wird.

3.1 Typen therapeutischer Gruppen

In der Gruppenliteratur finden sich viele Klassifikationen therapeutischer Gruppen, die sich auf die Zielsetzung, die Fokussierung von Gruppen- und Interaktionsprozessen, Leitercharakteristika etc. beziehen (▶ Kap. 2). Fiedler (2005) schlug eine Unterscheidung zwischen beziehungs- und interaktionsorientierten Gruppen einerseits und störungs- und methodenorientierten Gruppen vor.

3.1 Typen therapeutischer Gruppen

In Anlehnung an Sally Barlow (2013) unterscheidet das in ▶ Abb. 3.1 dargestellte konzeptuelle Modell drei grundlegend verschiedene Typen therapeutischer Gruppen:

Die »leiterlosen«Gruppen (die vor allem in der Selbsthilfeszene und in der Suchtbehandlung eine besonders große Rolle spielen),

psychoedukative Gruppen, die vor allem im psychiatrischen, zunehmend jedoch auch im psychotherapeutischen Kontext in Tageskliniken und Stationen bedeutsam sind (▶ Kap. 2) und therapeutische Gruppen im engeren Sinne, die in diesem Modell differenziert werden in manualisierte (meist Kurzzeittherapie-)Gruppen und solche, die primär nach spezifischen Therapieorientierungen oder formalen Veränderungstheorien (z. B. Gruppenanalyse) konzipiert sind.

Erstere Gruppen, für die deutlich mehr systematische Forschungsergebnisse vorliegen, sind überwiegend, wenn auch keineswegs ausschließlich kognitiv-verhaltenstherapeutischer Provenienz, die letzteren eher den humanistischen und den psychodynamisch-interpersonalen Verfahren zuzuordnen.

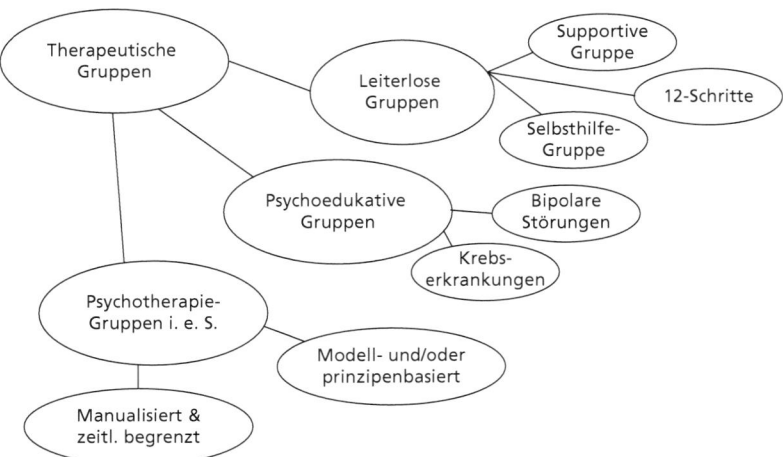

Abb. 3.1: Verschiedene Formate therapeutischer Gruppen (in Anlehnung an Burlingame und Strauß 2021a, Strauß, Burlingame und Rosendahl 2020, S. 226, Abdruck mit Genehmigung von Springer © 2020)

Zu den *leiterlosen und Selbsthilfegruppen* hat Matzat (2018), der aufzeigt, wie sehr die Selbsthilfebewegung in Deutschland gruppentherapeutisch fundiert ist (etwa in der Tradition von Horst Eberhard Richter 1972 und Michael Lukas Möller 1978), drei verschiedene Typen von Selbsthilfegruppen differenziert:

- die Anonymous-Gruppen (12-Schritte-Gruppen), initial repräsentiert durch die Anonymen Alkoholiker (AA), die später vor allem von anderen Gruppen mit anderen Abhängigkeiten (Drogen, Sex, Essen, Spielen), aber auch anderen psychisch Kranken (Emotions Anonymous) übernommen wurden.
- Selbsthilfeorganisationen chronisch Kranker (auch Personen mit seltenen Erkrankungen) und Menschen mit Behinderung, die das Ziel der gegenseitigen Information und Unterstützung haben, der Kommunikation, jedoch auch der Vertretung ihrer Interessen (so sind Selbsthilfeorganisationen in der Bundesarbeitsgemeinschaft Selbsthilfe und im Deutschen Paritätischen Wohlfahrtsverband gut organisiert), beispielsweise bei der Entwicklung von Behandlungsleitlinien.
- »Psychologisch-therapeutische Gesprächsselbsthilfegruppen« (Supportive Gruppen) womit Matzat z. B. Selbsthilfegruppen mit dem Schwerpunkt der Verarbeitung von Krisen meint.

Man könnte als weitere heute relevante Differenzierung – insbesondere auch in der Kategorie der manualisierten Gruppen – solche differenzieren, die online bzw. unter Nutzung des Internets gegenüber solchen, die nicht virtuell im unmittelbaren Kontakt stattfinden. Auf die *telemedizinischen Gruppeangebote* wird am Ende dieses Abschnitts kurz eingegangen.

3.2 Verschiedene Behandlungssettings und ihre Besonderheiten

3.2.1 Ambulante Gruppenpsychotherapie

In ▶ Kap. 1 wurde bereits ausführlich dargestellt, wie gesundheitspolitische Maßnahmen der letzten Jahre darauf abzielten, die Bedingungen für ambulante Gruppenpsychotherapie in den Richtlinienverfahren, zu denen seit kurzem auch die systemische Therapie gehört, drastisch zu verbessern. ▶ Tab 3.1 gibt einen Überblick über die Stundenkontingente, die – abhängig vom Verfahren – für Gruppentherapien (kontrastiert mit jenen für die Einzeltherapie) nach den Psychotherapierichtlinien zur Verfügung stehen. 48*100 Minuten (systemische Therapie), 80*100 Minuten (TfP/VT) und 150*100 Minuten (AT) als Maximalkontingent sind – kassenfinanziert – eine ganze Menge und können in jedem Verfahren intensive Gruppenprozesse ermöglichen.

In ▶ Kap. 3.3 werden einige allgemeine Rahmenbedingungen von Gruppen genannt. Die Zahl der Gruppenpatienten in einer ambulanten Gruppe kann bei einem Therapeuten von 3 bis 9 (in der Gruppe mit zwei Therapeuten bis zu 14!) Patienten reichen. Eine wesentliche Erleichterung für die ambulante Gruppentherapie war die Möglichkeit der Kombination der Gruppen- und Einzelsettings (s. u.).

Eine aktuelle exemplarische Beschreibung des Ablaufs einer ambulanten Gruppe (einschließlich deren Vorbereitung und Organisation) findet sich bei Schulze (2019).

In der ambulanten Gruppentherapie hat der Therapeut gewissermaßen die »Formatierung« der Gruppe in der Hand, angefangen von der Indikationsstellung und Auswahl/Zusammenstellung bis zur Information und Vorbereitung der Mitglieder. Erleichternd für den Beginn ambulanter Gruppen ist die Regelung, dass eine Gruppentherapie bereits mit drei Teilnehmern begonnen werden kann. Intensivere Gruppenprozesse dürften allerdings erst in größeren Gruppen zustande kommen.

Mehr und mehr werden auch im ambulanten Kontext *Gruppen mit Kindern und Jugendlichen* durchgeführt (vgl. z. B. Trautmann-Voigt und Voigt 2019), nicht zuletzt da in jüngster Zeit spezifische Ansätze für

Tab. 3.1: Stundenkontingente von Therapien (Einzel/Gruppe) nach den Psychotherapierichtlinien für die ambulante Psychotherapie (in Anlehnung an Dieckmann et al. 2021)

Verfahren	Bewilligungsschritte	Einzeltherapie (in Stunden)	Gruppentherapie (in Stunden)
Analytische Psychotherapie (AP)	1	160	80
	2	+ 140	+ 70
Tiefenpsychologisch fundierte Psychotherapie (TfP)	1	60	60
	2	+ 40	+ 20
Verhaltenstherapie (VT)	1	60	60
	2	+ 20	+ 20
Systemische Therapie (ST)	1	36	36
	2	+ 12	+ 12

Gruppen bei definierten Fragestellungen (z. B. störungsbezogen, Kinder nach Scheidung der Eltern) entwickelt wurden. Ambulant werden Gruppensitzungen speziell bei Kindern oft mit Einzeltherapien gekoppelt, ebenso wie mit zusätzlichen Gesprächen mit Eltern und Angehörigen. Speziell bei älteren Kindern und Jugendlichen werden – gefördert durch die Anerkennung der systemischen Therapie – auch Multifamiliengruppen (etwa gut evaluiert bei jugendlichen Schizophrenen) angewandt. Gruppen mit Kindern und Jugendlichen werden beispielsweise von Stippel und Lehmkuhl (2018) beschrieben, die darauf hinweisen, dass unabhängig vom methodischen Vorgehen Alter, Entwicklungsstand und damit verbundene Kompetenzen bei der Indikationsstellung berücksichtigt werden müssen, ebenso wie die altersspezifischen Themen (z. B. die Ablösung von den Eltern bei pubertierenden Jugendlichen). Entsprechend dem Entwicklungsstand werden in der Regel spielerische Elemente in Gruppen mit Kindern und Jugendlichen integriert. Literaturübersichten der letzten Jahre zeigen einen Zuwachs an manualisierten und evaluierten Gruppenangeboten z. B. bei Jugendlichen mit sozialen Angststörungen, Essstörungen, Substanzmissbrauch u. a. mehr (Burlingame et al. 2013).

Supervisionserfahrungen mit Kinder- und Jugendlichengruppentherapien zeigen immer wieder, dass die allgemeinen Prinzipien von Gruppen – also sowohl die therapeutischen Wirkfaktoren (▶ Kap. 4.2.4) als auch die sozialpsychologischen/gruppendynamischen Prozesse – selbstverständlich auch in diesen Gruppen sichtbar werden bzw. stattfinden. Oft sind diese Prozesse und die typischen Themen aber viel deutlicher, »unzensierter« und weniger abgewehrt als bei Erwachsenen.

Kombination von Einzel- und Gruppenpsychotherapie

Während in der Verhaltenstherapie eine Kombination von Einzel- und Gruppentherapie schon lange möglich war, war in den psychoanalytisch-begründeten Verfahren diese Kombination nicht vorgesehen und wurde erst auf Initiative der Patientenvertreter im GBA zur Diskussion gebracht, wobei speziell die Gruppentherapeuten der psychoanalytisch begründeten Verfahren diese Kombination zunächst strikt ablehnten.

Empirische Befunde, die eine Entscheidung für oder gegen eine Kombination erleichtert hätten, lagen kaum vor: In einer Übersicht (Strauß 2016b) wurde die Befundlage zusammengefasst und auf die geringe verfügbare Evidenz verwiesen, die zur Frage der Kombinationsbehandlung vorliegt. Demgegenüber gibt es jedoch eine Fülle an klinisch-theoretischen Beiträgen, die diese Kombination empfehlen und ihre Rahmenbedingungen klären.

Nach der Entscheidung des GBA, in allen Verfahren eine Kombination von Einzel- und Gruppenpsychotherapie zuzulassen, hat sich die Befundlage nicht wirklich verbessert, allerdings verfügen wir mittlerweile doch über einige positive Erfahrungsberichte. Klipp (2018) beispielsweise beschreibt die Kombination am Beispiel einer ambulanten Essstörungstherapie und versucht zu zeigen, dass insbesondere bei Patinnen mit hohem Angst- und Schamniveau eine Kombinationsbehandlung der Einzeltherapie überlegen sein könnte. Ähnliches beschreibt Türk (2016) unabhängig von der Störung: Die Einzeltherapiesitzungen helfen, bei Hochängstlichen das Angstniveau vor der Gruppe auf ein »erträgliches« Maß zu reduzieren. Die Teilnahme an einer regelmäßigen Gruppensitzung in Ergänzung zu einer Analyse (»3. Stunde in der Gruppe«) diene der Erweiterung des psychoanalytischen Prozesses u. a.

bei Pat. mit ausgeprägten Ich-Störungen. Weitere Berichte von Therapeuten und Patienten, vgl. folgenden Textkasten, zeugen davon, dass die Ermöglichung der Kombination gewinnbringend sein kann und – wie erwähnt – in der gruppentherapeutischen Arbeit mit Kindern und Jugendlichen fast unverzichtbar ist.

Die Vorteile einer Kombinationsbehandlung sind, gemäß einer Zusammenfassung unterschiedlicher Berichte aus der Literatur durch van Haren 2020, folgende:

- Vertiefung der Gruppentherapieeffekte in der Einzeltherapie (Auflösung und Integration von Konfusion, Konflikten und erlebten Bedrohungen)
- Bahnung von gruppenrelevanten Themen in der Einzeltherapie (insbesondere angst- und schambesetzter Themen) und Schöpfung von Mut zur Selbstöffnung
- Stabilisierung der Gruppentherapie durch die Einzeltherapie als Auffangnetz für schwierige Situationen (Einzeltherapie als »Rückhalt und sichere Basis«)
- Verringerung von Abbrüchen (z. B. durch Äußerung von Kritik, Unsicherheit gegenüber der Gruppe im Einzelsetting anstelle »stiller« Abbruchsentscheidungen)
- Vertiefung der therapeutischen Arbeitsbeziehung und des Vertrauens in den Therapeuten
- Nutzung der Gruppe als Unterstützung bei Problemen mit dem Therapeuten
- Vertiefung der Einzeltherapie durch die Generierung von Themen in der Gruppe über »realitätsnahe Prozesse«
- Verringerung von Ängsten auf Seiten der Therapeuten (Vertiefung von Kenntnissen einzelner Gruppenmitglieder, besseres Verständnis einzelner Gruppenmitglieder in der Gruppe)
- Frühes Erkennen von Schwierigkeiten in der Gruppe (dadurch Vermeidung von Beziehungsbrüchen in der Gruppe und in der therapeutischen Beziehung, verbesserte Möglichkeit der Krisenbewältigung)

Van Haren und Willweber (2019) berichteten über eine Befragung von 50 Patienten mit Kombinationserfahrungen in tiefenpsychologisch fundierter Einzel- und Gruppenpsychotherapie. Die Ergebnisse der Befragung weisen klar auf eine Befürwortung der Kombination der Settings und zeigen, dass die Kombination als Bereicherung bewertet wird. Die meisten Kommentare unterstreichen die Stärkung der therapeutischen Beziehung und heben die Möglichkeit hervor, im Einzelsetting Themen zu besprechen, für die in der Gruppe kein Platz war. Die Autoren berichten, dass, sofern Neid und Konkurrenz hinsichtlich der Beziehung zum Therapeuten auftauchten, die Auseinandersetzung damit überwiegend als entwicklungsförderlich betrachtet wurde. Insgesamt fiel das grundsätzliche Urteil über die Kombinierbarkeit der Behandlungsmodalitäten sehr positiv aus. Auch wenn es nach wie vor keine systematischen Untersuchungen zur Kombinationsbehandlung gibt, scheint sich die Entscheidung des GBA für eine flexible Kombination nach den vorliegenden Berichten gelohnt zu haben.

3.2.2 Gruppentherapien im stationären und teilstationären Behandlungssetting

Stationäre Settings, in denen Patienten mit psychischen Störungen behandelt werden (also psychiatrische Kliniken, psychosomatisch-psychotherapeutische Kliniken, jedoch auch psychosomatische Rehabilitationskliniken) sind ohne ein gruppentherapeutisches Angebot gar nicht denkbar. Oft bieten Gruppen in diesem Feld später psychotherapeutisch Tätigen einen ersten Zugang zur gruppenpsychotherapeutischen Arbeit, leider oftmals ohne Vorbereitung, Anleitung und adäquate Supervision/Betreuung.

Dies ist insofern eine besondere Herausforderung, da Gruppen im institutionellen Kontext vermutlich immer deutlich komplexer und damit auch komplizierter sind als ambulante Gruppen. Dies liegt u. a. daran, dass sich im institutionellen Bereich verschiedenartige Gruppenprozesse miteinander vermengen, nämlich jene, die in den verschiedenen therapeutischen Gruppen ablaufen (die bspw. ja oft auch andere Zielsetzungen, Herangehensweisen und Therapeuten haben, man denke an »extraverbale« Gruppenangebote), das alltägliche Zusammenleben mit anderen Patienten in der Einrichtung, aber auch Prozesse, die innerhalb des Teams ablaufen und die naturgemäß nicht isoliert von den Vorgängen auf einer Psychotherapie- oder einer Psychiatriestation von statten gehen.

Angesichts dieser Komplexität ist es eigentlich notwendig, gruppentherapeutische und gruppendynamische Aspekte in (teil-)stationären Einrichtungen immer zu reflektieren und am besten auch die Behandlungskonzepte aus einer gruppenpsychologischen Perspektive zu planen (auch dies geschieht selten!).

Die besonderen Merkmale der Gestaltung von teil- und vollstationären psychotherapeutischen Settings sind

- *Multimodalität* (verschiedenartige Interventionen),
- die *Existenz eines Gesamtbehandlungsplans* (dessen einzelne Bestandteile aufeinander bezogen sein sollten),
- die *Multipersonalität* und
- die *aktive Milieugestaltung*, d. h. die Tatsache, dass das Krankenhaussetting in ganz spezifischer Art und Weise gestaltet und organisiert ist (vgl. Spitzer 2021).

Ein wichtiger Aspekt institutioneller Gruppenbehandlung ist, dass in der Regel keine spezifische gruppentherapeutische Indikationsstellung erfolgt, sondern Patienten gewissermaßen »standardmäßig« an einzelnen Behandlungsbestandteilen teilnehmen, wobei hier sicher einige Variationen möglich sind, letztlich jedoch nahezu alle in Gruppen »landen« werden, auch wenn sie möglicherweise für (die spezielle Gruppe) gar nicht geeignet sind. Weder die Therapeuten noch die Patienten haben also hier eine vollständige Entscheidungsmacht, weswegen Gruppen in klinischen Institutionen auch als »Captive Groups« bezeichnet wurden (Mattke et al. 2018).

Ein weiterer wichtiger Aspekt ist, dass die Rollen des Therapeuten oftmals konfundiert sind mit der Funktion, über den Alltag zu wachen und auf die Einhaltung von Regeln zu drängen, was naturgemäß zu inneren und interpersonalen (oft auch Team-)Konflikten führt (vgl. z. B. Sachsse 1989, der in diesem Zusammenhang von einer »Psychotherapie mit dem Sheriff-Stern« spricht).

3.2 Verschiedene Behandlungssettings und ihre Besonderheiten

Im Zusammenhang mit stationärer Gruppenpsychotherapie sind nach wie vor Ideen einflussreich, die in der Tradition des Konzeptes einer therapeutischen Gemeinschaft stehen. Dieses Konzept geht zurück auf Main (1946). Thomas Main fasste das Krankenhaus als ein psychosoziales Ganzes auf, dessen einzelne Teile aufeinander bezogen sind und aufeinander wirken, so dass sowohl die Therapie, die Versorgung, aber auch die Administration als eine gemeinsame klinische Anstrengung zu betrachten seien. Main hat auch darauf hingewiesen, dass die Schwierigkeiten im Zusammenleben in einer Therapiestation und die Störungen in den Beziehungen, auch jene zwischen dem Krankenhaus und der Umwelt, der »fortgesetzten Analyse« bedürfen.

Im Kontext von Gruppenpsychotherapie wurden im stationären Kontext international sehr unterschiedliche Konzepte realisiert, die systematisch bspw. von Brabender und Fallon (1993) zusammengefasst wurden. Im deutschen Sprachraum gab es eine zeitlang ein »Schisma« zwischen sog. *integrativen* und *bipolaren Behandlungsmodellen*, in denen die gruppentherapeutische Arbeit im engeren psychotherapeutischen Kontext klar getrennt war von den Beziehungsprozessen im Zusammenleben der Patienten und mit dem Team im sog. Realraum. Paul Janssen (1987) hat sich dann dafür stark gemacht, ein *integratives Modell* der Gruppenpsychotherapie im Gesamtsetting zu entwickeln, in dem die Trennung zwischen Therapieraum und Realraum weitgehend aufgehoben war und gewissermaßen der gesamte Behandlungsprozess als *der* Gruppenprozess erachtet (und teilweise auch interpretiert) wurde. Mittlerweile hat sich – auch durch die Verkürzung der Behandlungsdauern – durch das Aufkommen störungsspezifischer Therapieangebote im stationären Setting und andere Faktoren doch wieder eine deutlichere Trennung zwischen dem Therapie- und dem Realraum ergeben, dennoch kann man mit Senf (1988) nach wie vor sagen, dass »jede Therapie im stationären Setting Gruppentherapie ist, da der therapeutische Prozess auf einer Station immer von der Gesamtgruppe der Mitpatienten und des Teams getragen wird« (S. 58).

Bartuschka (1997) formulierte treffend als Ziel der Gruppenpsychotherapie im Gesamtsetting: »...nicht mehr und nicht weniger, als ... Patienten, aber auch uns selbst ständig dazu anregen, in den zwischenmenschlichen Beziehungen nicht nur das beobachtbare reale Verhalten, sondern auch Unsichtbares und nicht Messbares zu beachten. Es ist dies der Bereich der Wünsche, Impulse, Phantasien, Bedürfnisse und vor allem der damit verbundenen Gefühle und der Bereich des Unbewussten. Von den emotionalen Begleitreaktionen der aktuellen mitmenschlichen Beziehung im Hier und Jetzt der Klinik ausgehend, versuchen wir die Verbindungslinien zu den wichtigen lebensgeschichtlichen Erfahrungen unserer Patienten und somit einen Zugang zu den noch unbewussten Konflikten zu finden« (S. 5), wobei diese Sichtweise eine eher psychodynamische Sichtweise stationärer Gruppenpsychotherapie reflektiert.

Die Behandlungsprozesse in tagesklinischen (mittlerweile gibt es auch abendklinische, Dinger-Ehrenthal et al. 2019) Institutionen sind insofern evident, als in diesen spezifischen Settings sehr viel mehr das »Außen« in die (gruppen)therapeutische Realität eindringt und berücksichtigt werden muss (vgl. Mattke, Strauß und Zeeck 2018).

Was bislang zu stationären psychotherapeutischen Konzepten gesagt wurde, gilt heute in der Regel auch für die *Gruppenpsychotherapie in der Psychiatrie*, in der ebenfalls Gruppen vielfältig zum Einsatz kommen. Gegenüber den psychotherapeutischen Kliniken sind in der Psychiatrie Therapiegruppen oftmals sehr spezifisch, umfassen psychoedukative Angebote und sind auf psychiatrische Krankheitsbilder gerichtet, die in der regulären stationären Psychotherapie nicht vorkommen (z. B. Gruppen mit schizophrenen Patienten). Darüber hinaus gibt es noch sozialpsychiatrisch fundierte Gruppenangebote, denen eine hohe klinische Evidenz zugewiesen wird (auch wenn es dazu offenbar kaum Forschung gibt, Freyberger und Spitzer 2018). Beispielhaft können hier die sog. »Morgenrunden« oder das »Patientinnenplenum« angeführt werden.

Gruppen in der forensischen Psychiatrie (vgl. Hoffmann et al. 2018) sind durch die institutionellen Rahmenbedingungen geprägt und durch die Tatsache, dass die Patienten aufgrund externer Anweisungen in die Gruppenpsychotherapien kommen (es handelt sich hier also um »Captive Groups« im wahrsten Sinne des Wortes). Auch in der forensischen Milieugestaltung sind therapeutische Gruppen heute von zentraler Bedeutung, ebenso wie das Konzept der therapeutischen Gemeinschaft, wobei der Aufbau struktureller Fertigkeiten (heute werden bspw. sehr viele mentalisierungsbasierte Gruppenangebote in der Forensik genutzt, ▶ Kap. 2; z. B. Müller et al. 2017; Hoffmann et al. 2018), der Stärkung von Sozialkompetenz und Impulskontrolle, insbesondere die Aufarbeitung des Delikts und eventuell erlebter Traumata im Mittelpunkt stehen. Es gibt mittlerweile eine ganze Reihe von sehr gut evaluierten manualisierten Programmen für Straftäter, insbesondere für Sexualstraftäter, jedoch auch Modifikationen von Gruppenangeboten für Patienten mit Persönlichkeitsstörungen, die im forensischen Kontext verwendet werden.

Gruppentherapien in der psychosomatischen Rehabilitation haben insbesondere aufgrund der anderen Zielsetzung (sozialmedizinische Ziele), der Spezifität des Settings (relativ kurze Behandlungsdauer, Behandlungen oft wohnortfern) und der großen Verbreitung in der Praxis eine große Bedeutung. Schattenburg (2018) hat diese Besonderheiten von Gruppenarbeit in der stationären Reha dargestellt und bspw. den berufsbezogenen Fokus unterstrichen, der in manchen Reha-Kliniken auch im Angebot spezifischer berufsbezogener Therapiegruppenangeboten mündete.

3.2.3 Gruppentherapeutische psychosomatische Nachsorge nach stationärer psychosomatischer Rehabilitation (PsyRENA)

Das System psychosomatischer Rehabilitation ist in unserem Gesundheitssystem bedeutsam und im internationalen Vergleich vermutlich einzigartig. Ein Befund zur psychosomatischen Reha ist, dass 90% aller Rehabilitanden nach einer stationären Behandlung eigentlich einer Nachbehandlung bedürfen (Harfst et al. 2002), 70% erhalten explizit die Empfehlung, eine ambulante Therapie zu beginnen oder fortzusetzen. Da die Rehabilitation ja auf die berufs- bzw. arbeitsplatzorientierten Probleme fokussiert, wird eine zeitnahe Betreuung bei Problemen im Arbeitskontext seit langem für sinnvoll erachtet. Entsprechend gibt es verschiedene Nachsorgeleistungen, die im Hinblick auf die psychosomatische und psychologische Problematik ursprünglich im sog. »Curriculum Hannover« und in der psychosomatischen Rehanachsorge der DRV Westfalen entwickelt und mittlerweile unter dem Stichwort Psy-

RENA bei psychischen Erkrankungen bundesweit zur Verfügung steht (Kobelt et al. 2018).

PsyRENA ist indiziert bei Vorliegen einer F-Diagnose oder einer psychischen Komorbidität begleitend zu einer somatischen Grunderkrankung. Die Rentenversicherung gibt vor, dass PsyRENA grundsätzlich als Gruppenbehandlung durchzuführen ist und 25 wöchentliche Gruppensitzungen umfassen soll, an denen 8–10 Personen teilnehmen (die Gruppen können offen oder geschlossen sein). Zusätzlich können Aufnahme- und Abschlussgespräche geführt, Kriseninterventionen oder Angehörigengespräche im Einzelfall realisiert werden.

PsyRENA-Gruppen haben explizit das Therapieziel der Wiedereingliederung ins Erwerbsleben und eine Stabilisierung, das Training und die Reflexion neuer Verhaltensweisen und Konfliktlösungsstrategien in der Gruppe, einen Wechsel zwischen therapeutischen, informativen und beratenden Interventionen, die Beratung bei sozialmedizinischen Fragestellungen und quasi ein Fallmanagement durch den Gruppenleiter einschließlich der Vernetzung verschiedener in die Behandlung involvierter Organisationen und Personen. PsyRENA-Therapeuten müssen neben der Approbation entweder einschlägige Erfahrungen in der Rehabilitation aufweisen oder aber sozialrechtliche und sozialmedizinische Kenntnisse im Rahmen von Fortbildungen erwerben.

3.2.4 Onlinegruppen

Für viele Psychotherapeuten sind Behandlungsansätze, die sich des Internets oder moderner Technologie bedienen, immer noch ein Schreckgespenst. Demgegenüber steht jedoch eine relativ deutliche Befundlage, die zeigt, dass internetbasierte Psychotherapie bei einem spreiten Spektrum an Störungen durchaus effektiv ist (z. B. Domhardt et al. 2020). Heute hat sich der Begriff der Internet- und Mobile-basierten Interventionen (IMI) eingebürgert, die zunehmend im Bereich der Prävention, Behandlung und Nachsorge von psychischen Störungen angewandt werden. Ein wesentlicher Vorteil dieser Ansätze ist die zeit- und personenunabhängige Nutzung sowie insbesondere die Tatsache, dass oftmals nicht erreichte Personen über diese Behandlungsansätze potentiell

3.2 Verschiedene Behandlungssettings und ihre Besonderheiten

versorgt werden können. Freilich gibt es auch eine ganze Reihe von Problemen und Schwierigkeiten, wobei insbesondere der Schutz der Daten, die über das Internet oder über andere Wege kommuniziert werden und die Zugangsmöglichkeiten im Vordergrund stehen.

In der Gruppentherapie haben sich internetbasierte Ansätze mehr und mehr nach der Jahrtausendwende ausgebreitet, wobei im deutschsprachigen Raum vermutlich die Arbeitsgruppe der Forschungsstelle Psychotherapie in Stuttgart/Heidelberg unter Leitung von Hans Kordy über die Etablierung von Online-Chatgruppen zur Nachsorge nach stationärer psychosomatischer Rehabilitation Pionierarbeit geleistet hat. Eine Studie aus dieser Arbeitsgruppe (Golkaramnay et al. 2007) war die erste naturalistische Studie zu dieser Thematik und zeigte, dass Patienten, die an einer Online-Nachsorgegruppe teilnahmen, ein deutlich geringeres Risiko für negative Effekte nach der Rehabilitation aufwiesen als Kontrollpersonen, die diese Angebote nicht nutzten.

In der Folgezeit haben sich zwei wesentliche Richtungen in der Gruppentherapie mit »virtuellen Leitern« bzw. Onlinegruppen entwickelt. Eine Richtung besteht aus sog. asynchronen Ansätzen, in denen Personen sich internetbasierter Materialien bedienen und zeitlich versetzt – bspw. über E-Mail oder SMS oder bestimmte Foren – mit ihren »Therapeuten« in Kontakt treten. Dieses Format ist relativ häufig in supportiven und Selbsthilfegruppen. Demgegenüber stehen die synchronen Onlinebehandlungen, zu denen die erwähnten Nachsorge-Chatgruppen gehören, die in anderen Kontexten mittlerweile für eine ganze Reihe von Störungsbildern vorliegen. Burlingame und Strauß (2021) fassen sieben störungsspezifische RCTs zusammen, in denen Onlinegruppen tatsächlich deutlich wirksamer waren als Wartelistengruppen oder »Treatment-As-Usual«. Diese Studien beziehen sich auf die Depression, auf Essstörungen oder Traumafolgestörungen. Zimmer und Haug (2018) beschreiben einige Anforderungen und Schwierigkeiten im Kontext von Chatgruppen und skizzieren ein Modellprojekt, das Projekt »Internet-Brücke«, das eine Weiterentwicklung der oben beschriebenen Nachsorgestudie und ein gutes Beispiel für die »Translation« von Forschung in die Routinepraxis der Rehabilitation darstellt.

Virtuelle Gruppenpsychotherapie in Zeiten von COVID-19

In der epidemiologischen Literatur zur COVID-19-Pandemie sind eine Vielzahl psychischer Probleme als deren Folge beschrieben, allen voran Angststörungen, affektive Störungen, belastungsabhängige Störungen, aber auch der erhöhte Missbrauch von Substanzen, wie Drogen und Alkohol (Strauß et al. 2021b). Die gruppenpsychotherapeutische Literatur (▶ Kap. 7) weist aus, dass mittlerweile für eine Vielzahl eben dieser psychischen Störungen eine sehr überzeugende Evidenz für die Wirksamkeit von Gruppentherapien vorliegt.

Da auch aus hygienischen Gründen Live-Gruppen in Zeiten von COVID-19 schwierig geworden sind, stellt sich noch mehr die Frage, ob es digitale oder virtuelle Alternativen für die Durchführung dieser Gruppentherapien gibt. Innerhalb der ambulanten psychotherapeutischen Struktur herrschte zumindest hierzulande noch lange eine eher ablehnende Haltung gegenüber Telegruppentherapien. In anderen Ländern, etwa den USA, liegen seit dem Ausbruch der COVID-19-Pandemie jedoch mehr Erfahrungen mit Onlinegruppen vor, da die alternative Einhaltung von strengen Hygienemaßnahmen für niedergelassene Psychotherapeuten wichtiges Einkommen reduziert hätte. Möglicherweise ist – bspw. in den USA – auch das Bewusstsein für den Datenschutz ebenso anders, wie die Forderung von Patienten, durch teletherapeutische Angebote große Entfernungen nicht mit Verkehrsmitteln überwinden zu müssen.

Ein Autor, der sich sehr intensiv mit der Frage der Gruppenteletherapie beschäftigt hat, ist Haim Weinberg, der in seinem Buch »Theory and practice of online therapy« (Weinberg und Rolnick 2019) diskutiert, welchen Problemen man in diesem Kontext potentiell begegnen kann. Er weist auf die Aspekte von Vertraulichkeit und Datenschutz hin, auf die Frage, welche Mitglieder letztlich bzw. am ehesten für eine Gruppenteletherapie ausgewählt werden sollten, auf die Tatsache, dass die Onlinegruppe eine körperlose Gruppe ist, ebenso wie auf die Frage der tatsächlichen Präsenz und der Kontrolle über das Setting, das nicht mehr ganz in der Hand des Gruppenleiters liegt.

Weinberg (2020) resümiert, dass die Onlinegruppentherapieforschung noch in ihren Kinderschuhen steckt und wir vor allen Dingen viel zu wenig über die Effektivität von Gruppenangeboten für einzelne Mitglieder wissen. Im Großen und Ganzen gibt es keine randomisiert kontrollierten Studien zur Wirksamkeit von Videogruppen im Vergleich zu anderen Ansätzen. In Weinbergs Sichtweise können zwei wesentliche Aspekte der therapeutischen Allianz, nämlich die Übereinstimmung bezüglich der Therapieziele (Goals) und der Frage ihrer Zielerreichung (Task) in Onlinegruppen durchaus erreicht werden, wohingegen die Frage der emotionalen Qualität der Beziehung (Bonds) noch nicht geklärt ist. Diese dürfte in starkem Maße mit körperlicher Interaktion einschließlich Augenkontakt in Verbindung stehen, der in Videogruppensettings nicht bzw. sehr viel schwerer herstellbar ist. Darüber hinaus ist zu vermuten, dass wirkliche Präsenz über Bildschirmkontakte u. a. auch aufgrund zu vieler Ablenkungsfaktoren sehr schwer herstellbar sein wird.

3.3 Allgemeine Rahmenbedingungen von Gruppentherapien

Zu den allgemeinen strukturellen Rahmenbedingungen zählen Merkmale wie die *Größe der Gruppe*, die *Sitzungszahl* und deren *Frequenz* und die *Gruppenzusammensetzung*.

Bezüglich der *Gruppengröße* gibt es verfahrensabhängig unterschiedliche Auffassungen, üblicherweise werden Gruppen mit 6–10 Patienten für Gruppen, die auf interpersonale Interaktionen setzen, als adäquat gesehen. Psychoedukative und andere sehr strukturierte Gruppen sowie manch verhaltenstherapeutische Gruppen haben oft auch mehr als zehn Mitglieder. Bei der Bestimmung der Gruppengröße sind naturgemäß auch logistische Aspekte (Raumgröße, ausreichender Abstand) relevant, ebenso wie psychologische Faktoren. Beispielsweise evozieren kleinere Gruppen eher familienähnliche Dynamiken (Rutan et al. 2020a). Kleine Gruppen (im ambulanten Richtlinienpsychotherapierahmen können bereits Gruppen mit drei Mitgliedern durchgeführt werden) sind – aufgrund unvermeidlicher *Abwesenheiten einzelner Mitglieder* – u. U. schwieriger aufrechtzuerhalten, wobei aufgrund der potentiellen Auswirkung von temporären Abwesenheiten auf das Gruppenklima das Ausmaß an Engagement und Kommitment gegenüber der Gruppe immer thematisiert werden sollte (Paquin und Kivlighan 2016).

Während es im ambulanten Kontext üblich ist, *Gruppensitzungen ein- allenfalls zweimal die Woche* abzuhalten, finden im stationären Kontext psychotherapeutische Gruppen im engeren Sinne in der Regel mindestens zweimal statt und werden dort mit Einzeltherapien und anderen Therapieangeboten kombiniert. Die *Kombination von Einzel- und Gruppensitzungen* ist formal mittlerweile auch in der ambulanten Richtlinientherapie im Gruppenkontext relativ flexibel möglich (s. o.).

Die *Gesamtzahl der Sitzungen* ist im ambulanten Bereich durch die Psychotherapierichtlinien festgelegt (▶ Tab. 3.1), im (teil-)stationären Rahmen durch das übliche Behandlungskonzept, wobei es mittlerweile viele Behandlungen gibt, die insgesamt nur sehr wenige Gruppensitzungen erlauben (z. B. in der psychosomatischen Reha). Die Sitzungsdauer ist in der ambulanten Gruppentherapie geregelt (üblicherweise 100 Min.), in anderen Settings sind Sitzungsdauern zwischen 60 und 90 Minuten üblich.

Im (teil-)stationären Setting ist die Zahl der Gruppensitzungen begrenzt und entspricht meist dem Format einer Kurzzeitgruppentherapie. Kurzzeitgruppen (zu denen auch die Kurzzeittherapiegruppen gemäß den Psychotherapierichtlinien zählen würden) sollten besonders exakt geplant werden, da sie eine Reihe von Spezifika aufweisen, die beispielsweise Brabender et al. (2004) zusammenfassen, nämlich:

- Ganz genau spezifizierte Ziele
- Sorgfältige Auswahl und Vorbereitung
- Rasche Entwicklung einer Kohäsion
- Nutzung der »Zeit« als therapeutische Kraft (»less time to do more«)
- Hohe Aktivität des Therapeuten
- Fokus auf das »Hier und Jetzt« und Orientierung an Gegenwart und Zukunft

Kurzzeitgruppen sind in allen Verfahren möglich und sinnvoll (▶ Kap. 2). An manualisierten Ansätzen liegen für Kurzzeitgruppentherapien eine große Zahl an störungsspezifischen Konzepten vor allem aus der kognitiven Verhaltenstherapie vor. Eine neue, störungsübergreifende und vermutlich auch verfahrensübergreifende Form der Kurzzeittherapie ist die von Whittingham (2015, 2017) beschriebene *»Focused Brief Group Therapy«* *(FGBT)*, eine Kurzform interpersonaler prozessorientierter Gruppentherapie sensu Yalom und Leszcz (2020), kombiniert mit der »Metrik des interpersonalen Modells« (▶ Kap. 3.4) und Annahmen der Bindungstheorie (▶ Kap. 5). Neben einer Eingangsuntersuchung und einem »interpersonalen Interview« mit den einzelnen Gruppenmitgliedern umfasst die FGBT typischerweise nicht mehr als *acht Gruppensitzungen*, auf die dann noch eine Debriefing-Sitzung mit einzelnen Mitgliedern mit einer Auswertung der gemessenen Veränderungen folgt (vornehmlich mit dem IIP-32, ▶ Kap. 3.4). Die FGBT, deren systematische Evaluation noch aussteht, wird in nordamerikanischen universitären Beratungszentren bereits häufig angewandt.

Ein weiterer Strukturaspekt ist die *Gruppenform* (offen, halb-offen, geschlossen). In der klinischen Praxis dürften halb-offene (»slow-open«) Gruppen am verbreitetsten sein. Geschlossene Gruppen stellen Kohorten dar, die kollektiv alle Phasen einer Gruppe gemeinsam erleben und sind besonders geeignet für Gruppen, die einem bestimmten Manual folgen. Halboffene Gruppen sind durchlässiger und konfrontieren die Mitglieder mit »Kommen-und-Gehen«, was sowohl die ständige Neuaufnahme von Mitgliedern als auch deren Verabschiedung erfordert (in stationären Einrichtungen erfolgen die Wechsel oft recht schnell, weswegen man hier eher von »fast open«-Gruppen sprechen könnte). Die *Akkomodation* und *Assimilation* neuer Mitglieder ist in diesen Gruppen von zentraler Bedeutung. Während Wechsel in der Gruppe eine gute Gelegenheit für »Bilanzen und Ausblicke« bieten, können sie den Prozess auch stören und behindern (Rutan et al. 2020a).

3.4 Auswahl von Gruppenmitgliedern/ Indikation für Gruppentherapien

Der am Ende von Kap. 2 zitierte Satz von Brabender et al. (2004), wonach sich der Gruppenansatz nach den Attributen der Mitglieder richten muss, markiert ein primäres Prinzip der Auswahl und Zusammensetzung von Gruppen. Die »Modelle« der Gruppe müssen mit den »Problemen, Störungen und Eigenschaften«, mit der »Aufnahmebereitschaft« (Ambühl und Grawe 1989) der Patienten für eine bestimmte Vorgehensweise kompatibel sein. Dass eine gewisse Passung zwischen Therapeut und Patienten die Entstehung einer positiven Arbeitsbeziehung mit determiniert, ist gut belegt. Neben der Passung auf einer interpersonalen Ebene, hat sich auch eine Passung auf konzeptueller Ebene als wichtig erwiesen. Diese wurde von Eckert und Biermann-Ratjen (1990) im Kontext der Annahme formuliert, dass die *Theorie des Therapeuten* ein sehr entscheidender (»heimlicher«) Wirkfaktor für die Effekte von Gruppentherapien sei. Die Autoren meinen damit, dass eine prinzipielle Übereinstimmung zwischen dem Behandlungskonzept des Therapeuten und der Behandlungserwartung des Patienten ein ganz wesentliches Kriterium für die Indikationsstellung sei, was spätere Untersuchungen in der Einzel- und Gruppentherapie auch empirisch bestätigen konnten (z. B. Strauß und Burgmeier-Lohse 1994).

Überlegungen zur Indikationsstellung für Gruppentherapie und zur Auswahl von Mitgliedern sind bislang überwiegend erfahrungsbasiert und wenig durch systematische Untersuchungen untermauert. Wir sind also von dem Ziel einer empirisch unterstützten differentiellen Indikationsstellung zur Behandlung in Gruppen in der aktuellen Versorgungspraxis, ambulant wie stationär, noch relativ weit entfernt. Bei der Auswahl der passenden Gruppenpsychotherapien nach psychodynamischen oder interpersonalen Modellen hat sich ein eher allgemeines, klinisch fundiertes und schulen-integratives Modell gruppentherapeutischer Behandlung durchgesetzt, wie es prototypisch von Yalom in seinem Standardwerk zur *Theorie und Praxis der Gruppentherapie* beschrieben worden ist. Gerade Yalom hat in diesem Standardwerk zur Theorie und Praxis der Gruppentherapie von Beginn an (1. Auflage 1970) explizit darauf

3.4 Auswahl von Gruppenmitgliedern/Indikation für Gruppentherapien

hingewiesen, dass eine gute Gruppentherapie mit einer klaren Indikationsstellung und einer guten Auswahl der Gruppenmitglieder beginnen muss. In späteren Auflagen (vgl. Yalom und Leszcz 2020) wird hinzugefügt, dass Personen, die einer Gruppe unangemessen zugeordnet werden, wahrscheinlich nicht von der Behandlungserfahrung profitieren werden, und dass eine unangemessen zusammengestellte Gruppe gar als »Totgeburt« enden wird.

Yalom und Leszcz (2020) meinen, die Antwort auf die Frage: »Wie wählen Gruppenkliniker ihre Patienten für eine Gruppe aus?« sei: »Die allermeisten Kliniker *wählen nicht aus*, sie *schließen aus*.« (S. 295) Demzufolge würde primär darüber nachgedacht, ob ein bestimmter Patient oder eine Patientin in eine laufende Gruppe passt oder eher nicht. In der Klinik dürfte es recht ähnlich sein, d. h. auch hier wird ein zu bestimmten Wochen- und Tageszeiten etabliertes Gruppenprogramm durch nachrückende Patienten immer wieder komplettiert, wobei hier noch seltener echte Auswahlmöglichkeiten bestehen. Speziell im ambulanten Sektor ist zu erwarten, dass in der Praxis primär nach dem praktizierten *Verfahren* gruppentherapeutisch gearbeitet wird, egal ob es nun tatsächlich indiziert ist oder nicht.

Verfahrensübergeifende Zuweisungen in Gruppen erfolgen in der Regel selten. So kommt es, dass in stationären wie auch ambulanten Gruppen in der Regel eine Mischung an Störungsbildern, Diagnosen, persönlichkeitsstrukturellen Funktionsniveaus und anderen Merkmalen wie Geschlecht, Alter, Bildung etc. anzutreffen sein wird.

Aufnahmekriterien für Patienten, die für eine Gruppenbehandlung vorgesehen sind, gruppieren sich nach Eckert (2010) um folgende Merkmale:

- Motivation für die vorgesehene Gruppenbehandlung,
- ein Mindestmaß an interpersonalen Fähigkeiten,
- keine allzu ausgeprägten aktuellen gruppenbezogenen Ängste.

Ein vielversprechendes Auswahlkriterium, nämlich die Vorerfahrungen mit Gruppen, kann anamnestisch einfach erfragt werden (entwicklungspsychologisch phasentypische Erfahrungen aus Kindergartengruppen, Schulklassen, Jugend- und Sportgruppen, Vereinen, Projektgruppen,

Teams etc.). Interpersonale Erfahrungen und Fähigkeiten lassen sich gemäß ihrer Bedeutung und damit verbundenen Wertvorstellungen vorab explorieren, beispielsweise durch die Frage: »Welcher Wert wird einer positiven Zusammenarbeit mit anderen Menschen beigemessen?«

Zur *Motivationseinschätzung* gehören auch Patienten*erwartungen*, die einen Einfluss auf eine höhere Beteiligung am Gruppenprozess haben. Einige Studien haben deutlich gemacht, dass optimistische Vorstellungen zu einer besseren Gruppenstimmung und zu einer höheren Motivation beitragen. Das wiederum unterstützt den Patienten dabei, neue Fähigkeiten im Umgang mit anderen Gruppenmitgliedern zu erlernen. Patienten mit höheren Erwartungen an die Therapie sind zwar generell motivierter, können jedoch auch unrealistisch hohe Erwartungen haben oder negative Befürchtungen. So fürchten sich manche Patienten beispielsweise, die bevorstehenden interpersonellen und interaktionellen Anforderungen in der Gruppenarbeit nicht erfüllen zu können. Solche negativen Erwartungen sind vor Beginn der Behandlung zu explorieren. Sie können ohne gute Vorbereitung auf die Gruppenarbeit einen hinderlichen Einfluss haben.

In Anlehnung an die Literatur (vgl. Strauß und Mattke 2007, 2018, S. 62–63) lassen sich ausgewählte Kriterien bezüglich Aufnahme- und Ausschlusskriterien auf Patientenseite zusammenstellen. Geeignete Kandidaten für eine Gruppentherapie

1. haben Probleme in Beziehungen mit Eltern, Freunden und/oder Partner(in),
2. haben eine Vorstellung davon, dass die momentanen Beziehungen durch die Dynamik der Ursprungsfamilie beeinflusst sind,
3. können ihre Gefühle in gewissem Maß ansprechen und haben bereits gewisse Einsichten bzw. Vorerfahrungen mit psychotherapeutischen Behandlungen,
4. scheinen wenigstens *eine* funktionierende Beziehung zu haben und basale Kommunikationsfähigkeit ohne interferierende psychotische Symptome,
5. können durchaus in einer schweren Krise sein oder Suizidgedanken haben, sollten aber in der Lage sein, mit anderen in Kontakt zu tre-

ten, ihre Gefühle zu besprechen und bereit sein, mit der Gruppe und deren Leitern einen Suizidvertrag zu schließen,
6. sollten sich an die Rahmenvereinbarungen (wie Zeiten, Dauer der Gruppe) halten (können),
7. haben evtl. eine übermäßige Abhängigkeit an einen Einzeltherapeuten entwickelt und können von den multiplen Übertragungen in einer Gruppe profitieren,
8. sollten mit früheren Therapien zurechtgekommen sein und über positive vergangene Gruppenerfahrungen verfügen,
9. sollten durch die Teilnahme an einer Gruppe nicht im Hinblick auf ihre Gesundheit gefährdet sein und
10. sollten nicht fremdmotiviert sein.

Klienten, die *möglicherweise* für Gruppentherapien ungeeignet sind,

1. berichten über *sehr viele* interpersonale Konflikte im Leben, erscheinen aggressiv, abwehrend, agitiert oder feindselig in ihren Beziehungen,
2. sind ausgeprägt schüchtern oder vermeidend; haben gar keine Freunde bzw. kein System sozialer Unterstützung,
3. berichten über sehr häufige selbstschädigende Verhaltensweisen; Drogen- oder Alkoholmissbrauch, parasuizidale Handlungen und riskantes Sexualverhalten,
4. berichten über ausgeprägte somatische Symptome und bringen diese nicht mit psychologischen Ursachen in Verbindung; neigen generell zur Verleugnung, präsentieren ihre Probleme sehr diffus und vage und nehmen ihre Probleme nicht richtig ernst,
5. äußern das sichere Gefühl, sich in einer Gruppe nicht behaglich zu fühlen, nicht in der Lage zu sein, Probleme offen diskutieren zu können oder stellen die Wirksamkeit einer Gruppe ernsthaft in Frage,
6. leiden unter einer ausgeprägten Paranoia, die sich auf die Arbeit des einzelnen mit der Gruppe negativ auswirken würde,
7. könnten dazu neigen, von den Zielen der Gruppe in einer Weise abzuweichen, dass die anderen Gruppenmitglieder dadurch beeinträchtigt werden,

8. zeigen schwerwiegende Inkompatibilitäten mit einem oder mehreren Gruppenmitgliedern und/oder
9. können die Sicherheit der Gruppe auf irgendeine Weise gefährden.

Exkurs: Instrumente zur Auswahl von Gruppenmitgliedern

Die noch lückenhafte Forschung zur adäquaten Indikationsstellung für Gruppentherapien zeigt sich an der Tatsache, dass es bisher nur wenige standardisierte Instrumente für die Erfassung von Merkmalen gibt, die für die Indikationsstellung bedeutsam sind.

Der *Group Therapy Questionnaire (GTQ)* wurde 1994 von MacNair und Corazzini entwickelt und in späteren Studien modifiziert (MacNair-Semands 2002). Der GTQ ist relativ aufwändig (die Durchführung erfordert 35–45 Min., die Auswertung 10–15 Min.). Er besteht aus 44 Items und fragt zu früheren Gruppenerfahrungen, Erwartungen gegenüber der Gruppe, familiären Rollen, Hinweisen auf Substanzenmissbrauch oder -abhängigkeit, somatischen Symptomen, Suizidgedanken und suizidalen Krisen, Zielsetzungen für die Gruppe und gruppenbezogenen Ängsten und Befürchtungen. Außerdem werden interpersonale Merkmale mit Hilfe einer 34-Items umfassenden Checkliste erfasst. Eine deutsche Fassung des GTQ existiert, ist jedoch noch nicht evaluiert worden.

Erheblich ökonomischer ist der *Group Readiness Questionnaire (GSQ)*, welcher in überprüfter deutscher Übersetzung vorliegt (Löffler et al. 2007). Der GSQ umfasst lediglich 19 Items (Ausfüllen des Bogens und Auswertung benötigen jeweils max. 5 Minuten). Der Fragebogen wurde ursprünglich im Kontext von Gruppen mit traumatisierten Jugendlichen in Bosnien entwickelt (Davies et al. 2002). Mittlerweile wurde die Struktur (mit den Skalen: *Erwartungen, Partizipation und Dominanz*) auch in einer klinischen Stichprobe aus den USA (Baker et al. 2003) und zwei Stichproben stationärer Psychotherapiepatienten aus Deutschland repliziert (Löffler et al. 2007.). Vorliegende Studien belegen die Vorhersagekraft des GSQ sowohl bezogen auf den Behandlungserfolg als auch auf Prozessmerkmale, beispielsweise die Entwicklung des Gruppenklimas.

3.4 Auswahl von Gruppenmitgliedern/Indikation für Gruppentherapien

Whittingham (2017) empfiehlt (im Zusammenhang mit der von ihm propagierten *Focused Brief Group Therapy, FGBT*, ▶ Kap. 2) eine Eingangsdiagnostik mit dem *Inventar zur Erfassung interpersonaler Probleme* (IIP-32, Horowitz et al. 2016), genau gesagt eine Verortung der fokalen Beziehungsprobleme eines Gruppenmitglieds im interpersonalen Circumplex (▶ Abb. 3.2). Whittingham beschreibt auf der Basis dieser Diagnostik die Möglichkeit der »Inokulation« jener Personen, die in Bereichen des Circumplex angesiedelt sind, die auf eher schwieriges, sich selbst, jedoch auch die Gruppe sabotierendes Verhalten hinweisen, wie z. B. die primäre Fokussierung auf eigene Bedürfnisse oder die Neigung, sich ungehemmt aufdringlich zu verhalten.

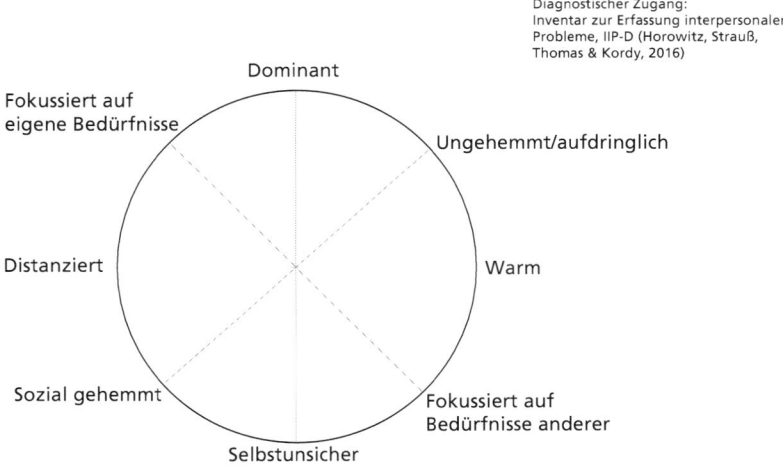

Abb. 3.2: Interpersonales Modell mit den entsprechend der Foki der FGBT umbenannten Skalen des Inventars zur Erfassung Interpersonaler Probleme

Bei der Auswahl von Gruppenmitgliedern können Forschungsbefunde relevant sein, die zu der Frage vorliegen, wer ein höheres Risiko hat, eine Gruppe *vorzeitig zu beenden*. Eckert (2010) fasste diese Befunde zusammen und nennt als Ursachen für ein vorzeitiges Ausscheiden aus therapeutischen Gruppen:

- Äußere Faktoren (z. B. Umzug, berufliche Veränderungen)
- Abweichungen von der Gruppennorm
- Probleme mit Nähe
- Angst vor emotionaler »Ansteckung« bei Äußerung negativer Gefühle oder Erfahrungen in der Gruppe
- Unfähigkeit, die Gruppenleitung aufgrund der Fixierung auf den Gruppenleiter mit anderen zu teilen
- Provokationen durch andere Mitglieder
- Unzulängliche Ausrichtung auf und Motivation für die Gruppentherapie
- Komplikationen durch Subgruppenbildung

Yalom und Leszcz (2020) führten kürzlich u. a. als zusätzliche Faktoren auf: Geringe »psychological mindedness«, akute Krisensituationen, Tendenz zum Agieren und zur Reaktivität (anstelle von Reflexivität), wenig positive Emotionen und soziale Fertigkeiten, Feindseligkeit und Ärger, Befürchtungen bezüglich kultureller Insensitivität, Somatisierungs- und Suchtneigung. Diese Aspekte können sowohl bei der Auswahl als auch bei der Frage der Zusammensetzung berücksichtigt werden.

3.5 Zusammensetzung einer Gruppe

Der Faktor »Gruppenprozesse« des Modells in ▶ Abb. 1.2 beinhaltet jene Grundlagen und Elemente von interpersonalen Interaktionen, wie sie nur in Gruppentherapien zu finden sind und wie sie in allen Gruppen in unterschiedlichem Maße wirksam werden. Ein indikationsbezogener Faktor, der mit den Prozessen stark interagiert und zu Beginn einer Gruppe bedacht werden kann, ist die *Zusammensetzung von Gruppen*.

Diese Zusammensetzung bezieht sich einerseits auf die Störungsbilder der Patienten (störungshomogene vs. -heterogene Gruppen) bzw. andere psychologische Ausgangsmerkmale. Man kann davon ausgehen, dass störungshomogene Gruppen bzw. speziell Gruppen, in denen Patienten mit ähnlichem Strukturniveau zusammen behandelt werden, günstigere Prozesse entwickeln.

Auch wenn diese Faktoren empirisch noch nicht eindeutig überprüft sind, finden sich in der klinischen Literatur abhängig von den Methoden der Gruppentherapie einige Empfehlungen bezüglich der Zusammensetzung von Gruppen sowohl auf individueller wie auch Gruppenebene, die in ▶ Tab. 3.2 zusammengefasst sind. Es versteht sich, dass die Zusammensetzung von Gruppen von deren Zielsetzungen und insbesondere den Rahmenbedingungen abhängt. Tschuschke (2010) meint, dass Homogenität/Heterogenität und Zeitdauer der Gruppe aufeinander abgestimmt sein sollten: Längere Gruppen »vertragen« eher eine heterogene Gruppenzusammensetzung, während kurze, fokale Gruppen möglichst homogen zusammengestellt sein sollten.

Tab. 3.2: Ausgewählte Kriterien für die Zusammensetzung von Gruppen (nach Burlingame et al. 2002 und Strauß und Mattke 2018, S. 64, Nachdruck mit Genehmigung von Springer © 2018)

Individuell	Gruppenbezogen
Ausschluss von Patienten	*Ausgleich bezüglich*
• mit aktiven Psychosen/hirnorganischen Störungen • akute Substanzenabhängigkeit oder Entzug • Mit Schwierigkeiten Leiter zu akzeptieren • Interpersonal extrem beein-trächtigt/gehemmt (Feedback)	• Verbale Aktivität/Passivität • Intellektualisierung/Emotionalität • Risikobereite/Unterstützer • Art der Pathologie
Einschluss von Patienten	*Homogenität bezüglich*
• die Probleme interpersonal definieren • die feedbackfähig und selbstreflexiv sind • die empathisch sein können • die motiviert sind	• Fähigkeit zum Feedback • Intellekt, Bildung, Alter • Psychische Organisation, Angsttoleranz • Fähigkeit Hilfe zu geben/nehmen

Rutan et al. (2020a) betonen, dass bei der Frage, ob jemand in eine Gruppe passt, berücksichtigt werden muss, ob eine Person sich auffällig in wichtigen Merkmalen vom Rest der Gruppe unterscheidet. Allgemein gilt als Faustregel, dass eine zu große Abweichung eines Mitglieds oder gar eine Inkompatibilität mit der Restgruppe eher schädliche Wirkungen für den Einzelnen und die Gruppe haben dürfte. Wenn die Aufnahme von Mitgliedern mit spezifischen Merkmalen nicht zu umgehen ist, sollte zumindest versucht werden, eine weitere Person mit ähnlichen Merkmalen in die Gruppe zu nehmen (man nennt diese Strategie das »Arche-Noah-Prinzip«, vgl. MacKenzie 1990).

Letztlich sind auch die Kompositionsprinzipien ebenso wie die Auswahlprinzipien flexibel zu handhaben. Sicher sind homogene Gruppen in Abhängigkeit von der psychischen Struktur/Organisation (▶ Tab. 3.2) möglicherweise einfacher zu leiten. Andererseits gibt es auch Befunde, die zeigen, dass in Gruppen, in denen sich *einige Patienten* mit reiferen Strukturniveaus befinden, diese insgesamt die Entwicklung von Gruppen positiv beeinflussen.

Einige sozialpsychologische und gruppendynamische Befunde zur Zusammensetzung und zur Bildung von Gruppen

Wie erwähnt ist die klinische Literatur und Forschung zum Thema Zusammenstellung und Zusammensetzung von therapeutischen Gruppen zu vernachlässigen. Aus der Sozial- und Organisationspsychologie gibt es aber einige Untersuchungen (vgl. Baumann und Deller 2020), die u. U. auch für klinische Gruppen inspirierend sein könnten, die sich jedoch auf nicht-klinische Gruppen, meist »Teams«, beziehen. Studien aus diesem Feld befassten sich vornehmlich mit der Frage der *Gruppenleistung* (in Aufgaben, ▶ Kap. 4.2.3) in Abhängigkeit von Merkmalen der Persönlichkeit, demographischen Merkmalen sowie Wissen und Expertise auf Seiten der Mitglieder von Teams. Dabei werden neben der Gruppenleistung oft auch Gruppenentscheidungen, die Qualität des Teamworks und Intragruppenkonflikte als Ergebniskriterien untersucht. Die Studien zeigen, dass es keinen isolierten Indikator der Zusammensetzung gibt, der wirklich alle Kriterien aufklären könnte. Diversität und Homogenität bezüglich der Merkmale sind schwer zu differenzieren, allenfalls als Idee relevant und plausibel. Baumann und Deller (2020) meinen, dass ein additives Modell sinnvoll sei, d. h. je mehr ein Mitglied in seiner Einzigartigkeit relevante Information/Kompetenzen zum spezifischen Prozess beiträgt, desto besser könne die Gruppe Einsicht in relevante Themen und Probleme erlangen. Bezogen auf die Gesamtgruppe haben sich z. B. Heterogenität im Persönlichkeitsmerkmal Extraversion und Homogenität im Merkmal Verträglichkeit als eher ungünstig im Hinblick auf Intragruppenkonflikte erwiesen.

Die Sozialpsychologie und Gruppendynamik haben sich intensiv damit beschäftigt, Faktoren zu untersuchen, die bei der *Formierung von Gruppen eine Rolle* spielen, d. h. bei der Bereitschaft eine Gruppe zu bilden bzw. ihr beizutreten. Auf der Seite der Mitglieder scheint das Ausmaß der Bereitschaft, in eine Gruppe zu gehen, von diversen persönlichen Qualitäten, Eigenschaften, Sozialmotiven und dem Geschlecht abzuhängen. Auf einer situativen Ebene gibt es sicherlich bestimmte Situationen, die eher dazu beitragen, dass Menschen sich einer Gruppe anschließen, bspw. ambige und gefährliche Situationen bzw. wenn es um die Lösung von Problemen oder die Erreichung von Zielen geht, die nur mit anderen gemeinsam erreicht werden können.

Auf der Beziehungsebene ist wahrscheinlich, dass die Formierung von Gruppen durch gegenseitige Sympathie befördert wird. Auf der Seite von Persönlichkeitsmerkmalen scheint die Introversions-Extraversions-Dimension wesentlich zu sein, jedoch auch die Bezogenheit: Personen, die Werte, Einstellungen und Perspektiven übernehmen, die *eine Verbindung mit anderen hoch* bewerten, sind eher bereit, in Gruppen zu gehen. Unter den sozialen Motiven sind die Bedürfnisse nach (Ver-)Bindung, Intimität, aber auch Macht (▶ Kap. 4.2.3) relevant.

Dass die Suche nach einer Gruppe auch durch das individuelle Bedürfnis nach Inklusion, Kontrolle und Zuneigung determiniert wird, besagt die *Fundamental Interpersonal Relationship Orientation Theory*. Diese Bedürfnisse sind sicherlich maßgeblich abhängig von Vorerfahrungen mit Gruppen, jedoch auch von Bindungsstilen (▶ Kap. 5) und u. U. auch vom Geschlecht, wobei berichtet wird, dass Frauen eher als Männer bereit sind, in Gruppen zu gehen (Baumann und Deller 2020).

Zwei sozialpsychologische Theorien sind im Kontext der Gruppenformierung besonders populär geworden: Zum einen Festingers (1954)

Theorie des sozialen Vergleichs, der zufolge einzelne in ambigen und verwirrenden Situationen zunächst mit negativen Emotionen, Unsicherheit und Informationsbedürfnis reagieren und dann über den sozialen Vergleich mit anderen versuchen, kognitive Klarheit zu erreichen. Eine zweite Theorie von Bedeutung ist die von Schachter entwickelte *Affiliation Theory*. Schachter zeigte, dass Menschen in ambigen und angsterregenden Situationen sich nach Begleitung sehnen (»Misery loves Company«), dass die Personen sich aber gerne mit Menschen verbinden, die ähnliche (negative) Erfahrungen gemacht haben (»Misery loves miserable Company«), was für therapeutische Gruppen sicher typisch sein dürfte. Menschen verbünden sich jedoch ungern mit anderen, die ihnen in Bereichen überlegen sind, die für ihr eigenes Selbstbewusstsein bedeutsam sind (*Self Evaluation Maintenance Model*). Das bedeutet, dass soziale Vergleiche insofern bidirektional erfolgen: Vergleiche von oben erhöhen das Kompetenzgefühl, Vergleiche von unten die Hoffnung und Motivation.

Weitere Einflussfaktoren auf die Bereitschaft, auf andere zuzugehen und in Gruppen zu kommen, sind die Wirkungen sozialer Unterstützung als Folge von Flucht oder Kampf sowie der Wunsch nach Kollaboration im Falle von Zielen, die alleine nicht erreichbar sind.

Die sozialpsychologische Attraktionsforschung zeigt, dass verschiedene Attraktivitätsprinzipien die Wahrscheinlichkeit für eine Gruppenbildung erhöhen. Diese sind:

- das Prinzip der Nähe (Gruppen bilden sich schlicht aufgrund der Verfügbarkeit/Nähe anderer),
- das Prinzip der Elaboration (Gruppen entstehen oft dann, wenn diese als komplexe Systeme sozusagen als zusätzliches Element wachsen können, das sich mit den einzelnen Mitgliedern verbindet),
- das Prinzip der Ähnlichkeit (Attraktion durch andere, die einem ähnlich sind),
- das Prinzip der Komplementarität (Attraktion durch Unähnlichkeit, aber die Aussicht auf andere, die eigenen Eigenschaften ergänzen),
- das Prinzip der Reziprozität (Gegensätzlichkeit) sowie
- das »Minimax-Prinzip« (worunter man versteht, dass Gruppen dann attraktiv erlebt werden, wenn sie ein Maximum an Belohnung bei ei-

nem Minimum an Aufwand oder Kosten beinhalten, für Details siehe Forsyth 2014).

3.6 Vorbereitung und Information

Zu den wesentlichen Strukturaspekten bzw. jenen Aspekten, mit denen eine Gruppe a priori strukturiert werden kann, gehört eine adäquate Vorbereitung und Aufklärung, die mittlerweile als das A und O für die adäquate Nutzung des therapeutischen Potentials einer Gruppe gelten kann (Strauß und Mattke 2018). Vorbereitung ist in diesem Sinne sowohl auf einzelne Mitglieder wie auch die Gruppe gerichtet und hat – neben der Schaffung einer Basis für eine gute therapeutische Allianz – einige wesentliche Ziele, die in ▶ Tab. 3.3 zusammengefasst sind.

Für die Vorbereitung können begleitende schriftliche Informationen (Handouts) oder auch Informationsvideos genutzt werden. Die Vorbereitung kann individuell erfolgen oder bereits in der Gruppe, was die Möglichkeit bietet, dass die Mitglieder sich vorstellen und sich über die Gründe der Teilnahme an der Gruppe und ihre Erwartungen verständigen können.

Intensive Forschung, insbesondere aus den 1970er und 1980er Jahren hat gezeigt (z. B. Kivlighan et al. 1985), dass Gruppenmitglieder, die vor Beginn der Gruppenbehandlung bereits vorbereitet sind, Vorteile haben gegenüber Unvorbereiteten. Diese Vorteile beziehen sich darauf, dass die vorbereiteten Mitglieder eine größere Gruppenkohäsion erleben, weniger von vereinbarten Zielen und Vorgehensweisen abweichen, regelmäßiger zu den Sitzungen kommen, weniger ängstlich sind, ihre Rollen und bestimmte Verhaltensweisen in der Gruppe schon besser verstehen und insgesamt positivere Erwartungen gegenüber den Gruppenbehandlungen entwickeln. Empirisch zeigte sich dies also sowohl im Hinblick auf bessere Ergebnisse als auch hinsichtlich positiverer Entwicklungen im Gruppenprozess, insbesondere im Hinblick auf Gruppenklima und -kohäsion.

Tab. 3.3: Ziele und Maßnahmen zur Vorbereitung auf Gruppentherapien (in Anlehnung an Burlingame et al. 2002; Strauß und Mattke 2018)

Ziel	Maßnahme mit Fokus: Einzelnes Mitglied	Maßnahme mit Fokus: Gruppe als Ganzes
Abstimmung von Behandlungserwartungen	Klärung von Erwartungen, Mythen, individuellen Ängsten und Befürchtungen, Therapiezielklärung	Erklärung der Grundprinzipien der Behandlung, der Arbeitsweise einer Gruppe und der Ziele der Gruppentherapie
Einführung in das Gruppenvorgehen	Individueller Therapievertrag	Festlegung von Gruppenregeln inkl. Kosten, Zeit, Ort, Anwesenheit, Diskretion etc.
Rollenvorbereitung	Persönliche Verantwortung, Experimentieren mit neuen Verhaltensweisen, Antizipation von Problemen	Illustration reziproker Beziehungen auf den verschiedenen Ebenen der Gruppe (Mitglied-Leiter-Gruppe)
Aufbau von Fertigkeiten	Fokus auf Kognitionen/interpersonellen Fähigkeiten wie Selbstöffnung, Reaktionen auf Feedback	Feedbackregeln und Konfliktbewältigungserfahrungen
Einführung von Prozessnormen	Betrachtung der Folgen von Veränderungen	Bedeutung der Gruppe als Selbstkontrollinstanz

Es ist somit hilfreich und sinnvoll, auf die Gruppe vorzubereiten, wobei vor allem die folgenden Ziele einer Gruppenvorbereitung im Blick sein sollten:

- Vorbereitung dient als Basis für eine gute therapeutische Allianz.
- Vorbereitung auf die Gruppe baut anfängliche Ängste und Fehlvorstellungen (Mythen), die Menschen im Hinblick auf Gruppen zeigen, ab.
- Vorbereitung auf die Gruppe kann Informationen über die Arbeitsweise einer Gruppe vermitteln, mit deren Hilfe die Patienten einer Teilnahme an der Therapie eher zustimmen und

3.6 Vorbereitung und Information

- Vorbereitung auf die Gruppe ermöglicht es, einen Konsens über die Ziele der Therapie für ein Individuum herzustellen und diesbezüglich eine Zusammenarbeit sicherzustellen.
- Ganz wesentlich ist sicherlich auch, dass eine adäquate Vorbereitung die geltenden Gruppenregeln besser vermitteln lässt und damit möglicherweise der Prozess, in dem Gruppen üblicherweise Regeln und Normen aushandeln, verkürzt werden kann.

Viele Autoren empfehlen, Gruppen grundsätzlich mit Vorbereitungsmaßnahmen zu beginnen, wobei insbesondere in halb-offenen Gruppen möglicherweise die Notwendigkeit besteht, auf die wichtigsten Aspekte regelmäßig, immer wenn neue Mitglieder in die Gruppe kommen, hinzuweisen (oder dies an andere Gruppenmitglieder zu delegieren). In ambulanten Gruppen wird empfohlen, ausreichend Zeit im Indikationsgespräch oder in den Vorgesprächen für die Vorbereitung zu nutzen oder möglicherweise sogar eine »Vorgruppe« zu organisieren, in der die Gruppenmitglieder vor dem eigentlichen Beginn der therapeutischen Arbeit (wenn diese Trennung überhaupt möglich ist) auf die genannten Aspekte hinzuweisen (dies wäre u. U. in den seit kurzem abrechenbaren gruppenpsychotherapeutischen Grundversorgung realisierbar, ▶ Kap. 1).

Die American Group Psychotherapy Association (AGPA) hat vor einigen Jahren eine Arbeitsgruppe eingesetzt, die ein Instrumentarium (»CORE Battery«) für Gruppenpsychotherapeuten zusammenstellen sollte, das in erster Linie aus Erhebungsinstrumenten zur Erfassung des Therapieerfolgs, jedoch auch zur Erfassung von Prozessaspekten in Gruppen ausgerichtet war. Auf diese Erhebungsinstrumente wird an anderer Stelle ausführlicher eingegangen (▶ Kap. 7). Teil der sog. CORE Battery der AGPA (vgl. Burlingame, Strauß et al. 2006) sind auch *Handouts*, die für die Vorbereitung auf Gruppen genutzt werden können. Diese Handouts fassen verschiedene Informationsmaterialien zusammen, die insbesondere von MacNair-Semands (2002) und Mac Kenzie (1997) entwickelt wurden. Die einzelnen Handouts, die in der Kernbatterie zusammengefasst sind, bestehen aus einem kürzeren Handout zur Präsentation von Gruppenpsychotherapie an die Patienten (»Wie kann man bestimmte Gruppenerfahrungen am besten beschreiben?«), ein Merkblatt mit dem Titel »How to get the most out of Grouptherapy?«

als eine Zusammenstellung von Textbausteinen, mit denen Normen und Erwartungen an die Gruppentherapie geklärt werden. Dieses Blatt kann als eine Form von Therapievertrag genutzt werden. Ein sehr ausführliches Handout stammt von Roy Mac Kenzie aus dem Jahr 1997a, in dem er sehr detailliert über die Effektivität von Gruppen, ihre Arbeitsweise, verbreitete Mythen, Erschwernisse und Erwartungen reflektiert. Schließlich gibt es einen Bogen, mit dem schriftlich festgelegt wird, wozu sich ein Gruppenmitglied insbesondere im Hinblick auf Vertraulichkeit verpflichtet. In den genannten Handouts wird erwähnt, dass es sinnvoll sein kann, eine Gruppensitzung gewissermaßen »metakognitiv« zu beginnen mit einem Hinweis auf die jüngsten Aktivitäten und Ereignisse in der Gruppe und möglicherweise damit verbundene Probleme.

Die Arbeitsgruppe empfahl Therapeuten und Gruppenleitern in jedem Fall Zeit aufzuwenden, um Gruppenmitglieder und die Gruppe auf die therapeutische Arbeit vorzubereiten, wobei als primäre Maßnahmen für diese Vorbereitung

- kognitive und informationsorientierte Methoden empfohlen werden, die kognitive Ziele der Gruppentherapievorbereitung (Wissen) am besten vermitteln,
- erlebnisorientierte Methoden, die gewissermaßen ein stellvertretendes Erleben möglich machen und schließlich
- verhaltensbezogene Methoden, die wesentliche gruppenbezogene Verhaltensweisen direkt anschaulich machen.

Unter den kognitiven Methoden werden ausführliche Vorgespräche subsumiert, sowie schriftliches Material wie die erwähnten Handouts oder Videoaufzeichnungen, die wesentliche Aspekte von Gruppen anschaulich darstellen. Mit diesen Methoden lassen sich am besten Mythen bzgl. der Gruppenpsychotherapie relativieren, Aspekte des Gruppenprozesses, der Ziele und der Vorgehensweise in Gruppen kohärent erklären. Ebenso können mit diesen kognitionsbezogenen Methoden Erwartungen von Patienten korrigiert und allgemeine Probleme sowie individuelle Ängste bzgl. Gruppenpsychotherapien bearbeitet werden. Schließlich ermöglichen diese Methoden eine einheitliche Klärung von strukturellen Aspekten der Gruppenbehandlung (Zeit, Ort, Dauer etc.) sowie organisatorische und administrative Themen.

Erlebnisorientiert können bspw. mit Hilfe von Videos[3] sowie im Gespräch und über Erfahrungslernen wesentliche Erlebnisaspekte der Gruppe erklärt werden, wie bspw. die Beziehung zwischen Mitgliedern und Gruppenleiter, Erwartungen an das Verhalten der Beteiligten, die persönliche Verantwortung und Rolle als Gruppenmitglied und das Experimentieren mit neuen Verhaltensweisen.

Auf einer Verhaltensebene gilt es vor allem, Aspekte des Feedbacks zu klären (Regeln), Möglichkeiten der Konfliktlösung im interpersonalen Prozess, Selbstöffnung, verschiedene Varianten der Partizipation und Interaktion sowie ein Bewusstsein für die eigene persönliche Verantwortung.

Einige Autoren (z. B. Vopel 1970) haben Kommunikationsregeln für Gruppen beispielhaft formuliert:

- »Ich spreche per Ich, nicht per man, wir oder es.«
- »Ich vermeide Verallgemeinerungen und Klischees.«
- »Meine und deine Störung haben Vorrang.«
- »Ich spreche nicht über andere Teilnehmer, sondern ich spreche sie direkt an.«
- »Ich vermeide Seitengespräche.«
- »Ich kann jederzeit nein sagen.«
- »Ich stelle keine Warum-Fragen.«
- »Was ich höre und sage, ist vertraulich.«
- »Ich versuche, so aufrichtig wie möglich zu sprechen.«

---

3 Die US-amerikanischen Beratungszentren an Hochschulen, in denen extrem viele Gruppen durchgeführt werden und die untereinander sehr gut vernetzt sind, haben einen kurzen Informationsfilm kreiert, der im Internet erhältlich ist und zumindest geeignet ist, die wesentlichen Aspekte und Inhalte der Gruppenvorbereitung noch einmal zusammenzufassen. Dieser Film findet sich unter folgendem Link: https://amara.org/de/videos/Orcq0JQQ2bLF/info/introduction-to-group-therapy-by-darius-campinha-bacote/ Im deutschsprachigen Raum hat sich eine kommerzielle Organisation unter dem Namen »Gruppenplatz« etabliert (www.gruppenplatz.de), auf deren Web-Portal (das dem Finden eines Gruppentherapieplatzes dienen soll) sich auch einige Kurzfilme finden, die durchaus aussagekräftig sind, indem sie Erfahrungen von früheren Gruppenpatienten kurz darstellen und zusammenfassen.

- »Ich versuche, so realistisch wie möglich zu sein.«
- »Kontakt kommt vor Konsensus und Kooperation.«
- »Ich versuche, möglichst gegenwärtig zu sein, indem ich Kontakt zum Hier und Jetzt halte.«

Insbesondere, da Vertraulichkeit ein ganz zentrales Thema in Gruppen ist, ist es von besonderer Wichtigkeit, a priori klare Regeln für die Gruppen aufzustellen. Speziell bezüglich der Verschwiegenheit ist es – wie oben erwähnt – oft sinnvoll, eine schriftliche Vereinbarung zu treffen.

Je präziser weitere Regeln für die Gruppe definiert werden, desto mehr werden einerseits die Verhaltensspielräume der Mitglieder eingeschränkt (es sei denn, sie überschreiten die Regeln), andererseits wird »Zeit gespart«, da die Regeln nicht gesondert ausgehandelt werden müssen.

Zu den Gruppenregeln, die Teilnehmer von Weiterbildungsveranstaltungen aus ihren eigenen Anwendungsfeldern von Gruppentherapie (häufig stationäre Settings) besonders häufig nennen, gehören:

- Schweigepflicht (»Alles bleibt in der Gruppe«)
- Ausreden lassen, Respekt/Wertschätzung (auch bezüglich Kritik)
- Stopp-Regel
- Ich-Botschaften (Feedbackregeln)
- Gruppe nicht verlassen (bzw. wiederkommen)
- Handy ausschalten
- Keine Speisen/Getränke
- Pünktlichkeit
- Ggf. Regeln für Regelverstöße (»Psychotherapie mit dem Sheriff-Stern«)
- Verhalten außerhalb der Therapie (Beziehungen) – »Entscheidungen«
- Themen in der Gruppe (Gewalt, Sexualität und Drogen, Suizidalität, Trauma)
- Therapeut als »Gastgeber«
- »Störungsspezifische Regeln« (z. B. Anorexie, Sucht)
- »Kleidungsregeln«
- Störungen haben Vorrang!

Ein ausführliches Handout aus der Feder von Roy MacKenzie (1997) greift vor allem den Informationsaspekt auf, die Frage der Wirksamkeit von Gruppen und ihre Wirkweise sowie eine ganze Reihe von verbreiteten *Mythen*, die mit Gruppen immer wieder verbunden werden. Auch hier werden sowohl entlastende Argumente (es ist ganz normal, sich in Gruppen auch ängstlich zu fühlen) und Anregungen zusammengefasst.

Ein häufig genannter Abschreckungsgrund gegenüber Gruppen ist die Existenz verschiedener Mythen, die sich tradieren und die Patienten immer wieder beeinflussen. Folgende Mythen sind besonders häufig anzutreffen:

1. *»Einzelpsychotherapie ist wertvoller.«:* Aus der Forschung (s. u.) ist bekannt, dass gruppenpsychotherapeutische Behandlungen grosso modo genauso effektiv sind, wie Einzeltherapien, d. h. Gruppentherapie ist weder eine Behandlung zweiter Wahl noch eine »billigere« Behandlungsform! Die Befunde der Forschung sind hier besonders wichtig, um diesen häufigen Mythos, Gruppenbehandlung sei minderwertig, auszuräumen. Freilich ist es für manche Patienten wichtig, einen Psychotherapeuten »für sich alleine« zu haben. Dem gegenüber sind jedoch die großen Vorzüge von Gruppen im Sinne der Möglichkeit multipler Rückmeldungen und der Beleuchtung von Themen aus ganz unterschiedlichen Perspektiven in die Waagschale zu werfen.
2. *»In Gruppen ist eine Art Seelenstriptease nötig.«:* Dies erwarten viele Patienten, wenngleich dies natürlich nicht die Zielsetzung einer Gruppentherapie sein sollte. Selbstöffnung ist zwar wichtig, jedoch zum richtigen Zeitpunkt. Wenn die Gruppe sich findet und fortschreitet und Beziehungen enger und familiärer werden, ist es automatisch sinnvoll und möglich, sich selbst zu öffnen und von sich zu berichten. Wenn es in Gruppen vornehmlich darum geht, bestimmte Beziehungsmuster zu reflektieren und zu verstehen, ist es oft gar nicht nötig, ganz spezifische Details zu berichten.
3. *»Vertraulichkeit in Gruppen wird verletzt.«:* Auch dies in der Regel ein Mythos. Selbstverständlich ist es eine berechtigte Angst, wenn man in eine Gruppe unbekannter Personen kommt, dass bestimmte Informationen über die eigene Person möglicherweise weitergegeben wer-

den. Umso wichtiger ist es, mit der Gruppe darüber zu sprechen und eine Verschwiegenheitsvereinbarung zu treffen. Sobald diese besteht, dürfte die Befürchtung gegenüber Verletzungen der Schweigepflicht bzw. der Verschwiegenheit schnell geringer werden.

4. *»In Gruppen ist man schutzlos ausgeliefert.«*: Auch hier wird eine häufige Befürchtung fokussiert, die vielleicht auf der Basis früherer Gruppenerfahrung einzelner Gruppenmitglieder durchaus berechtigt ist, die aber im Hinblick auf eine Psychotherapiegruppe unter dem Verweis auf Regeln und auch auf die Rolle des Gruppenleiters, der eine gewisse Verantwortung hat, ausgeräumt werden kann.

5. *»In Gruppen wird man zurückgewiesen.«*: Mythen und Befürchtungen wie diese sind meistens in der Biografie der Betroffenen verankert. Prinzipiell sind solche Befürchtungen sehr gut verständlich und auch verbreitet, da viele Menschen schon Schwierigkeiten erlebt haben, in Gruppen anzukommen. Andererseits ist es – und dies ist Patienten schnell klar zu machen – wahrscheinlich sehr häufig angezeigt, über diese Befürchtungen in der Gruppe zu diskutieren und sie zu verstehen und auch die Gemeinsamkeiten mit anderen im Hinblick auf solche Befürchtungen zu erleben.

6. *»Probleme anderer sind ansteckend.«*: In der Tat werden häufig Befürchtungen geäußert, dass die Tatsache, sich mit anderen Personen konfrontieren zu müssen, die auch psychische Probleme haben, die eigene Problematik verschlimmern könnte. Manche haben die Vorstellung, dass in der Gruppe Blinde von Blinden geführt werden (Mac Kenzie 1997). Andererseits wird sehr schnell deutlich, dass das Gespräch über Probleme hilfreich und konstruktiv ist. Die Erkenntnis, dass andere auch Probleme haben, die sicher den eignen in gewisser Hinsicht ähneln, ist tatsächlich eine wichtige Erfahrung, die auch als ein wesentlicher Wirkfaktor gruppenpsychotherapeutischer Behandlungen gilt (Universalität des Leidens). Umgekehrt ist es für viele Gruppenmitglieder immer wieder überraschend, dass sie anderen auch etwas geben können und damit bei der Bewältigung von Problemen helfen.

7. *»In Gruppen geht es immer um die gleichen Themen und Rollen wie im Alltagsleben.«*: In der Tat ist es so, dass einige Gruppentheoretiker davon ausgehen, dass die Gruppe ein sozialer Mikrokosmos ist, in dem

3.6 Vorbereitung und Information

sich Alltagsprobleme, die vielleicht auch relativ verbreiteter Natur sind, widerspiegeln und in denen einzelne Gruppenmitglieder Rollen einnehmen, die sie auch aus dem Alltag kennen. Dies ist gerade aber eine Chance von Gruppen, sowohl im Hinblick auf die Erfahrung, dass bestimmte Probleme universell sind und auch andere Menschen betreffen wie auch im Hinblick auf die Rollenübernahme, die sich durch Feedback und Reflexion am ehesten verändern lassen kann.

MacKenzie (1997a) nutzte für die Aufklärung über Gruppen das sog. Johari-Fenster (benannt nach dessen Urhebern, den Sozialpsychologen JOseph Luft und HArry Ingham), das Patienten sehr plausibel bewusste und unbewusste Persönlichkeits- und Verhaltensmerkmale zwischen einem Selbst und anderen oder einer Gruppe aufzeigt und verdeutlicht, dass unterschiedliche Seiten der eigenen Person für sich selbst und auch für andere in unterschiedlichem Maße sichtbar und deutlich werden. Es zeigt auch, dass wesentliche Mechanismen und Wirkfaktoren der Gruppentherapie (wie Selbstöffnung, Feedback und Einsicht) an diesen Kenntnissen über sich und andere etwas verändern können (▶ Abb. 3.3).

Vor Beginn einer Gruppentherapie können also vielfältige Materialien und Medien benutzt werden, um die Mitglieder zu entängstigen, zu informieren, vorzubereiten und gewissermaßen auf die Gruppe einzuschwören.

Die Erfahrung zeigt, dass nicht nur die Patienten (oft unbegründete) Vorbehalte gegenüber Gruppen haben, sondern auch psychotherapeutisch Tätige, weswegen es umso wichtiger ist, eine breitere Aufklärungskultur für die Gruppe weiterzuentwickeln.

3 Strukturelle Aspekte von Gruppenpsychotherapie

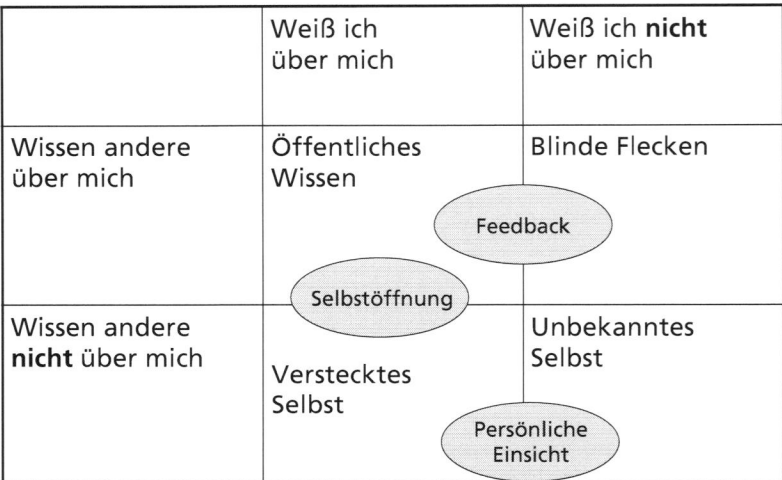

Abb. 3.3: Verschiedene Seiten des Selbst – Das Johari-Fenster als Informationsmaterial für die Vorbereitung zur Gruppentherapie (nach Burlingame et al. 2006, S. 27 und MacKenzie 1997a). Ein Ziel von Gruppentherapie kann sein, den Bereich zu erweitern, der in dem Fenster als »öffentliches Wissen« bezeichnet wird.

Weiterführende Literatur

Brabender VA, Fallon AE, Smolar AI (2004) Essentials of group therapy. New York: Wiley.

Burlingame GM, Strauss B, Joyce A, MacNair-Semands R, MacKenzie KR, Ogrodniczuk J et al. (2006) Core-Battery Revised: An assessment tool kit for promoting optimal group selection, process, and outcome. New York: AGPA.

Rutan JS, Greene, LR, Kaklauskas FJ (2020) Preparing to begin a new group. In: Kaklauskas FJ, Greene LR (Hrsg.) Core principles of group psychotherapy. New York: Routledge.

Trautmann-Voigt S, Voigt B (2019) Mut zur Gruppentherapie! Das Praxisbuch für gruppenaffine Psychotherapeuten. Stuttgart: Schattauer.

Weinberg H, Rolnick A (2019) Theory and Practice of Online Therapy: Internet-delivered Interventions for Individuals, Groups, Families, and Organizations. New York: Routledge.

4 Gruppendynamik und Kleingruppenprozesse

»Because something is happening here,
but you don't know what it is,
do you, Mister Jones?«
(Bob Dylan, Ballad of a thin man)

> Gruppendynamik und Prozessmerkmale bestimmen den Ablauf von Gruppen und somit auch Gruppenpsychotherapien maßgeblich. Orientiert an einem Modell der »Anatomie und Physiologie« der Gruppe werden Facetten von Dynamik und Prozessen in Kleingruppen auch unter therapeutischer Perspektive in diesem Kapitel beschrieben. Zu dieser Perspektive gehören die sog. therapeutischen Faktoren von Gruppen und die verschiedenen Ebenen therapeutischer Beziehungen in Gruppen.

4.1 Definitorisches zur Gruppendynamik

Die Gruppenpsychodynamik wird von Cartwright und Zander (1968) als das Forschungsfeld definiert, welches sich mit der *Schaffung von Wissen über die Natur von Gruppen* befasst (S. 7).

Die Gruppendynamik ist primär im Bereich der Sozialpsychologie, in jüngster Zeit auch im Bereich der Arbeits-, Betriebs- und Organisationspsychologie verortet und hat sich bedauerlicherweise von der Gruppenpsychotherapie zunehmend entfernt, was die Schaffung von Synergien schwieriger macht (vgl. Parks und Tasca 2020; Parks 2020). In die Untersuchung der gruppendynamischen Phänomene sind neben der Psychologie viele andere Disziplinen wie bspw. Soziologie, politische Wissenschaft, Anthropologie und Ökonomie einbezogen.

> **Definition:**
>
> Eine Gruppe definiert sich durch die Anzahl von Personen (mehr als zwei), ein gemeinsames Interesse, ein Ziel oder eine Aufgabe, eine regelmäßige und zeitlich überdauernde Interaktionsfolge, insbesondere im Kontext der Kleingruppe eine Überschaubarkeit oder Face-to-Face-Beziehungen, die Differenzierung von Rollen, die Entwicklung gemeinsamer Normen und Regeln (entsprechend Sanktionen) und im Optimalfall eine Identität oder ein Wir-Gefühl.

Es gibt sehr unterschiedliche Arten von Gruppen, die auch von ihren Mitgliedern intuitiv unterschiedlich erlebt werden (»some look groupier than others«). ▶ Tab. 4.1 zeigt vier verschiedene Typen von Gruppen, wobei die Gruppenpsychotherapie den aufgabenorientierten Gruppen zuzuordnen ist.

Verschiedene Gruppen haben grundsätzlich auch verschiedene Funktionen, nämlich soziale Unterstützung, die kooperative Zielerreichung, Sozialisation im Sinne der Übernahme funktionaler Normen und Werte und potentiell eine Veränderung des Selbstkonzepts über Identifikation, Imitation, Vergleich, Abgrenzung usw. All diese Funktionen sind therapeutischen Gruppen immanent.

Therapeutische Gruppen würde man sozialpsychologisch als Sekundärgruppe bezeichnen (die auf der Basis gemeinsamer Aufgaben und Ziele gebildet wird), gleichzeitig als eine formelle Gruppe (d. h. die Bildung der Gruppe geschieht in der Regel von außen, die Rollenverteilung ist insofern vorstrukturiert, als es klare Differenzierungen zwischen den Mitgliedern und dem Leiter gibt). Informelle Gruppen dagegen würden sich eher aufgrund gegenseitiger Sympathie bilden, die Rollenverteilung würde sich erst peu à peu entwickeln.

4.1 Definitorisches zur Gruppendynamik

Tab. 4.1: Verschiedene Typen von Gruppen (in Anlehnung an Forsyth 2014)

Gruppentyp	Merkmal	Beispiele
Primärgruppe (intime Gruppe)	Kleine, langlebige Gruppen, i. d. R. gekennzeichnet durch persönliche Interaktion mit hohem Maß an Kohäsion, Solidarität und Identifikation der Mitglieder	Familie, enge Freunde, Gang, Studienjahr, Schulklasse ...
Soziale Gruppe/ Sekundärgruppe (aufgabenorientierte Gruppe)	Kleingruppe mit moderater Dauer und Durchlässigkeit, moderatem Niveau an Interaktion zwischen den Mitgliedern für eine begrenzte Zeit, oft in zielorientierten Situationen	Arbeitsgruppe, Crew, Expedition, Therapiegruppe, Mannschaft, Lerngruppe ...
Kollektiv (schwache Verbindung)	Spontane Anhäufung von Individuen für nur kurze Dauer mit sehr durchlässigen Grenzen	Zuschauer, Beobachter, Mobs, Warteschlangen ...
Soziale Kategorie	Anhäufung von Individuen, die sich auf eine Art ähnlich sind, z. B. bezüglich Geschlecht, Ethnie, Religion, Nationalität	Münchner, Ostdeutsche, Ärzte, Schweizer Bürger, Männer ...

Einige Grundannahmen der Gruppendynamik:

- Gemeinsame Charakteristika von Gruppen sind *Interaktionen* (Aufgaben und Beziehungen) sowie *Interdependenzen* (die sequentiell, reziprok oder gegenseitig sein können).
- Die *Gruppenstruktur* ist durch Rollen, Normen und Beziehungen charakterisiert sowie durch spezifische Ziele und Aufgaben. McGrath (1984) hat Gruppenaufgaben anhand zweier Dimensionen klassifiziert: Auswählen versus Durchführen (choosing versus executing) und Generieren versus Verhandeln (generating versus negotiating).
- Die *Gruppenkohäsion* ist ein Kernmerkmal von Gruppen, wobei die sog. *Entitativität* (als wahrgenommene »Groupness«, d. h. Wahrneh-

mung der Gruppe als Gruppe) hier als übergeordnetes Konstrukt diskutiert wird (z. B. durch Campbell, der Entitativität von dem Ausmaß einer Schicksalsgemeinschaft, der Ähnlichkeit und der Nähe ihrer Teilnehmer abhängig macht).
- Gruppendynamik fokussiert letztlich *interpersonelle Prozesse in Gruppen*, wobei die Analyseebenen vom Einzelnen über die Gruppe bis hin zu Intergruppenbeziehungen reichen.
- *Gruppenprozesse sind real* (es gibt so etwas wie ein »Group Mind«, ein kollektives Bewusstsein), wobei aus psychodynamischer Sicht dieses Bewusstsein in einem kollektiven Unbewussten eine Entsprechung findet.
- Gruppen sind *mehr als die Summe ihrer Einzelteile* (dies hat Kurt Lewin in seiner Feldtheorie beschrieben, die davon ausgeht, dass das Verhalten des Einzelnen eine Funktion der Person und ihrer Umwelt darstellt:
  B = f(P,E) ~ Verhalten (*Behavior*) ist Funktion von *P*ersönlichen Qualitäten und sozialer Umgebung (*Environment*)).
- Gruppen sind *lebende Systeme* (dies ist insbesondere in Theorien der Gruppenentwicklung anschaulich dargestellt, ▶ Kap. 4.2.2).
- Gruppen sind *einflussreich und formen die Gesellschaft*.

Die Schwerpunkte gruppendynamischer Forschung beziehen sich auf das Verhältnis des Einzelnen zur Gruppe, auf die Formierung von Gruppen, Kohäsion und die Gruppenentwicklung, die Struktur von Gruppen, die Aspekte von Einfluss, Macht und Gruppenleistungen, Entscheidungsprozesse in Gruppen, Leiter und Leitungscharakteristika, Konflikte, Beziehungen zwischen Gruppen, kollektives Verhalten und die Gruppe als Veränderungsmedium im gesellschaftlichen Kontext (Forsyth 2014). Das Eisbergmodell der Gruppendynamik (von Ameln et al. 2009, S. 312) zeigt die verschiedenen Ebenen der Dynamik in Gruppen, wobei zunächst nur kommunikativ-interaktive Aspekte und das beobachtbare Verhalten »über der Oberfläche« sichtbar und beschreibbar, die meisten Aspekte wie Kohäsion, Konflikte, Macht, Status, Rollen, Werte Normen und Koalitionen/Subgruppen jedoch zunächst verborgen sind.

Gruppendynamik bedient sich unterschiedlicher *Forschungsmethoden*, traditionell werden Beobachtungsmethoden angewandt, von denen bei-

4.1 Definitorisches zur Gruppendynamik

spielhaft die Methoden von Bales (1950) genannt werden sollten, nämlich die *Interaktionsprozessanalyse (IPA)*, die das Verhalten Einzelner und der Gruppe nach den Kategorien Aufgaben und Beziehungsverhalten differenziert sowie Bales' *Systematic Multiple Level Observation of Groups (SYMLOG)* Methodik, die drei Dimensionen differenziert, nämlich Dominanz und Unterwürfigkeit, Freundlichkeit und Unfreundlichkeit sowie Akzeptanz bzw. Nichtakzeptanz von Autorität (für weitere Methoden siehe Beck und Lewis 2000). Selbstbeschreibungsmethoden sind bspw. soziometrische Methoden, die auf Morenos Konzeption der Soziometrie basieren (s. u.; vgl. Strauß et al. 1996).

Zur Beziehung des Einzelnen zur Gruppe gibt es in der sozialpsychologischen Literatur viele Theorien und Studien, die sich vor allem mit der Frage beschäftigen, inwieweit der Mensch ein soziales Wesen ist bzw. inwieweit er eher kommunalen oder individualistischen Tendenzen unterliegt. Individualistische Sichtweisen gehen davon aus, dass das Primäre das Individuum darstellt und seine oder ihre Rechte über die Rechte der Gruppe gestellt werden, während die kollektivistische Perspektive davon ausgeht, dass die Gruppe primär ist und das Individuum sich der Gruppe unterordnen muss. Dieses Kontinuum zwischen Individualismus und Kollektivismus zeigt sich auf der Ebene interpersonaler Beziehungen und Normen und ist eindeutig auch kulturabhängig. Wesentlich im Kontext des Verhältnisses der Einzelperson zur Gruppe sind Überlegungen, dass das Selbstkonzept und der Selbstwert ebenso stark von Gruppen determiniert wird wie die soziale Identität. Mark Leary (2007) hat eine Selbstwerttheorie entwickelt, die davon ausgeht, dass der Selbstwert gewissermaßen als »Soziometer« fungiert und vor einem potentiellen Ausschluss aus Gruppen warnt, dementsprechend wird Selbstwert nicht als Bewertung des eigenen Wertes gesehen, sondern als Indikator dafür, wie gut man sich in Gruppen akzeptiert und wertgeschätzt fühlen kann. Sehr umfassend sind Theorien der sozialen Identität, die davon ausgehen, dass das Selbstkonzept in großem Maße determiniert wird durch die Zugehörigkeit zu Gruppen über den Prozess von sozialen Kategorisierungen und sozialen Identifizierungen (vgl. Dalal 1999).

4.2 Gruppendynamik und Prozesse in therapeutischen Gruppen

Gruppendynamische Prozesse, Gruppeneigenschaften und -gesetzmäßigkeiten sind gewissermaßen das Korsett, in dem gruppenpsychotherapeutische Prozesse stattfinden. Somit ist die Gruppendynamik bestens geeignet, wesentliche allgemeine Veränderungsmechanismen (verfahrensübergreifend) zu beschreiben und ein konzeptuelles Modell für die Veränderung in Gruppen darzustellen. Das klinische Wissen über Gruppenprozesse speist sich aus sehr unterschiedlichen Quellen und Forschungsrichtungen, wobei neben Bezügen zu psychoanalytischen und psychodynamischen Theorien insbesondere die Sozialpsychologie und die Organisationspsychologie besonders einflussreich waren, später dann auch (bspw. repräsentiert durch Irvin Yalom) Untersuchungen zu Interaktionsprozessen, die auch persönlichkeitspsychologische Elemente enthalten. Letztlich spielt die Herkunft einzelner Konzepte der Gruppendynamik kaum eine Rolle, da intrinsische Gruppeneigenschaften und Gruppenprozesse unabhängig von der theoretischen Orientierung eines Gruppenleiters sind und dementsprechend die Prozesse sowohl in Gruppen beobachtbar sind, die therapeutische Ziele formulieren, aber auch pädagogische und andere Ziele, die mit der Definition einer Gruppe in Verbindung stehen.

Burlingame et al. (2008) haben versucht, die gruppendynamischen Konzepte und entsprechende Befunde zu Veränderungsmechanismen in Gruppentherapien in einem Schema zusammenzufassen, das in ▶ Abb. 4.1 dargestellt ist. Dieses Schema basiert auf der Aussage von Eric Berne (1966), wonach die Kenntnisse der Gruppendynamik für den Gruppenleiter ebenso wichtig sind wie die Kenntnisse der Physiologie für einen Mediziner. Da Mediziner allerdings nicht nur physiologische Kenntnisse, sondern auch Kenntnisse über anatomische Strukturen besitzen sollten, unterscheidet das dargestellte Modell auch zwischen einer *Anatomie* und einer *Physiologie* der Gruppe.

Insgesamt gesehen konzipiert das Schema Kleingruppen als Organismen, die ein Eigenleben mit identifizierbaren Eigenschaften und Prozessen führen und deren Form, Inhalt und Struktur diese Prozesse ebenso beeinflussen und steuern wie die formalen Veränderungstheorien (▶ Kap. 3), an denen sich Gruppenleiter letztendlich orientieren. Selbstredend haben auch einzelne Mitglieder der Gruppe (▶ Kap. 5) und die Person des Leiters (▶ Kap. 6) unabhängig von dessen Leitungskonzeption einen Einfluss auf die Gruppendynamik.

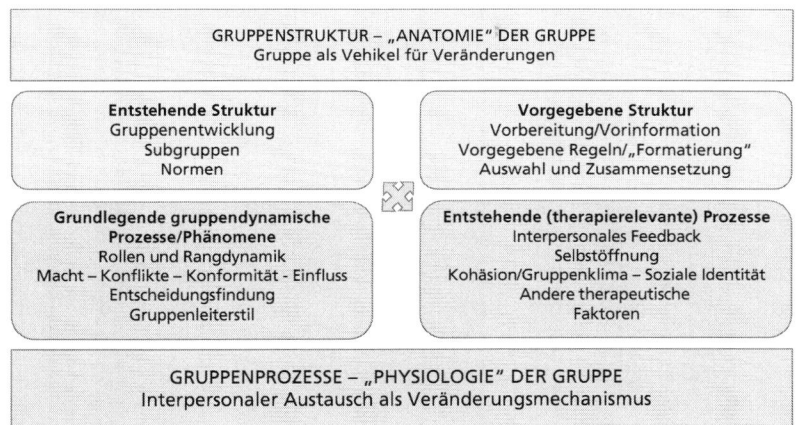

Abb. 4.1: Konzeptuelles Modell zur Differenzierung struktureller und prozessualer Aspekte des Gruppenprozesses und der Gruppendynamik: Die Anatomie und Physiologie der Kleingruppe (nach Burlingame, Strauß und Johnson 2008)

Andere Schemata zur Klassifikation von Kleingruppeneigenschaften wurden in der Literatur vorgeschlagen: So propagierte Brown (2003) die Kategorien Struktur (wie ist die Gruppe organisiert?), Aktionen (was macht die Gruppe?), Mitgliederinteraktionen und Beziehungen, während Morran und Kollegen (1998) die vier Kategorien interpersonelles Feedback, Hier und Jetzt-Interventionen, individuelle und gruppenbezogene Diskussionen von kritischen Ereignissen und Normentwicklung unterschieden.

Das in ▶ Abb. 4.1 dargestellte Schema erlaubt eine sehr viel breitere Differenzierung und benennt auch ganz spezifische Felder der Gruppendynamik und der Gruppenpsychotherapie, die für das Verständnis des

Prozesses bedeutsam sind. Nachfolgend werden die Komponenten des Schemas erläutert.

4.2.1 Vorgegebene Struktur

Zur vorgegebenen Struktur (als Teil der »Gruppenanatomie«) wurde bereits einiges in Kapitel 3 ausgeführt. In diesem Kontext sind alle (a-priori-) Maßnahmen vereint, die der Herstellung eines therapeutischen Gruppenmilieus dienen, welches den Verlauf der Gruppe ebenso positiv beeinflusst wie es vorzeitige Abbrüche minimiert oder verhindert. Zu den vorgegebenen Strukturen gehört die Gruppenvorbereitung (▶ Kap. 3.5), Aktivitäten, die gewissermaßen vor der Gruppe erfolgen, um die Mitglieder zu informieren und auf das einzustellen, was auf sie zukommt.

Die *frühe Formatierung der Gruppe* weist in eine ähnliche Richtung und beinhaltet Vorbereitungen der Gruppenmitglieder auf das generelle Vorgehen in der Gruppe, die Spezifika des Gruppenprozesses, die diversen Rollen, die in Gruppen eingenommen werden können und auch hier wieder das Aufgreifen spezifischer Befürchtungen der Gruppe gegenüber.

Zu der »Formatierung« gehören auch *bestimmte Rituale und Gruppenübungen zu Beginn einer Sitzung*, wobei das sog. Blitzlicht, bei dem die Gruppenmitglieder meist reihum über ihre Befindlichkeit und ihre Wünsche an die Gruppe berichten, wohl am häufigsten angewandt wird. Solche Übungen sind entwickelt worden (vgl. z.B. Cohn 1975), um den Prozess anzustoßen, zu erleichtern und um die Gruppe zu strukturieren. Sie sind naturgemäß in jenen Gruppen nicht angezeigt, in denen man darauf setzt, dass der Gruppeninteraktionsprozess »aus der Gruppe heraus« entsteht (was dann jedoch ggf. oft mit einem langen Anfangsschweigen verknüpft sein kann).

Schließlich werden unter der vorgegebenen Struktur die Auswahl von Mitgliedern und die Zusammensetzung der Gruppe subsummiert. Auf diesen Aspekt wurde in ▶ Kap. 3.5 bereits eingegangen, er wird in ▶ Kap. 5.1 über die Patientenmerkmale wieder aufgegriffen.

4.2.2 Entstehende/wachsende Struktur

Die wachsende oder entstehende Struktur umfasst nach dem Modell in
▶ Abb. 4.1 die Gruppenentwicklung, die Bildung von Subgruppen und
die gruppenbezogenen Normen. Diese Konzepte beschreiben zusammen so etwas wie eine spezifische Funktionsweise einer Gruppe, wenn
man so will ihre »Persönlichkeit« (Burlingame et al. 2008). Dies reflektiert, dass zwei Gruppen, die zwar aus sehr ähnlichen Mitgliedern bestehen, dennoch ganz unterschiedlich verlaufen und sich darstellen können, was in empirischen Untersuchungen gelegentlich gezeigt wurde
(Strauß und Kirchmann 2004).

Verschiedene Modelle der Gruppenentwicklung

Kurt Lewin (1951) hat einmal formuliert, dass es »*nichts Praktischeres als eine gute Theorie gibt*« («there is nothing so practical as a good theory.«).
Dies gilt auch für theoretische Modelle der Entwicklung von Gruppen,
derer viele mittlerweile in der Literatur beschrieben sind. Wichtig ist dabei zu berücksichtigen, dass die Modelle idealtypisch sind, d. h. dass sich
vermutlich selten eine Gruppe an das Entwicklungsmodell »halten«
wird. Die einzelnen Phasen der Modelle dürften jedoch *verschiedene potentielle* Phasen der Gruppenentwicklung exakt und saturiert beschreiben. Deshalb ist die Kenntnis der verschiedenen Phasen essentiell für
Gruppenleiter, um gruppendynamische Gesetzmäßigkeiten zu erkennen
und den Phasen entsprechend zu intervenieren (z. B. Sicherheit zu vermitteln in der Phase des Zusammenfindens, Unterstützung bei der Lösung von Konflikten, sowie konstruktive Hilfe bei der Bearbeitung wichtiger Themen und Unterstützung bei der Verfestigung von Fortschritten
und der Perspektivenentwicklung in der Abschiedsphase).

Die meisten Modelle der Gruppenentwicklung orientieren sich an
bekannten Konzepten der individuellen psychischen Entwicklung: »The
working through and mastering of group development phases induces
the working-through and mastering of individual developmental phases« (Agazarian und Peters 1981). Entsprechend ist das Ziel in der Therapie, eine Gruppe zu zunehmender Produktivität und Reife zu führen.

► Tab. 4.2 fasst einige relevante und bekannte Phasenmodelle zusammen.

Tab. 4.2: Ausgewählte Phasenmodelle der Gruppenentwicklung (in Anlehnung an Kaklauskas und Greene 2020; Brabender et al. 2004)

Phasenmodelle	Entwicklungsphasen(-stadien)	Autoren/ Herkunft
Progressiv-lineare Modelle	Forming → Storming → Norming → Performing → Adjourning	Tuckman (1965), Tuckman und Jensen (1977)
	Abhängigkeit–Flucht → Gegenabhängigkeit–Kampf → MachtAutorität → overpersonal enchantment → – counterpersonal disenchantment → interdepenence–work	Agazarian und Gantt (2003) nach Bennis und Shepard (1956)
Lebenszyklus-Modelle	Modell: Babyalter (Suche nach Sicherheit und Vertrauen) → Kleinkindalter (Exploration, Experimentieren) → Latenz (Ruhephase mit »offenen« Fragen) → pubertäre Rebellion (Auflehnung und Suche nach Identität) → reifes Funktionieren (produktive Arbeit) → Lebensende (Abschlüsse und Ende der Gruppe)	Greene und Kaklauskas (2020)
	Formierung → reaktive Phase → reife Phase → Beendigung	Rutan et al. (2014)
	Engagement → Differenzierung → interpersonale Arbeit → Beendigung	MacKenzie (1997)
	Abhängigkeit und Inklusion → Gegenabhängigkeit und Flucht → Vertrauen/Struktur → Arbeit/Produktivität → Beendigung	Wheelan (2005)
	Formierung und Engagement → Autoritätskonflikte und Rebellion → Vereinigung und Intimität → Integration und Arbeit → Beendigung	Brabender und Fallon (2009)

Tab. 4.2: Ausgewählte Phasenmodelle der Gruppenentwicklung (in Anlehnung an Kaklauskas und Greene 2020; Brabender et al. 2004) – Fortsetzung

Phasenmodelle	Entwicklungsphasen(-stadien)	Autoren/ Herkunft
Pendel- oder zyklische Modelle	Wechsel zwischen Arbeitsgruppe und Grundannahmengruppe	Bion (1961)
	Oszillation zwischen existentiellen Ängsten und sozial geteilten Abehrstrukturen/-prozessen zur Bewältigung der Ängste	Hartman und Gibbard (1974)
	Zyklische Bedürfnisse nach Zugehörigkeit, Kontrolle und Zuneigung	Schutz (1958)
	Oszillation zwischen regressiven und progressiven Kräften	Levine (2011)

Die meisten Theorien unterscheiden eine Phase der Orientierung mit einer noch hohen Abhängigkeit vom Leiter, eine Phase der Differenzierung mit entstehenden Gruppenkonflikten und eine Phase der Normierung, in der interpersonelle Intimität und Kohäsion ansteigen, auf die dann eine echte Arbeitsphase folgen kann, die dazu dient, spezifische Probleme zu bearbeiten. Da das Leben einer Gruppe endlich ist, bedarf es schließlich immer einer Phase der Auflösung und des Abschieds, in der sich die Behandlungserfolge konsolidieren, Perspektiven entwickelt und das Ende der Gruppe vorbereitet werden kann.

Das in ▶ Tab. 4.2 genannte Modell von Tuckman (1965), repräsentiert diese Darstellung idealtypisch mit den Begriffen *Forming, Storming, Norming, Performing* und *Adjourning* (▶ Abb. 4.2).

Sicher gibt es zahlreiche Gemeinsamkeiten zwischen den einzelnen Modellen und einzelne Phasenbezeichnungen lassen sich gut ineinander überführen, zumal bestimmte Themen und affektive Zustände (Anspannung, Angst etc.) integrierbar sind. In der Regel dürfte die Entwicklung von Gruppen nicht linear verlaufen und sehr variabel sein, was auch bedeutet, dass die Abfolge einzelner Phasen keineswegs vorgegeben, sondern höchst unterschiedlich sein kann. In strukturierten, kurzen und geschlossenen Gruppen dürfte die Wahrscheinlichkeit am

4 Gruppendynamik und Kleingruppenprozesse

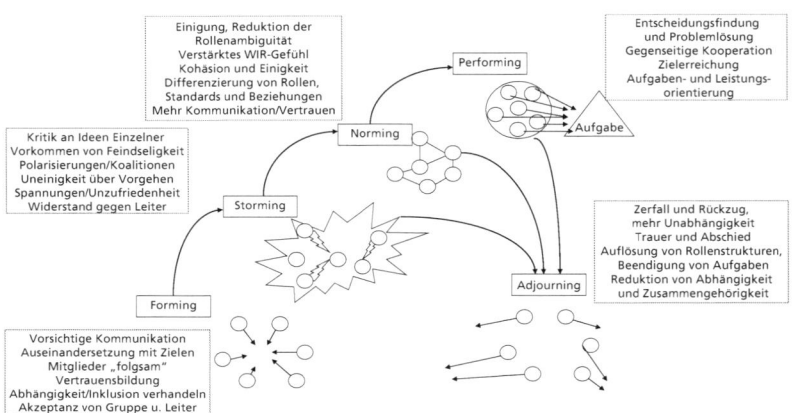

Abb. 4.2: Das Modell der Gruppenentwicklung nach Tuckman und Beschreibung der Phasencharakeristika/-prozesse (nach Forsyth 2010)

größten sein, die in den Modellen gezeigten idealtypischen Abläufe vorzufinden, was nicht heißt, dass in offenen und lange dauernden Gruppen die Phasen nicht vorkommen. Der Ablauf von Gruppenentwicklungen ist ferner möglicherweise abhängig von kulturellen Faktoren, sicher aber von den Behandlungssettings. So wird beschrieben, dass Gruppenentwicklungen in (teil-)stationären Settings sehr viel komplexer sind (aufgrund der vielfältigen Behandlungs- und Interaktionsangebote). Empirisch gibt es relativ wenig Unterstützung für die klinisch höchst relevanten und plausiblen Modelle, wobei es durchaus Hinweise gibt, dass eine »reifere« Entwicklungsphase auch mit besseren Behandlungsergebnissen in Gruppentherapien assoziiert ist, und dass die Kenntnis und Beachtung der Phasen durch den Gruppenleiter die Produktivität und das Ergebnis der Gruppe beeinflusst (Lo Coco et al. 2016).

Gemessen an der beschränkten empirischen Evidenz ist es wichtig, darauf hinzuweisen, dass Gruppenentwicklungsmodelle als klinische »charts des voyage« (Yalom und Leszcz 2020) aufgefasst werden sollten, die letztlich heuristische Konstrukte darstellen, an denen sich Gruppenleiter orientieren können, die jedoch nicht als die »reine Wahrheit« aufgefasst werden sollten: »Approaching group development models in too literal manner risks minimizing the realness and authenticity of how people interact in groups« (Ogrodniczuk, Cheek und Kealy 2020, S. 244).

Die intensivste empirische Prüfung von Gruppenentwicklungsmodellen erfolgte vermutlich mit Hilfe des sog. *Gruppenklimafragebogens* (GCQ, Group Climate Questionnaire), den McKenzie (1983) entwickelte, mit dem ganz spezifischen Ziel, eine von ihm postulierte Phasentheorie der Gruppenentwicklung empirisch zu überprüfen. In dieser Theorie werden die Phasen Engagement, Differenzierung und Individuation unterschieden. Der Gruppenklimafragebogen erfasst das Ausmaß an erlebten Konflikten in der Gruppe, das Ausmaß an erlebter Vermeidung und des erlebten Engagements der Gruppenmitglieder.

Subgruppen

Die Thematik der Subgruppen ist in klinischen Kontexten relativ wenig berücksichtigt. Es ist eigentlich regelhaft, dass sich innerhalb einer Gruppe zwischen einzelnen Mitgliedern (2 + x) spontan Allianzen bilden, die sich aufgrund bestimmter Ähnlichkeiten erklären lassen, die jedoch auch eine Funktion haben können. Letztlich erfolgt ein Subgruppenzusammenfinden auf der Basis aller möglichen Merkmale, zu Beginn einer Therapie möglicherweise mehr aufgrund offensichtlicher Merkmale wie z. B. demographische Charakteristika, gemeinsame Interessen, sowie gegenseitige Attraktion. Im weiteren Verlauf einer Gruppe werden Subgruppen oftmals eher unbewusst aufgrund verborgener Merkmale gebildet. Bezüglich des Einflusses auf den Gesamtprozess der Gruppe gibt es in der klinischen Literatur unterschiedliche Auffassungen. Besonders relevant ist das Subgruppenkonzept in bestimmten systemzentrierten Gruppenmodellen, die sich – so das Modell von Yvonne Agazarian (1997) – auf die Entstehung von Subgruppen stützt und zwischen produktiven/funktionalen und weniger produktiven Subgruppen differenziert, wobei die dysfunktionalen Gruppen in erster Linie im Zentrum der Betrachtung stehen. Agazarian beschreibt, dass sich schon bei der Formierung von Gruppen bereits in einer einzigen Sitzung multiple Subgruppen bilden können.

MacKenzie (1995) hat sich auf ein systemisches Modell bezogen, mit dem die Subgruppenthematik anhand von Grenzen (boundaries) präsentiert werden kann. Dieses Modell (▶ Abb. 4.3, das auf MacKenzie und auf Durkin 1992, zurückgeht) zeigt im unteren rechten Teil die Subgruppe, die dann problematisch wird, wenn sie auch außerhalb der Gruppe noch wirksam bleibt. Dies hat bspw. Yalom anhand von Beispielen verdeutlicht, in denen Mitglieder von Subgruppen sich auch außerhalb regulärer Gruppensitzungen treffen und interpersonelle Bindungen eingehen, die dann naturgemäß, insbesondere wenn sie intransparent bleiben, eine versteckte Dynamik generieren und u. U. auch destruktiv auf die Gruppe wirken können.

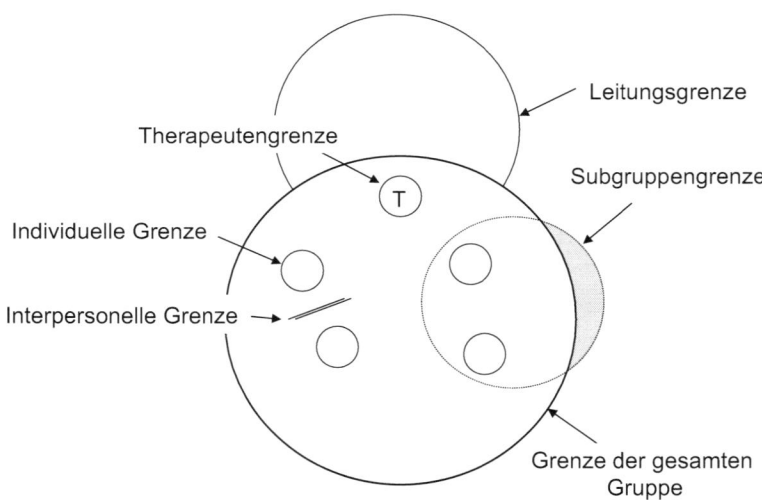

Abb. 4.3: Struktur von Gruppengrenzen oder die Gruppe als System (nach Strauß und Mattke 2018, S.46, Nachdruck mit Genehmigung von Springer © 2018; in Anlehnung an Burlingame, MacKenzie und Strauß 2004 und Durkin 1972): neben den Subgruppen zeigt das Modell die Leitungsgrenze (formal technische Herangehensweisen und Einbettung der Gruppe), die Therapeutengrenze (die den Therapeuten als Individuum mit Merkmalen charakterisiert, die Einfluss auf die Gruppe haben können), die Grenze der Gruppe als Ganzes (i.e. kollektive Eigenschaften der Gruppe und deren Mitglieder), die interpersonelle Grenze markiert das komplexe Zusammenspiel der Mitglieder untereinander, die individuelle Grenze grenzt einzelne Mitglieder (mit ihren Gedanken und Gefühlen) ab.

An der Feststellung von Burlingame et al. (2008), dass »nur wenige empirische Belege für die vorhersagbaren Effekte von Subgruppen auf die Funktionsweise von therapeutischen Gruppen und den Therapieerfolg« vorliegen, hat sich bis heute wenig geändert.

Normen in Gruppen

Gruppennormen legen fest, was typischerweise in einer Gruppe geschieht bzw. was für eine einzelne Gruppe oder einen Gruppentyp normativ oder normal ist. Sozialpsychologisch werden Gruppennormen darüber definiert, welche Regeln in der Gruppe implizit oder explizit darüber vorherrschen, was akzeptables und inakzeptables Mitgliederverhalten darstellt.

Beide Aspekte von Gruppennormen implizieren eine gewisse Einzigartigkeit der Gruppe. ▶ Tab. 4.3 zeigt Beispiele für Normen aus einigen Untersuchungen, die überprüft haben, welche Normen für die Gruppe von Vorteil sind und welche eher unangemessen und problematisch sind. Vorteilhafte Gruppennormen sind z. B. Selbstöffnung, Zuneigung, Aufgabenorientierung, als unangemessen gelten dagegen Feindseligkeit und Aggression, sexuelle Beziehungen zwischen Mitgliedern oder Rückzug.

Die Matrix von Bond (1983) in ▶ Abb. 4.4 umfasst ein Zwei-Komponenten-Modell der Normregulation in Gruppen, in dem angemessenes und unangemessenes Verhalten der Mitglieder auf der Basis der *Bewertung* der Mitglieder sowie der *Erwartung* von Mitgliedern differenziert wird.

Das daraus resultierende Normenregulationsmodell wurde in einigen Studien mit dem Ergebnis überprüft, dass zugelassene normative Verhaltensweisen neben der Selbstöffnung, Unterstützung und Rat, Ausdruck von Emotionen und das Achten auf Grenzen sind. Verbote beziehen sich in einzelnen Studien auf Grenzüberschreitungen und unregelmäßige Teilnahme, Feindseligkeit und Aggression sowie sexuelle Grenzüberschreitungen.

Tab. 4.3: Normative Dimensionen in Gruppen (Ergebnisse verschiedener Studien)

	Lieberman, Yalom und Miles 1973	MacKenzie 1990	Bond und Lieberman 1978	Lieberman 1989
Persönlich	starker emotionaler Ausdruck	Selbstöffnung	Selbstöffnung	emotionaler Ausdruck
Interpersonelle Beziehung	feindselige Konfrontation, Peerkontrolle	Nähe, Reibereien	Emotionale Beziehungen, wertendes Verhalten	Zuneigung, Feindseligkeiten und Aggression
Subgruppe				Sexuelle Beziehungen
Leiter	Gegenabhängigkeit, Abhängigkeit	Aufgabenorientierung, Kontrolle		
System/ Gruppe	Grenzen – Teilen von persönlichen und Außenthemen	Engagement	Teilnahme, Zugehörigkeitskriterien	Grenzen, Rückzug

Insbesondere in ▶ Abb. 4.4 wird deutlich, dass in den Bereichen, wo die Erwartungen und Bewertungen der Mitglieder *nicht* übereinstimmen, viele Verhaltensweisen angesiedelt sind, die normativ zumindest zunächst »ungeregelt« sind und die erst deutlich klassifizierbar werden, wenn ein höheres Maß an Übereinstimmung erzielt wird (was beispielsweise in dem Norming-Prozess, ▶ Abb. 4.1, angestrebt wird).

Im Kontext von Gruppennormen ist die Diskussion interessant, dass die üblicherweise ja erwünschte hohe Gruppenkohäsion durchaus auch destruktive Konsequenzen haben kann, so bspw. die Vermeidung von »allzu anstrengenden therapeutischen Aufgaben« oder aber das sozialpsychologische Phänomen des Gruppendenkens, in dem ein Konsens innerhalb einer Kleingruppe erlangt wird, der jedoch ein suboptimales bis zuweilen sogar verheerendes Ergebnis zeigt (▶ Kap. 1). Inzwischen

	Mehrheit erwartet das Auftreten eines bestimmten Verhaltens	Mangelnde Übereinstimmung	Mehrheit erwartet, dass ein bestimmtes Verhalten nicht auftritt
Mehrheit hält es für akzeptabel	Zugelassene Verhaltensweisen (positive Normzurückweisung)	Riskante Verhaltensweisen	
Mangelnde Übereinstimmung		Ungeregelte Verhaltensweisen	
Mehrheit hält es für inakzeptabel	Abweichendes Verhalten		Verbotene Verhaltensweisen (negative Normzurückweisung)

Abb. 4.4: Zwei-Komponenten-Modell der Normregulation in Gruppen (nach Bond 1983)

wurde allerdings in der gruppendynamischen Literatur deutlich, dass die Verbindung von Kohäsion und Gruppendenken zwar existiert, dass ein hohes Maß an Gruppenkohäsion jedoch auch mit eher autonom produktiven Normen nachweisbar war, was durchaus auf die Koexistenz einer hohen Kohäsion und produktiven Gruppennormen hindeutet und erklärt, dass Kohäsion auch in therapeutischen Gruppen positiv auf das Behandlungsergebnis wirkt (▶ Kap. 7).

Klinisch ist relevant, dass sich Gruppennormen relativ schnell etablieren und manchmal sehr starr bleiben, was einer Veränderung entgegenstehen kann, weswegen Gruppenleiter mit Sorgfalt bedenken sollten, welche normativen Gruppenverhaltensweisen denn eigentlich erstrebenswert sind, wie sie etabliert, überprüft und möglichst früh im Gruppentherapieverlauf gefördert werden können.

4.2.3 Grundlegende gruppendynamische/ sozialpsychologische Prozesse in Gruppen

Rollen und Rangdynamik

In der Soziologie und in der Sozialpsychologie gibt es zahlreiche Rollentheorien. Im Psychodrama hat die von Moreno entwickelte Rollentheorie eine zentrale Bedeutung (vgl. z. B. von Ameln et al. 2009). In dieser Theorie können Rollen kollektive soziokulturelle Stereotype reflektieren (unabhängig von Personen und Situationen, wie bspw. Berufsrollen). Rollen sind aber auch vorgegebene individuelle Handlungsmuster, die – im Theater – einem vorgegebenen Skript folgen, in der Lebensrealität jedoch oftmals biographisch determiniert sind. In der Moreno'schen Theorie sind Rollen auch individuell gestaltete und abrufbare Handlungsmuster, die in einer aktuellen Situation »übernommen« und kreativ ausgeformt werden können. In der Gruppendynamik wird auf die informelle Rollendifferenzierung Bezug genommen, die typisch für alle Gruppen ist. In Gruppen nehmen Mitglieder (bewusst und/oder unbewusst) Rollen ein oder lassen sich (bewusst, häufiger unbewusst) Rollen zuschreiben, wobei diese Rollen in der Regel in einem funktionalen Zusammenhang zum Gruppenprozess und zur individuellen Problematik/Geschichte einzelner Gruppenmitglieder stehen.

▶ Tab. 4.4 gibt (ganz ungeordnet) eine ganze Sammlung von Rollenbezeichnungen wieder, die über die Befragung von Weiterbildungsteilnehmern über etliche Jahre zusammenkam. Diese Rollen lassen sich in aufgabenbezogene Rollen differenzieren (z. B. der Chronist, der Kritiker, der Experte), in sozioemotionale Rollen, die entsprechend zum emotionalen Zusammenhalt der Gruppe beitragen (z. B. der Gutmensch, die Gruppenmutter, der Missionar) und schließlich in zahlreiche individuelle Rollen, die nicht unmittelbar auf Aufgaben der Gruppen bezogen sind (z. B. der unerlöste Frosch oder der Ausweicher).

Im Zusammenhang mit Rollen ist im Einzelfall zu entscheiden, wie förderlich bzw. hinderlich sie gerade für den Fortgang der Gruppe sind (jedoch auch für die einzelne Person).

Etliche Rollen sind mit den unten beschriebenen soziodynamischen Rangpositionen verbunden (z. B. Omega = Sündenbock; Alpha = Animateur). Ähnlich wie bei diesen Rangpositionen kann man davon ausgehen, dass eine Flexibilität der Rollenübernahme (und eine Elastizität des Rollenhandelns, mit dem eine Aufhebung von Fixierungen auf bestimmte Rollen verbunden ist) sowohl auf den Fortgang einer Gruppe als auch für die individuelle Entwicklung positiv wirkt, ebenso wie die Bearbeitung von konfligierenden Rollenanforderungen sowohl im einzelnen Gruppenmitglied als auch zwischen Mitgliedern einer therapeutischen Gruppe.

Tab. 4.4: Eine »Sammlung« häufiger Rollen in Gruppen (Quelle der Sammlung ist die Nachfrage in Weiterbildungsseminaren, welche relevanten Rollen in Gruppen den Teilnehmern spontan in den Sinn kommen. Alle aufgeführten Rollen sind grundsätzlich geschlechtsunabhängig zu verstehen: sie können und werden sowohl von Frauen als auch Männern eingenommen.)

Verrückter	Schwarzes Schaf	Leiter/Führer
Rationalist	Blutegel	Eigenbrötler
Hätschelkind	Vampir	Beobachter
Intellektualisierer	Lückenfüller	Außenseiter
Emotionalisierer	Graue Maus	Treibendes Pferd
Terrorist	Weiser Ratgeber	Klugscheißer
Narzisst	Metatheoretiker	Entertainer
Toilettengänger	Alien	Kotherapeut
Gutmensch	Schlüsselkind	Stimmungskiller
Chronist	Resistenter	Pädagoge
Unsichtbarer	Sterbender Schwan	Prinzipienreiter
Mauerblümchen	Gruppenclown	Systemangreifer
»Aber«	Querulant	Gruppentrottel
Protagonist	Nesthäkchen	Verweigerer
Mutti	Abwesender	Ausgleicher
Playboy/-girl	Neuling	Distanzloser
Missionar	Lobbyist	Opfer/Mopfer (= Mobbingopfer)
Taktiker	Prinzessin	Sündenbock
Ja-Aber	Macher	Mitläufer/schweigende Mehrheit
Teflon	unerlöster Frosch	Graue Eminenz
Eremit	Jammerlappen	Weise

Tab. 4.4: Eine »Sammlung« häufiger Rollen in Gruppen (Quelle der Sammlung ist die Nachfrage in Weiterbildungsseminaren, welche relevanten Rollen in Gruppen den Teilnehmern spontan in den Sinn kommen. Alle aufgeführten Rollen sind grundsätzlich geschlechtsunabhängig zu verstehen: sie können und werden sowohl von Frauen als auch Männern eingenommen.) – Fortsetzung

Versager	Experte	Zuspätkommer
Gatekeeper	Polizist	»Schwaller«
Sensation-Seeker	Kritiker	Prol
Animateur	Schlichter	Prof
Bedürftiger	Cooler	Schöne(r) und Biest
Mülleimer	Ausweicher	Therapieprofi
Skills-Demonstrierer	Blockierer	

Mit dem *rangdynamischen Modell* von *Raoul Schindler* (1971), der stark von Moreno beeinflusst war, hat dieser ein Modell für die Konfliktdynamik von Therapiegruppen entwickelt, das in ▶ Abb. 4.5 dargestellt ist. Pritz (1983) sieht in Schindlers Modell eine »Brücke [...] zwischen Feldtheorie, wie sie in der Gruppendynamik angewendet wird, und der Tiefenpsychologie der Gruppe«. Es weise zugleich auf die kommende Systemtheorie und auch auf die systemische Therapie hin.

In dem Modell sind vier Rangordnungspositionen postuliert, die sich in jeder Gruppe und immerzu herausbilden, die aber auch stetig wechseln (sollten), nämlich

- die *Alpha-Position*, die die Initiative der Gruppe trägt (der Führer)
- die *Beta-Position*, die zwar in positiver Beziehung zu Alpha steht, ansonsten jedoch eine randständige Stellung hat und für den Realitätsbezug sorgt (der Spezialist)
- die *Gamma-Position* markiert die Mehrheit der Gruppe, die sich mit dem Alpha identifiziert und seine Initiative mitträgt und schließlich
- die *Omega-Position* (das schwarze Schaf, der Sündenbock), die die Schwäche und Ohnmacht der Gruppe repräsentiert, eine potentielle

Gegenbewegung zu Alpha darstellt und psychodynamisch gesehen das Latente, Abgewehrte repräsentiert.

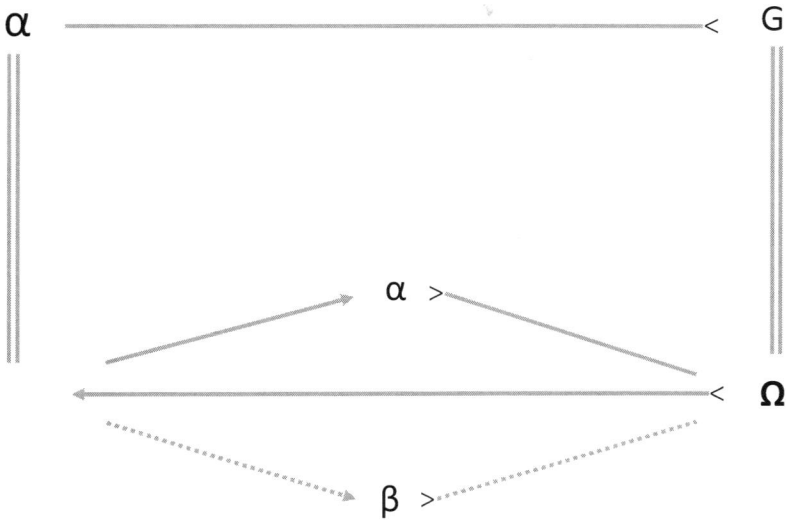

Abb. 4.5: Die soziodynamische Grundformel nach Schindler (nach Schindler 2016, S. 173, © Abdruck mit freundlicher Genehmigung des Psychosozial-Verlags, Gießen, 2021)

Für das Modell ist wichtig, dass sich die verschiedenen Positionen gewissermaßen interaktiv ergänzen, um sich gegenüber einem fiktiven Gegner (G in Abb. 4.5) zu behaupten. Schindler meint, dass die Gruppe (die Gammas) an dem Omega jenen Stil exekutiere, von dem sie träumt, dass Alpha ihn gegenüber dem Gegner zur Geltung bringen wird (1971, S. 25). Während die Alpha-Position für die Abgrenzung der Gruppe nach außen stünde, identifiziere sich die Omega-Position oft mit dem Gegner.

Basierend auf einem Instrument aus der Gruppentherapieforschung der DDR, dem Soziogramm nach Hess und Höck (1996), wurde in einer Studie zur stationären psychodynamischen Gruppentherapie gezeigt, dass insbesondere eine häufige »Wahl« von Mitgliedern in die Omega-Position durch den Rest der Gruppe mit eher schlechten Behandlungsergebnissen assoziiert war, d. h. je häufiger einem Mitglied die Omega-Position »zugeschoben« wurde (ohne dass dies in der Regel offen erfolgt), desto weniger profitierte diese Person von der Behandlung (Strauß und Burgmeier-Lohse 1995). Dies zeigt, dass das Schindler'sche Konzept der Rangdynamik von hoher klinischer Relevanz ist.

Macht/Einfluss/Konformität

Macht in Gruppen wurde sehr ausführlich von König (1996) in einer Monographie bearbeitet, wobei König sich in erster Linie auf nicht-klinische Trainingsgruppen bezieht. Für diese gelten ähnliche Prinzipien wie für psychotherapeutische Gruppen, in denen Macht und Autorität naturgemäß eine Rolle spielen. Eingangs wurden bereits einige berühmte sozialpsychologische Studien zitiert, bspw. das Milgram-Experiment zur Gehorsamkeit gegenüber Autoritäten oder Zimbardos Stanford-Prison-Experiment, die beide zeigen, dass Individuen unter gewissen Voraussetzungen dazu neigen, sich bestimmten autoritären Strukturen zu unterwerfen und damit auch sich selbst zu verändern.

König zeigt, dass Machtbeziehungen in Gruppen ständig bedeutsam sind und sich in unterschiedlicher Form zeigen, angefangen bei der Setzung von Normen und Basisregeln sowie bestimmten Führungsstilen, und dass »Machtspiele« in Gruppen immer vorkommen. Macht dürfte in Gruppen auch deshalb immer wieder eine Rolle spielen, da es ein genuines Interesse Einzelner ist, die Kontrolle über die Situation (und damit auch über die Gruppe) zu behalten bzw. nicht zu verlieren. Entsprechend sind Gruppenkonflikte (s. u.) immer auch Konflikte, die sich um Machterhaltung oder Machtausübung drehen, wobei hier in der Regel versucht wird, die Macht(-ansprüche) über sehr vielfältige kommunikative Taktiken zu erreichen, die oftmals gar nicht bewusst sind. Von Ameln et al. (2009) nennen Beispiele für Strategien der Machtausübung in Gruppen wie bspw. Tyrannisieren, Sich-Beschweren, Diskutieren, Kritisieren, humorvoll die Schwächen des anderen aufzeigen, Instruieren, aber auch Manipulieren, Strafen oder Schlechtmachen. Viele Kommunikationsformen in der Gruppe dienen der Kontrolle von Macht.

Strukturelle Machtaspekte, wie bspw. Machtthemen in Relation der Geschlechter, spiegeln sich (siehe die Theorie des sozialen Mikrokosmos) naturgemäß in jeder Gruppe wider. Umso wichtiger ist es, die Machtthematik im Blick zu behalten. Dem Gruppenleiter kommt selbstredend eine besondere Verantwortung dabei zu, mit Machtprozessen und der eigenen Macht konstruktiv umzugehen.

Ein gruppendynamisches Phänomen, das ebenfalls viel untersucht wurde, ist der *Einfluss*. Die Untersuchungen von Asch (1951; ▶ Kap. 1) zeigen, dass Menschen dazu neigen, sich konform zu verhalten und sich Mehrheiten anzuschließen, wobei die Neigung zur Konformität offensichtlich persönlichkeitsabhängig ist. Eher abhängige und autoritaristische Menschen neigen erwartungsgemäß mehr dazu, sich konform zu verhalten. Es gibt eine Reihe anderer Merkmale, die entweder Konformität (z. B. Introversion, Verträglichkeit, Abhängigkeit, geringer Selbstwert und niedrigere Intelligenz) oder Nonkonformität (Offenheit für Erfahrungen, Echtheit, niederigere Position in der Geschwisterreihe) begünstigen (Details s. Forsyth 2014, S. 186).

In der Gruppendynamik ist beschrieben, dass auch Minoritäten die Gruppe beeinflussen können, was im Kontext von therapeutischen Gruppen sicher ein häufiges Phänomen ist. Minderheiten sind von Einfluss, wenn sie ein konsistentes Verhalten und ein selbstbewusstes Auftreten zeigen und überzeugende Argumente für ihre Positionen vorbringen können. Der Minoritäteneinfluss ist umso größer, je unsicherer sich die Mehrheit im Hinblick auf eine Position ist, je bereiter die Minderheit ist, Zugeständnisse zu machen, je höher der Status der Minorität in der Gruppe ist und je mehr der Minorität Kompetenz zugeschrieben wird (Forsyth 2014).

Bezüglich der Thematik sei auch auf die von Latané (1997) veröffentlichte Social Impact Theory verwiesen, die hinsichtlich der Meinungsbildung in Gruppen postuliert, dass der Einfluss eine Funktion der Stärke der Informationsquellen, ihrer Unmittelbarkeit und ihrer Zahl sei. Latané legte vier verschiedene Mechanismen der Meinungsbildung in Gruppen dar, nämlich den Zusammenschluss (Consolidation), bei dem sich vor allem in längerfristigen Gruppen die Minderheit gegenüber der Mehrheit verringert, die Clusterbildung (Clustering), also die Herausbildung von Personen mit ähnlichen Meinungen, die eher zu einer Polarisierung bzw. zu einer Subgruppenbildung beiträgt, die Korrelation (Correlation), die beschreibt, dass Meinungen über verschiedene Themen mit der Zeit mehr und mehr konvergieren und schließlich die Continuing Diversity als einen Dauerzustand der Meinungsdivergenz.

Verbunden mit den Themen Konformität und Einfluss ist die Thematik der *Entscheidungsfindung in Gruppen*, zu dem es in der Sozialpsychologie ebenfalls viele Theorien und Studien gibt, die zeigen, dass Gruppen keineswegs immer gute Entscheidungen treffen[4].

Ein heute wieder viel diskutiertes Phänomen ist das des *Gruppendenkens* (groupthink), das erstmalig von Janis (1972) im Kontext der Entscheidung der Beratergruppe John F. Kennedys formuliert wurde, die kubanische Schweinbucht zu besetzen.

Die Theorie des Gruppendenkens ist möglicherweise auch für die Gruppenpsychotherapie wichtig, weil sie genau beschreibt, wie Fehlentscheidungen durch die Gruppe zustandekommen, nämlich durch eine Überbewertung von »gruppenbezogenen Illusionen« (Illusion der Unverletzbarkeit oder der Moralität), durch eine rationale Abschottung und die Entwicklung von stereotypen Vorstellungen dessen, was außerhalb der Gruppe geschieht sowie einen hohen Druck, sich uniform zu verhalten, die gemeinsam dann zu einem unzureichenden Entscheidungsergebnis führen. Dabei ist sehr wahrscheinlich, dass dies bevorzugt dann passiert, wenn tatsächlich bereits eine hohe Kohäsion in der Gruppe besteht. Entsprechend kann dem Gruppendenken vorgebeugt werden, wenn eine vorzeitige Meinungsübereinstimmung verhindert wird (bspw. durch einen offenen Leiterstil oder durch Diskussionen in Subgruppen und die Einnahme der Position des Advocatus Diaboli).

Die Theorie des Gruppendenkens wurde jüngst im Kontext der COVID-19-Pandemie wieder aufgegriffen und kann als gutes Beispiel dafür dienen, wie bestimmte Subgruppen sich irrational gegenüber Maßnahmen der öffentlichen Gesundheit verhalten (vgl. Forsyth 2020).

---

4 Häufig genannte historische Beispiele in diesem Zusammenhang sind die (Fehl-)Planung des Gepäcktransportproblems am Denver Airport, der Skandal um den texanischen Energiekonzern Enron oder den Finanzverlust der Firma Quaker durch den Verkauf der Getränkefirma Snapple. Auch das »Abilene-Paradox« gilt als klassisches Beispiel für eine Gruppenfehlentscheidung.

Gruppenleistungen (Performance)

In der Studie von Triplett aus dem Jahr 1898 wurde erstmalig gezeigt, dass Menschen effizienter arbeiten, wenn andere präsent sind, womit das Konzept der »Social Facilitation« (sozialen Erleichterung bzw. Aktivierung) in der Welt war. Spätere Untersuchungen der Sozialpsychologie haben gezeigt, dass die soziale Erleichterung nicht immer funktioniert. So zeigte Zajonc (1965), dass die Gruppenleistung besser ist, wenn die Aufgaben einfach sind und Problemlösungen dominante Reaktionen erfordern, wohingegen die Gruppenleistung schlechter ist, wenn die Aufgaben komplexer sind und eher nicht dominante Reaktionen erfordern. Dieser »Zajonc-Effekt« wurde in verschiedenen Kontexten bestätigt.

Dennoch gibt es viele Annahmen, die deutlich machen, dass die soziale Erleichterung ein wichtiges Agens von Gruppen darstellt. In ▶ Tab. 4.5 sind vier wichtige Erklärungsansätze für die soziale Erleichterung zusammengefasst.

Für die Anwendung im Bereich der Gruppenpsychotherapie ist aus der sozialpsychologischen Literatur ableitbar, dass es viele Hindernisse gibt, die die Ausschöpfung des gesamten Potentials einer Gruppe erschweren. Ivan Steiner (1972) wies darauf hin, dass nur wenige Gruppen ihr Potential ausschöpfen können, weil negative Gruppenprozesse mit der Leistung interferieren. Der sog. Ringelmann Effekt zeigt an, dass Gruppen weniger produktiv werden, je größer sie werden. Im Kontext der Argrarwissenschaft wurde von Max Ringelmann (1913) gezeigt, dass der Verlust an Koordination und die Verführung zu »Bummelei« dazu führen, dass die Leistung einzelner innerhalb der Gruppe reduziert wird und damit die Gesamtleistung abnimmt. »Soziales Faulenzen« ist offensichtlich von diversen Gruppenfaktoren abhängig, was auch von potentieller Relevanz für therapeutische Gruppen sein mag. Zu diesen Faktoren gehören die Identifizierbarkeit des einzelnen (und dessen Leistung), soziale Vergleiche innerhalb der Gruppe (einzelne verlassen sich auf die Kompensation eigener Schwächen durch andere bzw. wollen nicht als »Streber« gelten), klare Zielsetzungen (fördern die Leistung von Gruppen, was für therapeutische Gruppen vielleicht besonders bedeutsam ist). Wenn der Gruppenprozess herausfordernd und interessant

Tab. 4.5: Vier Erklärungsmodelle für sozialer Aktivierung (nach Forsyth 2020, S. 290)

Theorie/Modell	Mediierender Prozess	Evidenz
Drive Theory (Zajonc 1965)	Ungelernte Erregung: Bloße Anwesenheit anderer erhöht das Erregungsniveaus (»drive«), was wiederum soziale Aktivierung im Fall einfacher Aufgaben fördert, falls dominante Reaktionen notwendig sind	• Physiologische Erregung in Gegenwart anderer • Verbesserung der Leistung in Gegenwart anderer • Aktivierende Erregung speziell bei einfachen Aufgaben
Evaluation Apprehension Theory (Cottrel 1972)	Motivationsprozess: Menschen lernen durch Erfahrung die Gegenwart anderer Menschen mit Bewertung zu verbinden; Sorge um Bewertung erhöht die Leistung	• Gegenwart anderer wirkt nur aktivierend, wenn die Beobachter die Qualität der Leistung auch bewerten können • Aktivierung ausgeprägter, wenn die einzelnen gewillt sind, einen guten Eindruck zu hinterlassen
Distraction-Conflict Theory (Sanders 1981)	Kognitiver Prozess: Aufmerksamkeit wird in Gegenwart Anderer geteilt zwischen der Aufgabe und den Anderen; der entstehende Aufmerksamkeitskonflikt erhöht die Motivation, die wiederum im Falle einfacher Aufgaben die Leistung erhöht	• Andere wirken ablenkend, was sich in Gedächtnistests zeigt • Wenn die Präsenz anderer nicht wahrgenommen wird, ist die Aktivierung reduziert • Präsenz anderer verbessert die Leistung in Interferenzaufgaben (z. B. Stroop-Test)
Social Orientation Theory (Uziel 2007)	Persönlichkeitsprozess: Menschen, die eine positive interpersonale Orientierung vermitteln, tragen zur sozialen Aktivierung bei	• Gegenwart anderer verbessert Leistung bei Menschen mit hohem Selbstwert und geringer Angst • Eher »exhibitionistische«, d. h. Aufmerksamkeit suchende Personen zeigen in Gemeinschaftsaktionen bessere Leistungen

ist, werden die einzelnen Gruppenmitglieder eher involviert und tragen zur Gruppenleistung bei. Selbiges gilt für die Existenz einer sozialen Identität, die sicherlich auch durch die Gruppenkohäsion mit konstituiert wird.

Weitere Informationen zum Thema Gruppenleistung finden sich in der gruppendynamischen Literatur und sind vorwiegend auf die Leistungen von Teams bezogen (Forsyth 2014). Diese Literatur zeigt, dass Gruppenleistungen abhängig sind von der Art der Aufgabe und der Zusammensetzung der Gruppe, wobei eine Schlussfolgerung ist, dass Gruppen selten bessere Leistungen erzielen als das »beste« Mitglied. In Teams ist auch die Technik bedeutsam, die angewandt wird, um eine Lösung zu finden, wobei sich hier nach einem anfänglichen Hype das sog. Brainstorming nur bedingt als wirkungsvoll erwiesen hat, es sei denn, es folgt den folgenden Grundregeln: »Sei ausdrucksvoll!«, »Stelle Bewertungen hintan!«, »Suche so viele Ideen wie möglich!« und »Mach dir die Ideen anderer zunutze!«. Auch hier lassen sich durchaus Parallelen zu Haltungen in therapeutischen Gruppen ausmachen.

Konflikte und Entscheidungen

Ebenso ubiquitär wie Machtstrukturen sind in Gruppen Konflikte. Gruppendynamisch wird der Konflikt definiert als »disagreement, discord and friction that occur, when the actions or beliefs by one or more members of the group are unacceptable to and are resisted by one or more of the other group members« (Forsyth 2014).

Intragruppenkonflikte drehen sich um die Frage, wer in einem Wettbewerb gewinnt, wie Ressourcen verteilt werden, wer die Machtposition übernimmt, wer Entscheidungen beeinflusst und wer einem sympathisch ist oder nicht. Konflikte speisen sich meistens aus verschiedenen Motiven und führen sowohl beim Einzelnen als auch bei der Gruppe zu einem Dilemma (sozialpsychologisch ist dies in dem berühmten Experiment zum Prisoner's Dilemma beschrieben worden).

Letztendlich sind die Kernkonflikte in Gruppen solche, die sich um das Kontrollthema ranken, um Entscheidungen und um persönliche Konflikte, die mit Beliebtheit und Unbeliebtheit zu tun haben. Konflikte eskalieren in der Regel, wenn eine große Unsicherheit besteht, wenn Fehlwahrnehmungen oder Fehlattributionen auftreten oder bestimmte unkooperative Taktiken benutzt werden. Entsprechend sollte Konfliktmanagement auch in therapeutischen Gruppen über Verhandlung, Verständnis, kooperative Taktiken und ein Herunterdrehen der üblichen Konfliktspiralen führen. Konfliktlösung braucht die Bildung neuer Koalitionen und sollte auf einer emotionalen Ebene über Irritation und Ärger zu Gelassenheit führen. Es ist in der gruppendynamischen Literatur recht gut belegt, dass Konfliktlösungen zu einer Verbesserung des Funktionierens von Gruppen beitragen (von Ameln et al. 2009).

Konflikte treten in Gruppen in der Regel nach einer Orientierungsphase auf, wenn es um die Frage geht, wie die Interessen Einzelner durchgesetzt werden können bzw. wie Auseinandersetzungen um Anerkennung, Status, Macht oder Führung geführt werden können. Gruppen entwickeln sehr verschiedenartige Strategien, wie mit diesen Konflikten umgegangen wird, sie können oftmals verdeckt sein unter einem harmonischen Erscheinungsbild.

Die gruppendynamische Literatur ist voll mit Überlegungen zu Konflikten und zur Konfliktbewältigung (Sader 2008; Forsyth 2014). Forsyth meint, dass Konflikte, die außer Kontrolle geraten, das Potential haben, eine Gruppe zu zerstören. Gerade in therapeutischen Gruppen sollten Konflikte jedoch positive Folgen haben, da diese der Gruppe dabei helfen, ihre Ziele zu klären. Gleichzeitig zwingen Konflikte Mitglieder dazu, Entscheidungen zu treffen, die persönliche Präferenzen offenbaren und die wiederum mit der Gruppe ausgehandelt werden müssen. Innerhalb von Gruppenkonflikten können auch persönliche Feindseligkeiten abreagiert werden. Forsyth (2014) unterscheidet Strategien im Umgang mit Konflikten, die in dem in ▶ Tab. 4.6 dargestellten Vier-Felder-Schema gezeigt sind.

Im Konfliktkontext ist das *Modell des fokalen Gruppenkonfliktes* bedeutsam, das Whitaker (1982) entwickelt hat. Die Konzeption beinhaltet, dass Gruppensituationen immer Ausdruck einer kollektiven Strategie zur Lösung eines Konfliktes zwischen gemeinsamen Wünschen (Störmotiven) und Ängsten darstellen, wobei diese Ängste sich auf unterschiedliche Aspekte richten können. Die Konzeption von Whitaker bezieht sich auf das *Modell des nuklearen Konflikts* von French, der

Tab. 4.6: Übliche Strategien im Umgang mit Konflikten (nach von Ameln et al. 2009; Forsyth 2014)

	Negativ	Positiv
Passiv	Vermeidung: Ausharren, Rückzug, »lose-lose«-Strategien, »Abwarten und Tee trinken«-Haltung, Verleugnung, Ausweichen, Verlassen der Gruppe, Minimierung eigener Verluste, geringe Sorge um sich *und* die anderen	Nachgeben: Akzeptieren, Glätten, Maximieren der Gewinne anderer, geringe Sorge um sich selbst, aber große Sorge um Andere
Aktiv	Kampf: Konkurrenz, Einsatz von Macht, Dominanz, »Win-lose«-Strategien, Maximierung eigener und Minimierung fremder Gewinne, hohe Sorge um sich selbst, geringe um Andere	Kooperation: Teilen, Zusammenarbeit, Problemlösung, »Win-win«-Strategien, Synthese, Verhandlung, Maximierung gemeinsamer Gewinne, Hohes Maß an Sorge um sich *und* die anderen

meint, dass alle Personen in bestimmten Situationen Impulse verspüren, deren Befriedigung einer Reaktion seitens der Umwelt bedarf. Da die Impulse aber den Organismus in Ungleichgewicht bringen, bezeichnet sie French als Störmotiv. Den verstörenden Motiven kann ein Realitätsfaktor entgegenwirken. Wenn sich die Frustration des Störmotivs wiederholt, entsteht eine Blockade in Form eines reaktiven Motivs, das oft verinnerlicht wird. Störmotiv und reaktives Motiv zusammen bilden dann den nuklearen Konflikt, den Stock Whitaker auf die Gruppenebene übertragen hat mit folgender Grundannahme: Die sich entwickelnden und variierenden Themen in Form eines geteilten Wunsches sollen ausgedrückt werden, stehen jedoch in Konflikt mit einer geteilten Angst, so dass die geteilten Wünsche und Ängste einen fokalen Gruppenkonflikt konstituieren (z. B. der Wunsch nach Enthüllung von Geheimnissen und die Angst vor Kritik, Scham oder Ähnlichem). Ereignisse, die in Gruppen zu beobachten sind, stellen Bemühungen dar, mit dem fokalen Gruppenkonflikt fertig zu werden, indem sich geteilte Lösungen herausbilden (im oben beschriebenen Beispiel etwa die Besprechung von Problemen in sehr abstrakten, emotionsfernen Begriffen).

Die geteilte Lösung erfüllt für die Gruppe dieselbe Funktion wie für das Individuum (im Sinne einer Kompromissbildung): Sie reduziert reaktive Ängste, dämmt sie ein, lässt gelegentlich zu, den geteilten Wunsch auszudrücken, gelegentlich aber auch nicht.

Gruppenleiterstil

In dem Modell in ▶ Abb. 4.1 wird auch der Leiterstil dem Feld der grundlegenden sozialpsychologischen und gruppendynamischen Prozesse zugerechnet, da hierzu aus diesen Feldern wichtige Befunde geliefert wurden. Da der Gruppenleitung in der Gruppenpsychotherapie naturgemäß eine besondere und spezifische Bedeutung zukommt, ist dieser Aspekt separater Bestandteil des Schemas in ▶ Abb. 1.2 und soll entsprechend in ▶ Kap. 6 ausführlicher dargestellt werden.

4.2.4 Entstehende (emergente) Prozesse

Die emergenten Gruppenprozesse, also Prozesse, die im Verlauf entstehen und die vor allem für die therapeutischen Gruppen von hoher Relevanz sind, sind in dem Modell gesondert aufgeführt, obwohl sie partiell auf sozialpsychologischen Prozessen beruhen. Zu den entstehenden Prozessen gehören neben der bereits erwähnten Kohäsion, einem positiven Gruppenklima und ggf. der Entstehung einer sozialen Identität in der Gruppe (vgl. Tajfel und Turner 1986) die in der Gruppenliteratur viel diskutierten therapeutischen Faktoren. Diese *therapeutischen Faktoren* wurden erstmalig von Corsini und Rosenberg (1955) aufgegriffen und von Yalom (1970) weiterentwickelt mit der Absicht, mehr oder weniger gruppenspezifische Wirkfaktoren bzw. Veränderungsmechanismen in Kleingruppen zu beschreiben, von denen allerdings einige (man denke bspw. an die Einsicht oder die Karthasis) auch für die Einzeltherapie gültig sind (Strauß und Weber 2014). In ▶ Tab. 4.7 werden die therapeutischen Faktoren nach ihren Funktionen geordnet dargestellt und beschrieben.

4.2 Gruppendynamik und Prozesse in therapeutischen Gruppen

Tab. 4.7: Therapeutische Faktoren in Gruppen (geordnet nach spezifischen Funktionen, i. S. von MacKenzie et al. 2002)

Funktion	Therapeutische Faktoren
Supportiv	*Allgemeingültigkeit:* Mitglieder finden schnell heraus, dass andere Gruppenmitglieder ähnliche Erfahrungen gemacht haben. Das daraus resultierende Gefühl von Gemeinsamkeit fördert die Stärkung der Gruppenmitgliedschaft und kann in Zeiten von Gruppenspannungen das Gefühl der Zugehörigkeit stützen. *Akzeptanz:* eine beeindruckende Erfahrung für eine Person, der Leid widerfahren ist. Sie fördert das Selbstwertgefühl. *Altruismus:* Viele Gruppenmitglieder berichten, dass es für sie eine hilfreiche Erfahrung war, anderen Mitgliedern helfen zu können. Das stärkt das Selbstbewusstsein und fördert den Selbstwert. *Hoffnung:* Die Wiederherstellung des Selbstwertes lässt die Hoffnung wiederaufleben, dass eine Verbesserung der Situation möglich ist.
Selbstoffenbarung	*Selbstöffnung:* Indem man persönliche Informationen in Worte fasst, werden Informationen offengelegt. Das Beschreiben kritischer Lebensereignisse, das Darlegen aktueller Probleme und das Preisgeben verborgener Gedanken tragen zu einer bedachteren und objektiveren Bewertung bei. *Katharsis:* beinhaltet den Ausdruck tiefer Emotionen, besonders von Gefühlen, die normalerweise nicht offengelegt werden (z. B. Zorn, Kummer, Schuld, Zuneigung). Das Äußern dieser Gefühle geht mit Erleichterung einher und begünstigt das Gefühl, eine Sache meistern zu können.
Lernen	*Stellvertretendes Lernen:* ist verbunden mit dem Lernen am Modell; Gruppenmitglieder erleben, wie andere eine Situation handhaben, und nutzen diese Erfahrung, um über ihre eigenen Themen nachzudenken. *Anleitung:* Über den gesamten Verlauf der Gruppe bieten Gruppenmitglieder kontinuierlich Ratschläge an. Es ist wichtig, diese Ratschläge als vorläufig und überdenkenswert zu betrachten – d. h., sie können als Alternativen herangezogen, jedoch nicht zwingend als Richtlinie verfolgt werden. *Rekapitulation familiärer Beziehungserfahrungen:* Aspekte oder Personen aus dem Gruppenkontext weisen Parallelen

Tab. 4.7: Therapeutische Faktoren in Gruppen (geordnet nach spezifischen Funktionen, i. S. von MacKenzie et al. 2002) – Fortsetzung

Funktion	Therapeutische Faktoren
	zu Mitgliedern der Herkunftsfamilie auf und können somit Einblick in die Familiendynamik verschaffen.
Psychologische Arbeit	*Interpersonelles Lernen:* Innerhalb der Gruppe haben die Mitglieder die Möglichkeit, typisches zwischenmenschliches Verhalten zu zeigen, Feedback von anderen Gruppenmitgliedern zu erhalten und neue Strategien auszuprobieren. *Erkenntnis:* ist ein interner Bestandteil des interpersonellen Lernprozesses und beinhaltet hauptsächlich, eine Verbindung zwischen Gefühlen, Gedanken sowie Verhaltensweisen und aktuellen oder früheren zwischenmenschlichen Geschehnissen herzustellen.

Bezüglich der empirischen Absicherung der therapeutischen Faktoren ist die Lage etwas unbefriedigend: Die Forschung zeigt nämlich, dass die therapeutischen Faktoren insgesamt unspezifisch sind, d. h. in ganz unterschiedlichen Gruppen, Patientenpopulationen und Settings relativ ähnlich (und hoch) bewertet werden. Dementsprechend wurde immer wieder versucht, eine den Veränderungsmechanismen zugrundeliegende Struktur zu identifizieren. Bspw. identifizierten Kivlighan et al. vier Dimensionen, nämlich emotionales Bewusstsein – Erkenntnis, Beziehung – Klima, Fokus auf andere versus auf das Selbst und Veränderung des Problemlöseverhaltens, wobei diese Dimensionen ganz offensichtlich Einzel- und Gruppentherapien gut differenzieren konnten (Holmes und Kivlighan 2000).

Ein weiterer Prozessfaktor, der von hoher therapeutischer Relevanz ist, ist das *interpersonale Feedback*, das neben der Selbstöffnung in ▶ Tab. 4.8 im Hinblick auf wesentliche Prinzipien im klinischen Kontext zusammengefasst ist (in Anlehnung an Burlingame et al. 2008).

Tatsächlich gibt es viele Studien zum Feedback (Morran et al. 1998), die zeigen, dass es eine Verbindung zwischen Feedback und erhöhter Veränderungsmotivation, Verhaltenseinsicht, Wohlbefinden und einer größeren Zufriedenheit mit der Gruppenerfahrung zu geben scheint. Aus der Forschung resultieren die empirischen Empfehlungen, die in der Tabelle zusammengefasst sind. In therapeutischen Gruppen gibt es weniger klare Befunde, die aber auch andeuten, dass therapieübergreifend ein Feedbackaustausch positive Auswirkungen auf die Gruppenentwicklung hat.

Tab. 4.8: Prinzipien, die mit emergenten Prozessen assoziiert sind

Dimension	Hinweise für einzelne Mitglieder	Hinweise auf Gruppenebene
Feedback	• Berücksichtigen Sie die Bereitschaft und Offenheit des Empfängers, bevor Sie ein verbesserndes Feedback geben. • Ermitteln und teilen Sie persönliche Erfahrungen in einer nicht-bewertenden Art und Weise. • Verbinden Sie Feedback mit Erfahrungen außerhalb der Gruppe. • Feedback-Botschaften sind am effektivsten, wenn sie an bestimmten und beobachtbaren Verhaltensweisen festgemacht werden.	• Betonen Sie das positive Feedback in den frühen Sitzungen. • In den mittleren und späten Sitzungen sollte nach einer Balance zwischen positivem und korrigierendem Feedback gestrebt werden. • Erwägen Sie eine strukturierte Feedbackübung in der 3. oder 4. Sitzung, die sich auf emotionalen Ausdruck und Austausch konzentriert. • Leiter sollten als Vorbild im Feedbackgeben vorangehen, um wohl durchdachtes Feedback von Mitgliederseite zu fördern.
Selbstöffnung	• Betonen Sie die persönliche Verantwortung. • Ermitteln und diskutieren Sie Ängste und Bedenken. • Die Menge an Selbstöffnung ist weniger entscheidend als die Beziehung zwischen Empfänger und sich öffnender Person. • Machen Sie deutlich, dass offen gelegte Belange besser gelöst werden können als ungenannte.	• Bekräftigen Sie die Hier-und-Jetzt- im Vergleich zu »Geflunker«-Selbstöffnung. • Unterbrechen Sie schlecht getimete oder übermäßige Mitglieder-Selbstöffnung. • Regen Sie eine Beziehungsvertiefung durch informatorische Öffnung an.

Die *Selbstöffnung* ist insgesamt gesehen als ein wichtiger positiver Wirkfaktor in der Gruppenpsychotherapie belegt, wobei wir es hier mit einem »zweischneidigen« Schwert zu tun haben. Zu viel Selbstöffnung kann für die Therapie, für das Mitglied oder aber auch für andere Gruppenmitglieder durchaus auch nachteilig sein und die Wahrscheinlichkeit eines Abbruchs oder schlechtere Ergebnisse begünstigen. Deshalb wird in der Literatur eine zugleich reziproke wie auch stufenweise Selbstöffnung in Gruppen vorgeschlagen. Inhalt und Timing von Selbstöffnung sind Facetten des Prozesses, die ein Gruppenleiter gezielt lenken muss, um den positiven Effekt zu maximieren und Risiken für iatrogene Effekte oder Nebenwirkungen zu minimieren. Es gibt die Empfehlung, die Gruppe im Hinblick auf die Selbstöffnungsbereitschaft zu mischen und wenigstens zwei Mitglieder in eine Gruppe aufzunehmen, die sich leichter selbst öffnen können, um diese gewissermaßen als Schrittmacher fungieren zu lassen (Brown 1992). Andere gehen jedoch davon aus, dass die Bereitschaft zur Selbstöffnung das Resultat einer positiven Kohäsions- und Beziehungsentwicklung sein sollte (Vinogradov und Yalom 1990).

Kohäsion

Eine umfassende Definition von Gruppenkohäsion bezeichnet »die Kräfte, die eine Gruppe zusammenhalten, indem sie die Mitglieder aneinander und an die Gruppe binden«. Die Entstehung von Kohäsion geht einerseits auf Attraktionsmechanismen und Bindungsbedürfnisse zurück, wächst andererseits aber auch durch gemeinsame Aktivitäten, Erfahrungen und Erfolgserlebnisse. Die Förderung der Gruppenkohäsion ist im Entstehungsprozess einer Gruppe eine wichtige Leitungsaufgabe: Aus gruppendynamischen Studien wissen wir, dass Menschen in kohäsiven Gruppen in der Regel aktiver in ihre Gruppen involviert sind, mehr Enthusiasmus über ihre Gruppen zeigen und insgesamt weniger sozial und interpersonal beeinträchtigt sind« (Forsyth 2014). Diese positiven Effekte von Kohäsion zeigen sich auch in der Gruppenpsychotherapie (▶ Kap. 7). Hohe Kohäsion kann jedoch auch negative Effekte haben, da in hochkohäsiven Gruppen ein hoher Anpassungs- und Konformitätsdruck besteht. Dies zeigt sich bspw. am Phänomen des Gruppendenkens, das in kohäsiven Gruppen häufiger vorkommt. Erklärbar ist dies damit, dass in besonders kohäsiven Gruppen die Selbstständigkeit und Eigenverantwortung einzelner Mitglieder zu kurz kommen, deren Entwicklung gehemmt und die Meinungsvielfalt zugunsten von riskanten Entscheidungen eingeschränkt wird. Wenn Minderleistungen aufgrund von zu hoher Kohäsion auftreten, ist eine Reflexion und Korrektur des Gruppenprozesses notwendig.

4.3 Therapeutische Beziehungen in Gruppen

Grundsätzlich ist eine Betrachtung von therapeutischen Beziehungen innerhalb einer Gruppentherapie aus zwei Blickwinkeln möglich. Einerseits bestimmen *strukturelle Bedingungen* die Art der therapeutischen Beziehung, welche sich in Abhängigkeit vom jeweiligen Beziehungspartner entwickelt. Anders als in der Einzeltherapie, in der die Beziehung dyadischer Natur ist, können sich Beziehungen innerhalb von Gruppen auf mindestens drei Ebenen manifestieren: demnach entwickeln sich im Gruppensetting Beziehungen zwischen einzelnen Gruppenmitgliedern (*Mitglied-Mitglied*), zwischen einem Gruppenmitglied und dem Leiter der Gruppe (*Mitglied-Leiter*) sowie zwischen einem Gruppenmitglied und der gesamten Gruppe (*Mitglied-Gruppe*). Aus der Sicht des Gruppenleiters kommen auf der strukturellen Ebene potentiell zwei weitere Komponenten hinzu, nämlich die Beziehung des *Leiters zur Gruppe* und im Falle von Kotherapien die *Leiter-Leiter-Beziehung*.

Andererseits werden Beziehungen in Gruppen durch den *Inhalt oder die Qualität* definiert. Johnson et al. (2005) untersuchten verschiedene Beziehungskonstrukte und identifizierten vier zentrale Wirkfaktoren innerhalb von Gruppen, nämlich *Gruppenklima*, *Kohäsion*, *Allianz* und *Empathie* (▶ Tab. 4.9). Die Kohäsion ist wohl das »populärste« dieser Konstrukte und wird oft gleichgesetzt mit der therapeutischen Beziehung in Gruppen (s. u., Burlingame et al. 2011). Es wird davon ausgegangen, dass jedes dieser Konstrukte zu einem hilfreichen therapeutischen Klima in einer Gruppe beiträgt und somit die Entwicklung anderer therapeutischer Prozesse positiv beeinflusst (Johnson et al. 2008). Die Konstrukte sind also gewissermaßen analog zum Konzept der therapeutischen Allianz in der Einzeltherapie (vgl. Norcross und Wampold 2020).

Tab. 4.9: Definition wichtiger Beziehungskonstrukte in Gruppentherapien (nach Bormann und Strauß 2018)

Gruppenklima: Atmosphäre innerhalb der Gruppe und Verhaltensweisen ihrer Mitglieder; im oft verwendeten »Group Climate Questionnaire« (GCQ, MacKenzie 1983) werden die Teilbereiche Engagement, Vermeidung und Konflikt als Bestandteile des Gruppenklimas beschrieben.

Gruppenkohäsion repräsentiert die relationale Bindung der Gruppenmitglieder zueinander, zum Therapeuten sowie zur gesamten Gruppe (McCallum et al. 2002) und wird als Summe aller Kräfte beschrieben, welche die Gruppe zusammenhält.

Allianz konstituiert sich aus einer affektiven Bindung zwischen dem Patienten und seinem Therapeuten (bonds), der Verständigung zwischen Patienten und Therapeuten betreffend der in der Therapie zu bewältigenden Aufgaben (tasks) und die Einigung über die in der Therapie zu erreichenden Ziele (goals) (Bordin 1979).

Empathie: Mitgefühl und ein emotionales Einfühlen in die Erlebensweise der anderen Person, gekennzeichnet durch die Fähigkeit, die Gedanken und Gefühle einer anderen Person zu erkennen und zu verstehen, was deren Ursache ist (Margraf und Müller-Spahn 2009).

Für die vier Konstrukte in ▶ Tab. 4.9, die unterschiedliche Facetten der therapeutischen Beziehung in Gruppen erfassen sollen, gibt es jeweils (insbesondere für den Aspekt der Kohäsion) mehrere Erhebungsinstrumente. Vor etlichen Jahren wurde in einer Arbeitsgruppe um Jennifer Johnson (Johnson et al. 2005; Bormann und Strauß 2007) der Versuch unternommen, die Konstrukte zu untersuchen und *übergeordnete Dimensionen der therapeutischen Beziehung* herauszufinden. Tatsächlich fand Johnson das in ▶ Abb. 4.6 dargestellte Drei-Faktoren-Modell der therapeutischen Beziehung, das im Übrigen auch dem deutschsprachigen Gruppenfragebogen (GQ-D, Bormann et al. 2011, ▶ Kap. 7) zugrunde liegt.

4.3 Therapeutische Beziehungen in Gruppen

Diese drei Faktoren sind die

- *Verbundenheit:* Kohäsion und Engagement auf Gesamtgruppenebene, Empathie auf der Ebene der Mitglieder untereinander und der Ebene Mitgliedleiter,
- *positive Arbeitsbeziehung*: Verständigung über die zu erreichenden Ziele unter den Mitgliedern und mit dem Gruppenleiter sowie die unabhängige Dimension der
- *negativen Beziehung*: fehlende Empathie, Konflikte und Vermeidung auf allen drei Beziehungsebenen.

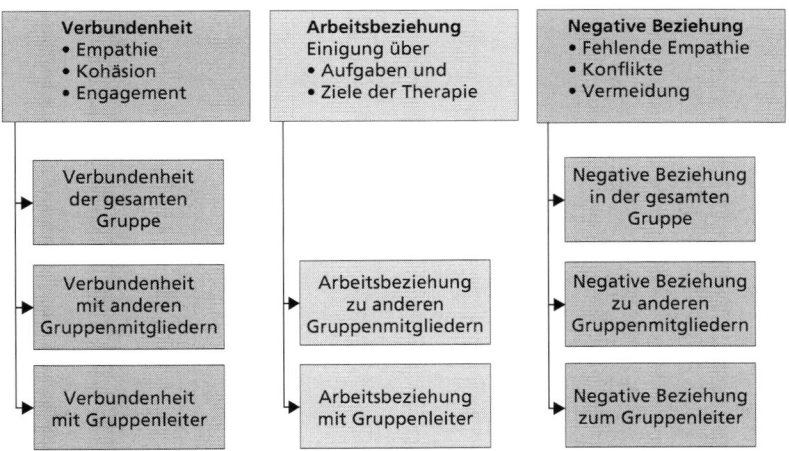

Abb. 4.6: Übergeordnete Dimensionen zur Beschreibung therapeutischer Beziehungen in Gruppen (Rief, Schramm, Psychotherapie, 1. A. 2021 © Elsevier GmbH, München, nach Bormann et al. 2011)

In der Psychotherapieforschung ist in letzter Zeit bezogen auf das Einzelsetting viel zu Brüchen in der therapeutischen Beziehung und deren »Reparatur« geforscht worden. Das Konzept »Alliance Ruptures« wurde ursprünglich von Safran und Muran (2000) beschrieben und in den Folgejahren beforscht (z. B. Safran et al. 2011). Brüche in den therapeutischen Beziehungen in der Gruppe sind nach Lo Coco et al. (2019) eine »untold story«. Die Autoren versuchen eine Operationalisierung von

Brüchen in der Beziehung innerhalb der Gruppe und beschreiben anschaulich bspw. Brüche in der Beziehung eines einzelnen Mitglieds zur Gruppe (die sich etwa in extremem Rückzug äußern), Brüche der Beziehung zwischen dem Therapeuten und der Gruppe (durch Konfrontation) oder Brüche in der Beziehung zwischen einzelnen Gruppenmitgliedern, die oftmals die Folge von Konflikten sein können. Sicherlich ist es sinnvoll, eine weitere Übertragung des Ruptures-Konzepts auf die Gruppe zu diskutieren, wissenschaftlich zu beforschen und in der Ausbildung zu berücksichtigen.

4.4 Beendigung von Gruppen

Jeder Gruppenprozess findet irgendwann ein Ende, jede Therapie ist ohnehin »auf Endlichkeit angelegt« (Falck 2014, S. 262). Insbesondere Irvin Yalom, der Gruppen immer unter existentiellen Gesichtspunkten sieht, hat wiederholt darauf hingewiesen, dass das Ende der Gruppe (bzw. der Abschied einzelner aus der Gruppe) ein permanent präsentes Thema ist. Das Ende einer Gruppe und der Abschied von der Gruppe sind fraglos besondere Situationen, die der Vorbereitung bedürfen, insbesondere da in Verbindung damit normalerweise spezifische, teilweise heftige psychische Reaktionen zu erwarten sind. Abschied und Trennung sind bspw. prototypische bindungsrelevante Situationen, die entsprechend auch das Bindungssystem der Beteiligten aktivieren (▶ Kap. 6).

Mattke et. al (2017) haben darauf hingewiesen, dass im Kontext von Abschied und Ende einer Gruppe bestimmte Themen besonders häufig aktiviert werden: »Nicht genug bekommen zu haben, Gefühle von Zurückweisung, die Auseinandersetzung mit Trennung, Verlust und Trauer, die Handhabung der Verantwortlichkeit für sich selbst und grundlegende Reifungsthemen, die für jedes menschliche Leben zentral sind« (S. 119).

Falck (2014) geht auf die Besonderheiten der Beendigung einer Gruppentherapie ein und weist auf die Notwendigkeit der Beachtung von Rahmenbedingungen hin. Er meint: »So wie im Kontext von Therapie allgemein gilt auch für die Gruppenpsychotherapie im Besonderen, dass die Abschlussplanung mit deren Anfang beginnt« (S. 264). Er betont auch, dass der Abschied aus der Gruppe bzw. das Ende der Gruppe hervorragend dazu geeignet sind, Trennungsthemen und Trennungserlebnisse konstruktiv zu bewältigen.

Letztlich gibt es drei besonders wichtige Aufgaben für einen Gruppenleiter im Zusammenhang mit der Beendigung einer Gruppe bzw. eines Gruppenprozesses:

- *Konsolidierung*, d. h. Verfestigung, ggf. Rekapitulation des Erreichten.
- *Benennung unerledigter Dinge* in Verbindung mit dem Versuch, angesichts des nahen Endes der Gruppe noch möglichst viel zu erledigen.
- *Antizipation des »Lebens nach der Gruppe«*, wozu gehört, potentielle Belastungen und damit verbundene Bewältigungsstrategien, die sich innerhalb der Therapie entwickelt haben, zu identifizieren und zu festigen.

4.5 Spezifische und inhaltliche Aspekte von Kleingruppenprozessen

Die in diesem Kapitel beschriebenen Facetten von Gruppendynamik und Kleingruppenprozess sind, ebenso wie die Überlegungen zu dem Aspekt der therapeutischen Beziehungen in der Gruppe, weitgehend unabhängig von der formalen Veränderungstheorie, die in ▶ Kap. 2 beschrieben wurden. Mit anderen Worten: Gruppenentwicklungen, Rollenübernahmen, Gruppenkonflikte und Gruppenentscheidungen, um nur Beispiele zu nennen, sind in verhaltenstherapeutischen und humanistischen Gruppen ebenso relevant wie in psychodynamischen oder systemischen Gruppen, sie sind relevant für Gruppen mit Patienten mit Persönlichkeitsstörungen, genauso wie für Gruppen mit Menschen mit Angstsymptomatik oder gemischte Gruppen.

Die Ausformung der gruppendynamischen Aspekte und Prozesse können durch Faktoren wie die strukturellen Vorgaben, Merkmale der Mitglieder und der Leiter beeinflusst sein. Ebenso gibt es in Abhängigkeit vom Verfahren unterschiedliche Reflexionsmöglichkeiten und Möglichkeiten des Umgangs mit gruppendynamischen Phänomenen, die hier allerdings nicht weiter diskutiert werden, da es die primäre Zielsetzung des Buches, integrative Ansätze zu beschreiben, überschreiten würde.

Auf einige Aspekte, die mit den Gruppenmitgliedern in Verbindung stehen, wird in ▶ Kap. 5 zumindest partiell eingegangen, auf die Möglichkeiten des Einflusses durch den Gruppenleiter in ▶ Kap. 6. Für die Diskussion verfahrensspezifischer Techniken im Zusammenhang mit dem Erkennen und dem Umgang mit Gruppenprozessen und gruppendynamischen Aspekten (zum Beispiel Umgang mit Übertragung und Gegenübertragung, Abwehr und Widerstand oder Regression in der Gruppenanalyse) sei auf die verfahrensspezifische Literatur verwiesen, die bspw. am Ende von ▶ Kap. 2 empfohlen wurde.

Selbstverständlich ist der Prozess nicht vom *Inhalt* abzutrennen. In Gruppen gibt es ganz unterschiedliche Themen, die in den einzelnen Sitzungen, oft auch abhängig von den Entwicklungsphasen der Gruppe (▶ Kap. 4.2.1) variieren können. Das in ▶ Kap. 7 dargestellte Dokumentationssystem für Gruppensitzungen führt die nachfolgend genannten Themen einer Gruppensitzung auf, die besonders häufig vorkommen und die – wie die praktische Überprüfung des Dokumentationssystems ergab – gut geeignet sind, einen Großteil der Gruppensitzungen abzubilden.

Es handelt sich dabei um die folgenden widerkehrenden Grundthemen:

- Kontaktaufnahme
- Intimität, Nähe und Distanz
- Dominanz und Macht
- Umgang mit Aggression
- Vertrauen
- Kongruenz und Rivalität
- Toleranzgrenzen
- Wahrnehmen von Individualität

- Konformität
- Umgang mit Kränkungen
- Umgang mit Trennung und Abschied

4.6 Gruppendynamik in die Gruppe holen

Ich beginne diesen Abschnitt mit einer Anekdote: Vor vielen Jahren war ich gemeinsam mit einem Verhaltenstherapeuten und einem Kollegen aus einer Psychosomatischen Klinik im Saarland zu einem Gruppensymposium eingeladen, um dort zu Forschungsthemen zu referieren. In der sehr ausführlichen Diskussion über Gruppen stellte der Kollege aus der Psychosomatischen Klinik den beiden anderen Referenten immer wieder die Frage, wie sie denn die Gruppendynamik handhaben würden. Während der verhaltenstherapeutische Kollege sich eher zurückhaltend äußerte und meinte, die Gruppendynamik würde oftmals nur stören, vertrat ich die Auffassung, dass die Gruppendynamik ja immer präsent sei und dass der Gruppenleiter sich der verschiedenen gruppendynamischen Phänomene schlicht und einfach immer bewusst sein sollte. Der Kollege wiederholte seine Frage aber immer wieder und machte damit deutlich, dass er eigentlich erfahren wollte, ob wir denn die Gruppendynamik sozusagen greifbar und verständlich machen, dadurch, dass wir sie in der Gruppe auch ganz bewusst inszenieren.

Die Gruppendynamik in die Gruppe zu holen kann durch ganz gezielte Maßnahmen, Spiele und Übungen erfolgen, die – scheinbar zunächst losgelöst von dem eigentlichen Auftrag der Gruppe und ihrer Thematik – als aktivierende Elemente gruppendynamische Phänomene spiegeln können, die dann auf einer Metaebene reflektiert, diskutiert und somit auch verstanden werden können.

Entsprechende Anregungen finden sich in der gruppentherapeutischen (z. B. Belmont 2016) und der gruppendynamischen Literatur

(z. B. Dießner 2009), teilweise jedoch auch im Bereich der Sportpsychologie, wo gruppendynamische Übungen beispielsweise zur Förderung der Motivation und des Teamgeistes benutzt werden. Darüber hinaus gibt es aus dem Bereich der Arbeits-, Betriebs- und Organisationspsychologie und des Coachings zahlreiche Methoden, mit denen gruppendynamische Prozesse dargestellt bzw. abgebildet werden können (z. B. Behnke 2016).

Die Tatsache, dass der oben erwähnte Kollege von uns so lange die gewünschte Antwort nicht erhielt, hat sicher damit zu tun, dass wir, wie auch viele andere Psychotherapeuten, oft zögern, gewissermaßen verfahrensfremde Techniken oder Methoden in ihr gruppentherapeutisches Handeln zu integrieren. Es gibt aber, insbesondere im stationären und teilstationären Rahmen, viele Situationen oder Stadien der Gruppenentwicklung, in denen gruppendynamische Übungen gewissermaßen als Katalysator für den Prozess verwendet werden können oder zumindest der Gruppe dabei helfen, die Komplexität einer Gruppensituation besser zu verstehen. Wenn beispielsweise ein Gruppenprozess allzu lange stagniert, aber auch wenn sich eine Gruppe zusammenfindet, können gruppendynamische Elemente die Möglichkeit bieten, die Atmosphäre zu entspannen, aufzulockern und die Gruppenkohäsion durch das Erleben einer gemeinsamen Gruppenleistung zu fördern.

Weiterführende Literatur

Antons K, Ehrensberger H, Milesi R (2019) Praxis der Gruppendynamik. 10. Aufl. Göttingen: Hogrefe.
Forsyth DR (2014) Group Dynamics. 5. Aufl. Belmont: Wadsworth.
Yalom ID, Leczsz M (2020) The theory and practice of group psychotherapy. New York: Wiley.
Sader M (2008) Psychologie der Gruppe. Weinheim: Juventa.
Parks CD, Tasca GA (2020) The psychology of groups. Washington: APA.
Wheelan SA (2005) The handbook of Group Research and Practice. Beverly Hills: Sage.

5 Merkmale der Gruppenmitglieder

»Man gave names to all the animals,
in the beginning, in the beginning...«
(Bob Dylan, Animals)

> In diesem Kapitel wird zunächst (erneut) auf die Notwendigkeit eingegangen, Patientenmerkmale in Gruppentherapien mit den Behandlungsansätzen in Einklang zu bringen. Neben Persönlichkeitsmerkmalen und der Kompetenz im Umgang mit Affekten werden vor allem interpersonale Charakteristika als Prädiktoren für den Behandlungserfolg in Gruppen gesehen, wobei in jüngster Zeit insbesondere Bindungscharakteristika untersucht und klinisch berücksichtigt werden.

5.1 »Matching« von Patientenmerkmalen und Behandlungsansätzen

Die Zusammensetzung einer Gruppe und Reflexionen über Patientenmerkmale und deren Einfluss auf den Gruppenprozess sind eng miteinander verknüpft. Wie in ▶ Kap. 3 zusammengefasst, gibt es kaum evidenzbasierte Empfehlungen für die Indikationsstellung für Gruppenbehandlungen und die Zusammensetzung von Gruppen (Burlingame et al. 2002). Reflektiert werden hier neben der Art der Störung/

Diagnose diverse soziografische Merkmale, stabile Persönlichkeitseigenschaften inkl. der Neigung zu speziellen interpersonalen Mustern (z. B. die »Bereitschaft« eines Einzelnen, zum Außenseiter zu werden).

Grundsätzlich sollte versucht werden, Außenseiterpositionen a priori zu vermeiden, indem, wenn möglich, mindestens zwei Personen jene Merkmale aufweisen, die sie vom Rest der Gruppe unterscheiden (z. B. Zugehörigkeit zu einer bestimmten Altersgruppe, Schicht, Ethnie, vgl. das in Kap. 3 beschriebene *»Arche-Noah-Prinzip«*).

Mit der Entwicklung störungsspezifischer Psychotherapie in den 1980er Jahren (u. a. als Reaktion auf die wachsende Dominanz der biologischen Psychiatrie bei der Behandlung psychischer Störungen) wurden auch gruppentherapeutische Behandlungen – zunächst in der kognitiven Verhaltenstherapie – zunehmend *störungsspezifisch bzw. -homogen* konzipiert. In der klinischen Praxis, ambulant wie (teil-)stationär, sind nach wie vor gemischte Gruppen viel häufiger, wenngleich in Kliniken vermehrt auch störungsspezifische (»indikative«, oft auch psychoedukative) Gruppen angeboten werden. In der empirischen Forschung dominieren nach wie vor störungsspezifische Gruppentherapien (▶ Kap. 7) bzw. Störungen für definierte Gruppen (z. B. Opfer und Täter von Gewalthandlungen, ältere Menschen mit verschiedenen altersbezogenen affektiven Problemen, Patientinnen und Patienten mit körperlichen Erkrankungen, z. B. Krebs).

Entsprechend existiert eine große Vielfalt an Manualen für störungs- oder problemspezifische Gruppen. Dazu gehören auch Ansätze zur Behandlung von *Traumafolgestörungen in Gruppen*, die gelegentlich kontrovers diskutiert werden, insbesondere bezüglich der Frage des Schwerpunktes der Gruppe (Exposition, kognitive Verarbeitung, Ressourcen- und Resilienzorientierung; vgl. Knaevelsrud et al. 2018; Reddemann 2017; Burlingame und Layne 2001).

In anderen Verfahren, z. B. im psychodynamischen, sind Manuale entweder transdiagnostisch (etwa Lorentzens Manual [2014] zu gruppenanalytischen Behandlung von Patienten mit depressiven, Angst- und Persönlichkeitsstörungen) oder auch störungsspezifisch, wie z. B. der Versuch, Prinzipien der supportiv-expressiven psychodynamischen Psychotherapie auf das Gruppensetting zu übertragen (Gawlytta et al.

2013) oder das von Nickel und Egle (1999) entwickelte Manual zur interaktionellen Therapie somatoformer Schmerzstörungen.

Letztendlich, dies zeigen auch Studien (z. B. Piper und McCallum 1994), interagieren Patientenmerkmale mit anderen Aspekten des Modells aus ▶ Abb. 1.2, insbesondere mit dem therapeutischen Konzept bzw. der »formalen Veränderungstheorie«. So gesehen gibt es eigentlich kaum Kontraindikationen für eine Gruppe, solange das gruppentherapeutische Konzept den Bedürfnissen und Möglichkeiten der Patienten und ihrer Störungsdynamik angepasst wird. Schon in ▶ Kap. 3 wurde diesbezüglich der Satz von Brabender et al. (2004) zitiert, wonach es wahrscheinlich kein menschliches Attribut gebe, das eine Person daran hindert, als Mitglied einer Gruppe zu profitieren, *vorausgesetzt, dass der Gruppenansatz so gestaltet ist, dass diesem Attribut in der Gruppe auch Rechnung getragen wird* (Übs. d. Aut., S. 59).

In den Praxisleitlinien der AGPA wird folgendes Paradigma empfohlen: »Der Therapeut sollte zunächst die klinische Population, dann deren spezifische Bedürfnisse definieren und identifizieren und schließlich eine Gruppenintervention entwickeln, die diesen Bedürfnissen gerecht wird und gleichzeitig die Komplexität des Kontextes berücksichtigt« (Leszcz und Kobos 2018).

Beispielsweise benötigen Gruppenmitglieder mit strukturellen Einschränkungen und geringer »interpersonaler Orientierung« in Gruppen sehr viel mehr Unterstützung, Anleitung und Strukturierung durch einen transparenten und präsenten Leiter. Dies wird z. B. in dem psychodynamischen *Göttinger Modell der Gruppenpsychotherapie* explizit durch unterschiedliche therapeutische Haltungen und Leiterstile realisiert (▶ Kap. 2; Staats et al. 2014).

5.2 Prädiktoren für den Behandlungsprozess und das -ergebnis

Auch wenn es hypothetisch für jedes potentielle Gruppenmitglied ein passendes Gruppenangebot geben sollte, wird in der Gruppenliteratur die Frage nach Prädiktoren für das Behandlungsergebnis diskutiert und beforscht, ebenso die Frage, wie bestimmte Patientenmerkmale den Prozess beeinflussen können bzw. u. U. bestimmte therapeutische Interventionen und Haltungen erfordern.

In einer der wenigen Gruppentherapievergleichsstudien, in der eine supportive mit einer interpretativ-psychodynamischen Kurzzeittherapie bei komplizierter Trauer untersucht wurden, überprüfte die Arbeitsgruppe um W.B. Piper auch die Bedeutung der *Big-5-Persönlichkeitsmerkmale* für den Behandlungserfolg (Ogrodniczuk et al. 2002). Es zeigte sich, dass für Patienten in beiden Therapieformen Extraversion, Gewissenhaftigkeit und Offenheit für Erfahrungen prognostisch günstig waren, Neurotizismus dagegen erwies sich in beiden Gruppen als ungünstig, Verträglichkeit war in der psychodynamischen, nicht jedoch in der supportiven Therapie günstig.

Dieselbe Arbeitsgruppe untersuchte auch das Konstrukt der »*psychological mindedness*« (psychologische Reflexionsbereitschaft, gewissermaßen ein »Vorläuferkonstrukt« der Mentalisierungsfähigkeit) als Patientenmerkmal (MacCallum et al. 2003), das ebenfalls eher prognostisch günstig war für eine interpretative Kurzzeitgruppentherapie. Dieser Aspekt wurde in einer multizentrischen naturalistischen Studie stationärer Einrichtungen mit einer spezifischen Operationalisierung von »psychological mindedness« (Differenz interpersonaler Probleme und nicht-interpersonalen Symptomen) überprüft (Strauß, Eckert und Ott 1993), wobei hier diese »Art« von psychological mindedness nicht prädiktiv war, wohl aber (in negativer Richtung) Probleme mit feindseligem interpersonalen Verhalten.

In einer systematischen Übersicht haben Ogrodniczuk et al. (2005) gezeigt, dass *alexithyme Patienten* zwar eine größere Präferenz für Gruppentherapien haben, in – psychodynamischen und supportiven – Gruppentherapien jedoch eher negative Ergebnisse erzielen als in sehr strukturierten Gruppen. Die Autoren vermuten, dass die negativen Effekte zustandekommen, weil Patienten mit alexithymen Merkmalen (ähnlich wie bindungsunsichere Personen) möglicherweise häufiger negative (Gegenübertragungs-)Reaktionen bei den Therapeuten hervorrufen.

5.2.1 Bindungsmerkmale und Gruppentherapie

Ausgehend von der Annahme, dass im Gruppensetting Bedürfnisse nach Zuneigung und Nähe oft manifest werden und von zentraler Bedeutung sind, gibt es zunehmend theoretische Überlegungen bzgl. des *bindungsbezogenen Potentials von therapeutischen Gruppen* (Strauß 2018b). Die Bindungstheorie und Befunde der klinischen Bindungsforschung (vgl. Strauß und Schauenburg 2018) beschreiben, dass Personen, die nicht sicher gebunden sind, in engen Beziehungen, wie sie in der Gruppe entstehen können, auf sekundäre, unsichere Bindungsstrategien zurückgreifen. Von verstrickten, bindungsängstlichen Personen ist in diesem Fall zu erwarten, dass ihr Bindungssystem überaktiviert wird, dadurch eine Bindungsperson permanent ängstlich beobachtet und jedes Anzeichen von Zurückweisung als belastend empfunden wird. Vermeidende Personen, die über eher negative innere Modelle der Anderen verfügen, werden eine eher deaktivierte Bindungsstrategie wählen und dabei bindungsbezogene Gedanken und Gefühle sowie belastende Reize sehr stark kontrollieren und unterdrücken. Es wird angenommen, dass sich die Muster in Gruppen wiederholen (und dass sich möglicherweise eine Bindung an die Gruppe entwickelt, z. B. erfassbar mit der Social Group Attachment Scale, Smith et al. 1999). Die »*Gruppenbindung*« ist in diesem Zusammenhang konzeptualisiert als innere Repräsentationen von Gruppen, basierend auf Erfahrungen mit der Familie und anderen sozialen und kulturellen Gruppen, die allgemeine Erwartungen in neuen und bisher unbekannten Gruppen vorhersagen können.

Mittlerweile liegen zahlreiche Studien vor zum Zusammenhang zwischen Bindungsmerkmalen von Gruppenmitgliedern und dem Behandlungsergebnis, die zeigen, dass Bindungssicherheit und verwandte Merkmale (z. B. die Qualität der Objektbeziehungen) tatsächlich eher für einen günstigeren Therapieerfolg sprechen, wobei sich allerdings eine Reihe moderierender Variablen als bedeutsam erwies (Strauß 2018b). Chen und Mallinckrodt (2002) haben gezeigt, dass vermeidende Gruppenteilnehmer die Gruppe weniger attraktiv fanden und andere Mitglieder weniger gut einschätzen konnten. Beispielsweise schätzten die vermeidenden Gruppenmitglieder andere sowohl als weniger freundlich als auch weniger dominant ein als diese sich selbst einstuften. Mallinckrodt und Chen (2004) beschrieben einen Zusammenhang derartiger Fehleinschätzungen mit Bindungsangst und negativ erinnertem elterlichen Erziehungsverhalten.

Marmarosh et al. (2013) zeigten anhand von Studien, die sich mit Prozessaspekten und dem Ergebnis in der Gruppe und deren Bezug zu Bindungsmerkmalen beschäftigen, dass im Gruppenprozess das Bindungssystem häufig aktiviert werden kann, z. B. in folgenden Kontexten:

- bei Konflikten und Krisen
- bei ängstigendem/bedrohlichem Klima
- bei Schweigen/Stagnation und damit verbundenen Hilfslosigkeitsgefühlen
- im Kontext von Fluktuationen (speziell in sog. »slow open groups« mit regelmäßigem Austausch von Mitgliedern): permanente Konfrontation mit Trennung und Verlust (erwartet und unerwartet)
- bei der Konfrontation mit den »Bindungsgeschichten« anderer

Mikulincer und Shaver (2017), eigentlich eher in der entwicklungs- und sozialpsychologischen Bindungsforschung zu verorten, haben kürzlich einen Versuch unternommen, ein bindungsorientiertes und gruppenbezogenes Veränderungsmodell zu beschreiben. Sie gehen davon aus, dass wiederholte Interaktionen mit responsiven und supportiven Gruppenleitern *und* einer kohäsiven Gruppe geeignet sind, die Bindungsmuster der Gruppenmitglieder (d. h. ihre inneren Repräsentationen von Bindung) und damit interpersonale Funktionen positiv zu verändern. Diese Annahme speist sich aus mehreren Längsschnittstudien aus der Organisations- und Militärpsychologie, die belegen, dass der Umgang mit feinfühligen Leitern und supportiven Gruppen langfristig bindungsbezogene Kognitionen und Affekte verändern können (vgl. auch Leszcz 2017).

Flores (2001) verbindet die Bindungstheorie und Konzepte der Selbstpsychologie im Zusammenhang mit Gruppen mit Substanzabhängigen. Er vertritt die Auffassung, dass Sucht letztlich Ausdruck einer Bindungsstörung sei und Suchtmittel dazu dienten, strukturelle Defizite zu kompensieren, die in enger Beziehung zu defizitären Bindungserfahrungen stehen, was neurowissenschaftliche Studien durchaus nahelegen (z. B. Insel und Quirion 2005). In einer neueren Arbeit meint Flores (2010), dass Neurobiologie und Bindungstheorie zusammengenommen gut geeignet sind, Gruppenphänomene zu betrachten. Mechanismen von Bindung an andere haben eine neurobiologische Basis, die zunehmend auch spezifizierbarer wird (vgl. z. B. Strauß und Nolte 2020). Auch in Flores' Auffassung hat speziell eine Gruppe ein hohes Potential, eine Umgebung für korrigierende interpersonale Erfahrungen auf einer Verhaltens- und auf einer neurobiologischen Ebene zu bieten.

Flores (2010) nannte fünf Faktoren, die Veränderungen in Gruppen unter Nutzung der Plastizität des Gehirns begünstigen (▶ Kap. 7):

- Die Herstellung einer optimalen Umgebung für neuronale Veränderungen (bereichernd, emotional erregend bei einem »optimalem« Stressniveau),
- ein erlebnisorientiertes Verstehen als Basis für Veränderungen des prozeduralen Gedächtnisses (»experience over explanation, importance of working in the implicit domain«),
- starke Bindungsbeziehungen als Basis für neuronale Veränderungen (»bonds prime brain changes«),
- die soziale Konstruktion des Gehirns (»hard-wired for cooperation, caring and fairness«) und
- die Stabilisierung initialer Veränderungen durch längerfristige Behandlung («initial changes in the brain are just temporary»).

Im Kontext der mentalisierungsbasierten Gruppentherapie haben Fonagy et al. (2017) Gruppen und darin erfolgte soziale Kommunikation gewissermaßen als ein Trainingsfeld für die Mentalisierung und die Entwicklung epistemischen Vertrauens beschrieben, für die die Bindungsmerkmale der Mitglieder eine wesentliche Grundlage für diese Prozesse bilden. Bindungsmerkmale und die Bindungstheorie sind somit zurecht bedeutsame Quellen für das Verständnis von Gruppenleitung, Kohäsion und gruppenbezogenen Veränderungsprozessen (Marmarosh 2017).

Marrone (1998) hat in seinem Buch »*Attachment and Interaction*« das Verhältnis von Bindungstheorie zur Gruppenanalyse ausführlich behandelt und vertritt die Auffassung, dass die Bindungstheorie und die Theorie der Gruppenanalyse eigentlich eng verwandt seien: Auch die

Theorie der Gruppenanalyse im Sinne von Foulkes (1990) gehe davon aus, dass der Mensch essentiell ein soziales Wesen sei, dessen Entwicklung maßgeblich durch soziale und Gruppenerfahrungen geprägt werde (▶ Kap. 2).

Marrone zeigt, dass die Gruppe mit ihren vielfältigen Übertragungsangeboten ein Feld sein kann, auf dem innere Arbeitsmodelle von Bindung aktiviert, exploriert, modifiziert und integriert werden können. Ein an der Bindungstheorie orientierter Gruppenanalytiker (oder Gruppenpsychotherapeut!) sollte – in Anlehnung an Bowlby (1988) – zumindest *sieben Aufgaben* erfüllen:

- Mit therapeutischen Mitteln die Kohäsion und ein Gefühl der Zugehörigkeit zur Gruppe erhöhen, um diese zu einer »sicheren Basis« werden zu lassen, von der aus die Gruppenmitglieder ihre inneren Welten und ihre Beziehungen explorieren können.
- Die Gruppenmitglieder dabei unterstützen, ihre aktuelle Lebenssituation (relevante Situationen, Rollen, wichtige Bezugspersonen und deren Auswahl, Konsequenzen ihres Verhaltens) zu explorieren. In diesem Zusammenhang würden in der Gruppe häufig familiäre Bindungsmuster deutlich.
- Die Gruppenmitglieder dabei unterstützen herauszufinden, wie sie Verhaltensweisen in der Gruppe interpretieren und ihre Erwartungen gegenüber anderen zu klären.
- Die Gruppenmitglieder dabei unterstützen, Verbindungen zwischen vergangenen und gegenwärtigen Beziehungen herzustellen und zu verstehen, wie ihre inneren Arbeitsmodelle das aktuelle Verhalten beeinflussen (innerhalb und außerhalb der Gruppe).
- Achtsam auf Störungen der Empathie zwischen den Gruppenmitgliedern fokussieren, um zu verhindern, dass negative Erwartungen einzelner Gruppenmitglieder im Hinblick auf unempathische Reaktionen bestätigt werden.
- Die Gruppenmitglieder dabei unterstützen, dysfunktionale Strategien zu identifizieren, ihre Verletzlichkeit zu mindern und den Zugang und die Nähe zu anderen sowie ihre Selbstsicht zu regulieren.
- Eine Kultur der Reflexion zu fördern und die Ressourcen der Gruppe zu nutzen, das interpersonale Wissen des Einzelnen zu erhöhen.

Zu diesen Ressourcen rechnet Marrone, was Foulkes (1977) als »Resonanz« bezeichnet hat, ein Begriff der kürzlich durch Rosa (2019) wieder Aktualität erlangt hat.

Mit dem Begriff »Kultur der Reflexion« nimmt er Bezug auf die Arbeiten der Gruppe um Fonagy et al. (s. o.), die zeigen, dass Bindungssicherheit maßgeblich über »metakognitives Monitoring« übertragen wird.

Marrone hält es für möglich, dass gerade gruppenanalytische Settings besonders geeignet sind für die Entwicklung reflexiver und metakognitiver Kapazitäten, wenn man diese begreift als

a) die Fähigkeit, sich und andere als Wesen vorzustellen, die über eigene mentale Zustände des Denkens und Fühlens verfügen,
b) die Fähigkeit zu verstehen, dass mentale Zustände durch bindungsrelevante Ereignisse in der Vergangenheit und Gegenwart bestimmt werden,
c) die Fähigkeit zu rekonstruieren, wie das Wissen über interpersonale Ereignisse zustandekommt, entweder durch direkte Beobachtung oder durch Inferenz bzw. durch Informationen anderer,
d) die Fähigkeit, Reaktionen anderer durch die Kenntnis mentaler Zustände zu antizipieren,
e) die Fähigkeit, die Komplexität der Verursachung interpersonaler Geschehnisse und die Tatsache anzuerkennen, dass sich Menschen gegenseitig beeinflussen, und dass sich diese komplexen Verbindungen auch verändern können.

5.3 Besondere Herausforderungen durch Patientenmerkmale

Auch bei sorgfältiger Auswahl und Zusammenstellung einer Gruppe gibt es immer bestimmte »*Patienten mit problematischen Verhaltensweisen*« (die »schwierigen« Patienten).

In Weiterbildungen und Supervisionen werden unter dieser Rubrik am häufigsten entweder besonders exzentrische, (auto-)aggressive Patienten genannt, die dazu neigen, den Rahmen zu sprengen, sowie Personen mit ausgeprägt narzisstischen Merkmalen (wie sie der Protagonist Philip in Yaloms Roman »Die Schopenhauer Kur« darstellt) und solche, die sich permanent wie Kotherapeuten verhalten. Während die genannten Personen Gruppenleiter eher vor die Frage stellen, wie diese strukturiert und begrenzt werden können und u. U. dazu einladen, dass man sich mit diesen zu sehr auf Kosten der Gruppe auseinandersetzt (»not seeing the woods for the trees«, Behr und Hearst 2005, S. 147), stellen die stark zurückhaltenden, die schweigenden, manchmal passiv aggressiven, und solche, die vermitteln, dass sie durch die Geschehnisse in der Gruppe eigentlich überfordert sind, eine andere Gruppe von »schwierigen« Patienten dar. Letzte werden oft zu spät angesprochen oder gar übersehen (»not seeing the trees for the wood«, Behr und Hearst 2005, S. 148). Die beiden Gruppen stehen oft auch für spezifische schwierige Situationen, die in Gruppen wiederholt auftreten, wie temporäre Überschreitungen des Rahmens, drohender Abbruch, Infragestellung der Gruppe, des therapeutischen Prozesses und des Leiters, ausgeprägt destruktive Interaktionen und Abwehrprozesse (Spaltung, dysfunktionale Subgruppenbildung), Verbreitung abweichender Rollen und Nöte und Probleme auf Seiten des Gruppenleiters (Überforderung, Beschämung, Ratlosigkeit, projektive Identifikationen, Kommunikationsprobleme, therapeutische Fehler). Brabender et al. (2004) beschreiben eine Reihe von »therapeutic pitfalls« dieser Art.

Yalom und Leszcz (2020) beschreiben z. B. »Monopolisten«, »Schweiger«, »Rationalisierer« oder »Hilfeverweigerer«, für die einerseits antizipierbare Reaktionen der Gruppe wie auch spezifische Interventionsstrategien (z. B. Begrenzen, Aktivieren, affektive Stimulation oder Herausarbeiten spezifischer Verhaltensmuster) zu reflektieren sind.

Es ist sicherlich nicht sinnvoll, »Rezepte« für den Umgang mit den einzelnen Personen zu erwarten. Stattdessen sollten die in den vorangegangenen Kapiteln dargestellten Themen im Kontext »schwieriger« Patienten reflektiert werden, beginnend mit der Frage, ob eine Person tatsächlich richtig für eine spezifische Gruppentherapie indiziert wurde.

Sicher sind wenig mentalisierungsfähige Menschen zunächst in einer eher interpretativen Gruppe schlechter aufgehoben, in der vonseiten der Gruppenleitung vergleichsweise wenig strukturiert wird. Die individuelle Pathologie und Vorgeschichte sollten ansonsten primär bedacht werden, wenn einzelne Patienten für die Gruppe »schwierig« werden, da diese oft gewissermaßen auf der Bühne, die eine Gruppe bietet, inszeniert werden.

Bezüglich der Frage, ob und wie ein Gruppenleiter intervenieren soll, kann das in ▶ Kap. 2 skizzierte Konzept – wenngleich aus der Gruppenanalyse stammend – auch für andere Gruppenverfahren hilfreich sein, also beispielsweise eine Reflexion der Konfiguration und Lokalisierung, die Frage nach der Konstruktivität oder Destruktivität des Einflusses einzelner Mitglieder, den potentiell möglichen Interventionen etc.

Das Verhalten einzelner sollte zudem vor dem Hintergrund prozessualer und gruppendynamischer Aspekte reflektiert werden, also bezogen auf die Entwicklungsphase der Gruppe (und die aktuellen Gruppennormen), die aktuelle Rollenkonstellation und Rangdynamik und allgemein die Frage, welche Funktion das Verhalten einzelner Mitglieder potentiell in und für die Gruppe hat.

Letztlich gilt es im Umgang mit schwierigen Patienten (und den damit verbundenen schwierigen Gruppensituationen) dafür Sorge zu tragen, dass die therapeutische Umgebung aufrechterhalten werden kann. Wenn dies nach Anwendung aller verfügbaren Interventionen und einer Metareflexion und -kommunikation der Problematik in der Gruppe nicht fruchtet, kann es – allerdings in der Regel selten und wohl nur im Falle einer Fehlindikation – notwendig sein, ein Gruppenmitglied aus der Gruppe zu verabschieden, wobei dieser Abschied letztlich für alle Beteiligten lehrreich und profitabel sein sollte.

Weiterführende Literatur

Behr H, Hearst L (2005) Group-analytic psychotherapy – A meeting of minds. London: Whurr.

Greene LR, Kaklauskas FJ (2020) Anti-therapeutic, defensive, regressive, and challenging group processes an dynamics. In: Kaklausas FJ, Greene LR (Hrsg.) Core principles of group psychotherapy. New York: Routledge.

Kennard D, Roberts J, Winter DA (2005) A workbook of group-analytic interventions. London: Jessica-Kingsely.

Marmarosh CL, Markin RD, Spiegel EB (2013) Attachment in Group Psychotherapy. Washington: APA.

Marrone M (1998) Attachment and Interaction. London: Jessica Kingsley.

Ogrodniczuk J, Piper WB, McCallum M, Joyce AS, Rosie JS (2002) Interpersonal predictors of group therapy outcome for complicated grief. International Journal of Group Psychotherapy 52: 511–535.

Strauß B, Schauenburg H (2018) (Hrsg.) Bindung in Psychologie und Medizin. Stuttgart: Kohlhammer.

Yalom ID, Leszcz M (2020) The theory and practice of group psychotherapy 6. Aufl. New York: Wiley.

6 Gruppenleitung und Merkmale der Gruppenleiter

»Don't think twice, it's alright«
(Bob Dylan)

> Auch die Merkmale der Gruppenleiter und deren Leiterverhalten determinieren maßgeblich das Ergebnis von therapeutischen Gruppen. Dieses Kapitel diskutiert zunächst die Aufgaben eines Gruppenleiters und stellt Konzepte der Gruppenleitung (einschließlich der Vor-und Nachteile von Ko-Therapie) sowie gruppentherapeutische Kompetenzen dar.

Wie in der Psychotherapie generell, wo erst seit kurzem Forschung zur Bedeutung des »Therapeutenfaktors« betrieben wird (Wampold et al. 2018), gibt es auch zur Person des Gruppenleiters noch wenig systematisches Wissen. Die Psychotherapieforschung hat immer deutlicher gezeigt, dass durch die Person des Therapeuten ein nicht unbeträchtlicher Anteil an Varianz von Therapieergebnissen aufgeklärt wird, und dass sich Psychotherapeuten auch innerhalb eines Verfahrens oder einer Methode teilweise drastisch in ihrer Effektivität unterscheiden (Wampold et al. 2018). Dies dürfte in Gruppen ebenso der Fall sein, wenngleich davon auszugehen ist, dass die Beziehungen zwischen den Gruppenmitgliedern auch im Hinblick auf deren Veränderungspotential gleichwertig und gleich bedeutsam sind wie die Beziehung der Mitglieder zum Leiter einer Gruppe (▶ Kap. 4), manchmal vielleicht sogar bedeutsamer, was erklärt, dass es in manchen Bereichen kaum Unterschiede in der Effektivität von geleiteten und »leiterlosen« Gruppen gibt (Burlingame et al. 2004). Andererseits ist der Gruppenleiter naturgemäß auch in einer besonderen Position, ein spezielles Rollenmodell, Identifikationsobjekt und die Projektionsfläche für vielerlei Übertragungen.

6.1 Aufgaben der Gruppenleitung

Unabhängig vom Therapieverfahren, das die gruppentherapeutische Arbeit determiniert, gehört zur gruppentherapeutischen Kompetenz die Erfüllung der basalen Aufgabe eines Leiters, die nach Yalom (1970) darin besteht, der Gruppe bei der Entwicklung und Aufrechterhaltung eines therapeutischen Milieus zu assistieren, in dem eine positive Interaktion möglich wird und somit auch die Förderung von anhaltenden Veränderungen von Verhaltensweisen, Überzeugungen etc. Allerdings ist Gruppenleitung »nichts für Zartbesaitete, sie erfordert Mut und Offenheit für Verletzbarkeit und Angriffe« (Shapiro und Gans 2008).

Eine sehr praxisrelevante Konzeption der zentralen Funktionen eines Gruppenleiters stammt von Lieberman et al. (1973). Sie differenzierten ursprünglich im Zusammenhang mit Encountergruppen:

- *Exekutive Funktionen*: Wahrung der Grenzen und Regeln, Strukturierung, Steuerung ...
- *Fürsorge:* Unterstützung, Ermutigung, Zuspruch, Schaffung eines positiven Klimas ...
- *Emotionale Stimulation:* Förderung von Emotionsausdruck, Selbstoffenbarungen, Modellfunktion ...
- *Bedeutungszuweisung:* Anbieten von Konzepten für das Verständnis des Erlebten und Erklärung von emotionalem Erleben und Verhalten ...

Darüber hinaus gibt es die nachfolgend dargestellten Modelle und Definition grundlegender Aufgaben von Gruppenleitern (unabhängig von der Therapietheorie):

Beitrag zur Normenbildung (Grenzen der Gruppe, Erwartungen, Verhaltensregeln, Werte) und *Bewahrung der Normen* (wenn diese z. B. durch einzelne Gruppenmitglieder herausgefordert werden). Rutan et al. (2020b) verweisen auf verschiedene, dem Gruppenprozess inhärente Dialektiken, nämlich regressive vs. progressive Faktoren, therapeutische und antitherapeutische Prozesse, fördernde und hemmende Entwicklungen und Arbeit vs. Widerstand. Abweichungen von der intendierten Richtung können ganz unterschiedliche Bedeutungen haben (Wunsch nach Erholung, verdeckte Konflikte, Vermeidung von Auseinandersetzung), die der Leiter herausfinden sollte.

Sicherung des Rahmens (allen voran des zeitlichen Rahmens bzw. der Situationen, die diesen zu sprengen drohen). Überschreitungen zeitlicher Grenzen sollten nicht nur als Regelverstoß hinterfragt werden, sondern auch im Hinblick auf deren Bedeutung (z. B. Widerstand, Probleme mit Kontrolle, Wunsch nach Regulation etc.). Zum Rahmen gehören neben Zeit, Raum, Gruppenregeln und Zielsetzung der Gruppe auch innere Grenzen.

Sicherheit herstellen und aufrechterhalten (über eine empathische Grundhaltung, Neugierde, Motivation der Mitglieder). Verhinderung von bzw. unmittelbare Reaktion auf schädigende Verhaltensweisen und ggf. deren Sanktionierung (z. B. Angriffe, Entwertungen, Beleidigungen) und Anerkennung der Ängste und Befürchtungen *aller* Beteiligter (inkl. des Leiters) gehören hierzu, denn nur von einer sicheren Basis aus ist eine ggf. auch riskante Exploration möglich (▶ Kap. 5.2.1).

Förderung einer therapeutischen Kultur und der Teilnahme am Gruppengeschehen (insbesondere durch die Vermittlung von Sicherheit). Rutan et al. (2020b) weisen in diesem Zusammenhang auf die immense Bedeutung der ersten Sitzung(en) und das hier entstehende Gefühl unter den Gruppenmitgliedern, an einem sicheren Ort zu sein. Dazu sollte die Vorbereitung beitragen (▶ Kap. 3) sowie die räumliche Atmosphäre (ein Raum, der in einen *reflexiven Raum* verwandelt werden kann, Counselman 2017).

Es ist immer wieder wichtig für Gruppenleiter, sich in die Lage der Mitglieder (nicht nur) zu Beginn der Gruppentherapie zu versetzen:

> Die wenigsten werden Vorerfahrungen mit Gruppentherapien haben, alle haben vermutlich sehr vielfältige, oft negative Erfahrungen mit Gruppen. Sowohl der Ablauf einer Sitzung wie auch die anderen Personen, die sich in der Gruppe zusammenfinden, sind unbekannt. All diese Aspekte und die allgemeine Unvorhersagbarkeit des Geschehens lösen Ängste aus, die von Anfang an ihren Raum haben und nicht übergangen oder verleugnet werden sollten. Hier ist wichtig, dass sich Gruppenleiter zu Beginn einer Gruppe vergegenwärtigen, dass sie die ganze Aufmerksamkeit der Mitglieder haben werden, die im Bion'schen Sinne (▶ Kap. 2) vermutlich zunächst abhängig sind. Entsprechend wird empfohlen, zu Beginn neben den Zielen der Gruppe die strukturellen und Rahmenbedingungen und die Aufforderung, sich zu engagieren, (noch einmal) ausführlich zu thematisieren.

Förderung der therapeutischen Allianz und der Zusammenarbeit: In Anlehnung an Bordins (1979) Konzeption der Working Alliance, die in der Einzelpsychotherapie als sehr bedeutsam erachtet wird, kann man auch in Gruppen davon ausgehen, dass eine Übereinstimmung im Hinblick auf die Ziele (goals), die Strategien, sie zu erreichen (tasks), und das Entstehen einer emotionalen Bindung (bonds) von zentraler Bedeutung in Gruppen sind. Die Beziehungsstrukturen in Gruppen sind komplexer als die in der Einzeltherapie (▶ Bormann et al. 2018; ▶ Kap. 4). Neben der Beziehung einzelner Mitglieder zum Leiter kommen die komplexen Beziehungen der Mitglieder untereinander und zur Gruppe insgesamt hinzu.

Die Allianz mit dem Leiter hat dennoch eine zentrale Bedeutung und determiniert offenbar auch die Qualität der Beziehungen zu anderen Personen in der Gruppe und die Gruppenkohäsion (Whittingham 2015). Der Aufbau einer positiven Allianz beginnt vom ersten Kontakt mit jedem Mitglied an und wird sicher maßgeblich durch die Haltung und die Präsenz des Leiters in den ersten Sitzungen determiniert (Schneider 2015). Leszcz (2017) beschreibt einige spezifische Verhaltensweisen (z. B. Zuwendung zu allen Mitgliedern, Anerkennung des Erreichten etc.), die – sofern authentisch und empathisch vermittelt – vermutlich allianzfördernd sind.

Die in der allgemeinen Psychotherapieforschung mittlerweile gut untersuchte Konzeption von unvermeidlichen Brüchen der therapeutischen Beziehung und deren »Reparatur« (rupture and repair, Muran 2019) hat mittlerweile auch Eingang in die Gruppenliteratur gefunden (Lo Coco et al. 2019; ▶ Kap. 4). Entsprechend sollten sich Gruppenleiter mit diesem Konzept und Strategien von »Repair« bei Beziehungsbrüchen befassen.

Die Förderung der Beziehung unter den Mitgliedern kann ein Leiter ebenso beeinflussen, z. B. durch Ermutigungen, sich auszutauschen und die beschriebenen Wirkfaktoren der Universalität des Leidens, Vermittlung von Hoffnung, Altruismus, Akzeptanz und die Möglichkeit, in der Gruppe frühere (inkl. familiäre) Beziehungserfahrungen zu rekapitulieren (▶ Kap. 4). Angesichts der Tatsache, dass sich in engagierten Gruppen ein breites Spektrum an positiven und negativen Gefühlen entfalten wird, muss ein Leiter sehr sorgsam mit den Reaktionen einzelner Mitglieder umgehen und destruktive Entwicklungen verhindern oder korrigieren.

Schließlich gilt es im Hinblick auf eine positive Zusammenarbeit auch »die Gruppe« und die Kohäsion gezielt zu fördern und aufrechtzuerhalten. Auch wenn es in der Literatur durchaus kontroverse Diskussionen eines Konzeptes der »Gruppe als Ganzes« gibt (Burlingame et al. 2008), ist davon auszugehen, dass Mitglieder früher oder später die Gruppe als eigenständige Entität erleben und somit ein Wir-Gefühl entwickeln, das in der gruppendynamischen Literatur unter dem Begriff der »Groupness« subsummiert wird.

In einer Übersicht differenzierten Moran et al. (2004) effektive Leiterinterventionen knapp in solche, die dem *Schutz der Gruppenmitglieder und der Sicherheit der Gruppe* dienen (protecting, blocking, supporting) und solche, die der *»Energetisierung und Involvierung der Gruppenmitglieder«* dienen (drawing out, modelling, linking, processing, interpreting, self-disclosing, feedback).

Foulkes (1946) führte den Begriff des »Dirigenten« in die Gruppenliteratur ein, der auch nachfolgend metaphorisch benutzt wurde, um die

Kernaufgabe einer Gruppenleitung = »Orchesterleitung« treffend zu beschreiben: Die Musik machen die Mitglieder! (Ormont 1992).

In der Sozial- und Gruppenpsychologie zum Leiterverhalten wird zwischen aufgabenbezogenem und interpersonalem Leiterverhalten (task vs. relationship focus) unterschieden (in der Organisationspsychologie entsprechend Sachaufgabenorientierung vs. Mitarbeiterorientierung), wobei angenommen wird, dass es für jeden Fokus spezifische Merkmale auf Seiten des Leiters gibt[5].

Haslam et al. (2011) machen deutlich, dass Studien zum Leitungsverhalten früher davon ausgingen, dass verschiedene unabhängige (positiv konnotierte) Faktoren (z. B. Fairness, Vertrauenswürdigkeit) ein Leiterverhalten beeinflussen, das geeignet ist, andere sozial zu beeinflussen. Eine »neue Leitungspsychologie« dagegen baut auf einer »geteilten Mitgliedschaft in der Gruppe« und Glaubwürdigkeit gegenüber der Gruppe sowie der Fähigkeit, andere in eine Gruppe zu integrieren, die dann zusammengenommen sozialen Einfluss ermöglichen (Platow et al. 2020). Diese Attribute ähneln Platow et al. zufolge den Attributen, die eine gute therapeutische Arbeitsbeziehung ausmachen, einschließlich der Berücksichtigung der spezifischen Gruppenkultur.

Forsyth (2014) betont ebenfalls interaktionelle Modelle in modernen Leitertheorien und fasst zusammen, dass bestimmte persönliche Qualitäten (z. B. die Persönlichkeitsmerkmale Extraversion, Gewissenhaftigkeit und Offenheit für Erfahrung, [emotionale] Intelligenz, Expertise, aber auch das Ausmaß an Beteiligung am Gruppendiskurs) mit einer Wertschätzung der Leiterposition einhergehen. Bei der Auswahl von Leitern in nicht-therapeutischen Gruppen gibt es einen Bias gegenüber Frauen, der auf der Basis der Forschungsliteratur völlig unberechtigt ist, da Frauen eigentlich häufiger Eigenschaften besitzen, die sie für eine Gruppenleitung prädestinieren (z. B. einen mehr partizipativen Füh-

---

5 In der Gruppenpsychotherapie wird davon ausgegangen, dass zwar formal der Therapeut als Gruppenleiter definiert ist, dass aber im Prozessverlauf andere Mitglieder gewollt oder ungewollt spezifische Leitungsrollen übernehmen. Brabender et al. (2004) unterscheiden den aufgabenbezogenen Leiter, den emotionalen Leiter, den Sündenbockleiter (der die Individualität in der Gruppe verteidigt) und den aufsässigen Leiter. Die Autoren sehen in den Rollen »Ressourcen« für den (tatsächlichen) Gruppenleiter.

rungsstil). Es gibt eine Reihe sozialpsychologischer Theorien zu der Frage, welche Personen sich eher zu Leitern entwickeln (wenn sie z. B. den Erwartungen der Mitglieder entsprechen, wenn sie mit den prototypischen Merkmalen der Mitglieder, jedoch auch mit Stereotypen übereinstimmen, wenn sie vermögen, das oftmals krisenbedingte Bedürfnis nach Leitung zu erkennen und wenn sie sich auf den Prozess besser einstellen können).

6.2 Leiterstile

Es gibt – speziell in Folge Kurt Lewins – eine lange Tradition sozialpsychologischer Theorien und Studien zum konkreten *Leiterstil* bzw. *-verhalten*. Üblicherweise werden dieser Tradition zufolge vier spezifische Leiterstile differenziert, nämlich

Autokratisch: Leiter bestimmt Aktivitäten, Normen, Sanktionen: geringe Zufriedenheit und hohes Aggressionspotential unter den Gruppenmitgliedern; unter Zeitdruck hohe Effektivität
Laissez-faire: Leiter greift selten ein; wenig Kontrolle der Individualergebnisse: nur anfangs hohe Zufriedenheit; eher geringe Effektivität
Demokratisch: Meinung aller Gruppenmitglieder werden berücksichtigt; Leiter unterstützt gemeinschaftliche Meinungsfindung: eher hohe Zufriedenheit und Effektivität
Goal Attainment: Leiter handelt mit Gruppenmitgliedern individuelle Ziele aus. Gruppenmitglieder verfolgen selbständig Zielerreichung: hohe Zufriedenheit und Effektivität bei selbständigen, »kompetenten« Gruppenmitgliedern

In der sozialpsychologischen Leiterforschung zeigte sich, dass in (nichttherapeutischen) Gruppen jeder Stil unter bestimmten Umständen unterschiedlich effektiv ist und unterschiedliche Zufriedenheit auslöst. In der – wie erwähnt – bisher spärlichen Forschung zur Leitung therapeutischer Gruppen war das Leiterverhalten gelegentlich Gegenstand empirischer Prüfung. In den vorliegenden Übersichten (Dies 1983, 1994; Burlingame et al. 2004) zeigt sich hierzu, dass die Ergebnisse (fast erwartungsgemäß) uneindeutig sind. Es gibt in den Übersichten von Dies (1983, 1994) beispielsweise Aussagen, wonach sowohl ein eher dem Laissez-Faire entsprechender Leiterstil zu negativen Erfahrungen und schlechteren Therapieergebnissen führte als auch ein dominierender, direktiver Leiterstil.

In folgendem Textkasten sind einige Schlussfolgerungen aus der wohl jüngsten Übersicht über Studien zum Gruppenleiter(verhalten) zusammengefasst (vgl. Burlingame et al. 2004). Hier zeigt sich, dass präsente, emotional zugewandte, jedoch insgesamt eher aktive und strukturierende Leiter positiver erlebt werden und offenbar auch günstigere Ergebnisse »produzieren«. Dies wurde bereits in einer der prototypischen Studien von Lieberman, Yalom und Miles (1973) gezeigt, wo Gruppenleiter dann erfolgreich waren, wenn sie zieltransparent waren, klar und konstruktiv in ihren Rückmeldungen und keinen Druck auf die Gruppe ausübten, sondern sich stützend und förderlich verhielten.

Bei den Schlussfolgerungen ist allerdings zu bedenken ist, dass die Zahl der zugrundeliegenden Studien sehr gering ist. Dennoch lässt sich hieraus indirekt lesen: Gruppenleitung sollte letztlich flexibel sein, nicht nur abhängig von der Therapietheorie und der Theorie des Therapeuten, sondern eingestellt auf die Patientencharakteristika, die aktuellen Prozesse in der Gruppe und die strukturellen Vorgaben, also den Rahmen.

Ausgewählte Schlussfolgerungen aus der Übersicht von Burlingame, Gleave und Krogel (2003) zu Forschungsergebnissen bezüglich der Person des Gruppenleiters (stichproben- und methoden-/verfahrensübergreifend!)

- Echtheit, Empathie und Wärme sind mit positivem Prozess und Ergebnis verbunden

- Beziehungsfokussierung ist weniger bedeutsam bei schwerer gestörten Patienten (speziell psychotischen Patienten), zuviel emotionale Involviertheit ungünstig
- Ausgeprägte Konfrontationen führen zu Unzufriedenheit und teilweise Verschlechterung
- Moderate Konfrontationen sind vor dem Hintergrund einer guten Arbeitsbeziehung förderlich
- Die destruktivsten Therapeuten sind extrem distanziert, technisch rigide (und gelegentlich unethisch in ihrem Verhalten)
- Für die meisten Mitglieder scheinen strukturierte Gruppen besser als unstrukturierte
- Kombination von Beziehungsfokussierung und technischen Interventionen scheinen am günstigsten
- Aktive Therapeuten werden meistens positiver erlebt und produzieren weniger Spannung (die wiederum ungünstige Ergebnisse erbringen kann)
- Feedback wirkt günstiger, wenn es deskriptiv, positiv und konkret ist (im Gegensatz zu emotional und negativ)
- Therapeuten, die dem Gruppengeschehen eine Bedeutung zuweisen, erzielen bessere Ergebnisse
- Viele Mitglieder präferieren Feedback durch andere Mitglieder gegenüber Therapeutenfeedback
- Ein durchweg dominanter und kontrollierender Stil ist mit schlechterem Ergebnis verbunden
- Verstärkung und Vorbildfunktionen sind günstige Interventionen
- Selbstöffnung des Leiters kann zwar die Offenheit der anderen fördern, wird aber von den Mitgliedern subjektiv oft als wenig hilfreich erlebt

Es liegt nahe, dass im Kontext der Faktoren Gruppendynamik und Gruppenleiter im klinischen Feld Theorien und Ergebnisse aus der Sozial-, aber auch aus der Arbeits-, Betriebs- und Organisationspsychologie entlehnt werden. In der Organisationspsychologie wird ein flexibles Modell von »Führung« diskutiert, das bereits in den späten 1960er Jahren von Hersey und Blanchard (1969) für den Bereich der Unternehmens- und Mitarbeiterführung beschrieben wurde. Dieses Modell der »situational leadership« (SL) geht davon aus, dass je nach Kompetenz und Engagement eines Mitarbeiters in einem Team/Betrieb etc. ein unterschiedlicher Führungsstil erforderlich ist.

Das Modell zeigt, dass – zunächst bezogen auf einzelne Gruppen-/Teammitglieder – dann ein Verantwortung delegierender (Laissez-faire-) Stil möglich ist, wenn sowohl Kompetenz als auch Engagement ausgeprägt sind. Ist die Kompetenz mittelmäßig bis hoch, das Engagement variabel, ist ein eher supportiver Leiterstil angebracht. Ist sowohl die Kompetenz als auch das Engagement niedrig, sprechen die Autoren des Modells von »Coaching« als dem angebrachten Stil – in dem Sinne, dass es dann erst einmal darum gehe herauszufinden, was die Person will und kann. Dies entspricht wahrscheinlich am ehesten dem Goal Attainment in der Sprache der Leitungsstile in Gruppen. Ist zwar das Engagement hoch, die Kompetenz jedoch gering, erfordert dies nach dem SL-Modell eher dirigierendes, führendes – oder im Lewinschen Sinne – autokratisches Leiterverhalten (▶ Tab. 6.1).

Tab. 6.1: Situational-Leadership-Modell: Die obere Tabellenhälfte zeigt das ursprüngliche Modell situativen Führungsverhaltens nach Hersey und Blanchard (1969), darunter eine Einordnung der »klassischen Führungsstile in das Modell (nach Strauß 2018c, S. 185, Nachdruck mit Genehmigung von Springer © 2018)

	gering direktiv	sehr direktiv
sehr supportiv	Unterstützung mittlere/hohe Kompetenz variables Engagement	Coaching geringe Kompetenz geringes Engagement
gering supportiv	Delegation hohe Kompetenz hohes Engagement	Dirigieren geringe Kompetenz hohes Engagement
sehr supportiv	Demokratisch mittlere/hohe Kompetenz variables Engagement	Goal Attainment geringe Kompetenz hohes Engagement
gering supportiv	Laissez-faire Kompetenz hohes Engagement	Autokratisch geringe Kompetenz hohes Engagement

Die verschiedenen Stile lassen sich in Bezug auf ein ganzes Team oder eine Gruppe analog durchdeklinieren. Es ist erstaunlich, dass das Modell bislang so wenig auf die Gruppentherapie übertragen wurde, lassen sich so doch verschiedene therapeutische Ansätze zumindest prototypisch auch einzelnen Feldern zuordnen, wenngleich diese weniger durch die Eigenschaften der Gruppenmitglieder, als vielmehr durch therapietechnische Überlegungen determiniert wären, z. B. durch das Prinzip der Minimalstrukturierung in der psychodynamischen Therapie oder das Prinzip der verstehenden Unterstützung in der Gesprächstherapie. Gemäß der oben erwähnten Charakterisierung des Leiterverhaltens in VT-Gruppen wären, je nach Konzept, die beiden rechten Felder eher typisch für diesen Gruppenansatz, während ein relativ wenig supportives, aber sehr direktives Vorgehen vielleicht am ehesten manchen psychoedukativen Gruppen entspräche (vgl. Strauß 2018c).

Ebenso wie sich das SL-Modell auf unterschiedliche Patienten- und Gruppencharakteristika anwenden lässt, dürfte es geeignet sein, um Leiterstrategien in Abhängigkeit von Gruppenentwicklungsphasen zu bestimmen. So ist es wahrscheinlich zu Beginn einer Gruppe am ehesten nötig, noch direktiver zu sein und die Kompetenz der Gruppe damit zu fördern. In Krisen wird es immer wieder notwendig sein, »neu zu verhandeln«, die Gruppe zu »coachen«. Wie die Empirie belegt, ist eine supportive Haltung sinnvoll, um Einzelne und Gruppen »arbeitsfähig« zu machen, die Kohäsion bzw. Groupness (oder Entitativität, ▶ Kap. 4) zu fördern. Wenn dies gelingt, kann die Gruppe aus der Leiterperspektive »losgelassen« werden, was aber – insbesondere bei schwerer beeinträchtigten Patienten – sicher eher ein hehres und selten erreichbares Ziel sein dürfte.

Das SL-Modell ist im Kontext der Gruppenpsychotherapie noch nicht überprüft (wenngleich es Ähnlichkeit zu dem Konzept einer prozessorientierten Leitung aufweist), scheint aber durch seine Flexibilität und den damit verbundenen Anspruch, unabhängig von der therapeutischen Ausrichtung »situational« auf die Gruppe zu reagieren, ein sinnvolles Modell für die Gruppenleitungskompetenz zu bieten.

6.2.1 Exkurs: Ko- oder »Solo«-therapie?

In therapeutischen Gruppen ist es nicht selten, dass zwei *Ko-Therapeuten* die Leitung übernehmen. In der klinischen Realität handelt es sich bei den leitenden Personen jedoch oft nicht um Kotherapeuten im eigentlichen Sinne, d. h. zwei Personen, die bezüglich ihres Hintergrunds und ihrer Ausbildung auf einer Stufe stehen. Verbreitet ist die gemeinsame Leitung durch eine erfahrenere und eine unerfahrene, meist lernende Person, die sich gewissermaßen an einem Rollenmodell orientieren kann. In diesem Fall sollte man also nicht von echter Kotherapie sprechen (Roller und Nelson 1993), auch wenn einige ihrer Vorteile auch so nutzbar werden (s. u.).

Die Frage, ob eine Gruppe alleine oder zu zweit geleitet wird, sollte sorgfältig abgewogen werden. Vorteile einer »Solotherapie« beziehen sich auf den Aspekt der Klarheit (bezüglich der Verantwortung, bezüglich der Manifestation der Reaktionen der Mitglieder gegenüber dem Leiter und umgekehrt). Der Solotherapeut kann einfacher das »Format« der Gruppe festlegen, hat alleine mehr Freiheiten, seine Beziehung zur Gruppe zu gestalten und somit effizienter sein. Demgegenüber bietet eine Kotherapie die Möglichkeit, mehrere Perspektiven einzunehmen, bei den Mitgliedern vielfältigere Reaktionen hervorzurufen und mehr Möglichkeiten des Feedbacks und anderer Interventionen. Im Falle von Krankheit/Urlaub kann die Gruppe kontinuierlich fortgeführt werden. Die Verantwortung für die Aufnahme von (neuen) Mitgliedern in die Gruppe wird geteilt. Da zwei Personen anwesend sind, fällt es Gruppenmitgliedern oft leichter, einem Leiter gegenüber Ärger zum Ausdruck zu bringen.

Fallbeispiel:

In der Supervision berichtet eine PiA, sie sei verpflichtet, in einer psychotherapeutischen Klinik die »interaktionelle« Gruppe zu leiten. Eigentlich habe man ihr gesagt, dass sie diese Gruppe mit der Oberärztin gemeinsam leiten solle, diese sei jedoch nur sporadisch anwesend und wenn, dann würde sie sich sehr aktiv um die Leitung kümmern und der PiA ins Wort fallen.

Dies ist ein gutes (und vermutlich nicht ganz seltenes) Beispiel für ein missverstandenes Kotherapiekonzept. Die Festlegung von Koleitung ist Teil der Gruppenstruktur und sollte deshalb verlässlich und konstant realisiert werden. Unter den Ko-Leitern sollte die Gruppe nicht dafür missbraucht werden, Dominanz- oder Positionskonflikte auszutragen, die – insbesondere wenn sie nicht kommuniziert und prozessiert werden – für die Gruppe eher negativ und abschreckend sein dürften.

Beide Ansätze bergen neben den Vorteilen auch Gefahren und Risiken. »Solotherapeuten« sollten sich bewusst darüber sein, dass sie die Komplexität einer Gruppe in der Regel nicht komplett erfassen können, manchmal die Reaktionen einzelner Mitglieder schwer verstehen können und deshalb regelmäßig, auch wenn sie erfahren sind, Super- und Intervision nutzen. Angesichts der alleinigen Verantwortung für die Sicherheit der Gruppe sollte am besten ein Notfallszenario für eine unvorhergesehene Abwesenheit geschaffen werden. Risiken der Kotherapie (s. die obige Vignette), liegen auf der Hand: Unausgesprochene Konflikte (nicht nur Rivalität um die Gunst der Mitglieder und a priori bestehende Antipathien) können auf dem Rücken der Gruppe ausgetragen werden. Dies zu verhindern bedarf einer guten Abstimmung zwischen den Therapeuten bezüglich des Verständnisses einer Gruppentherapie, ihrer Ziele und Vorgehensweise.

Optimalerweise sollten sich die Kotherapeuten soweit kennen, dass sie ihre jeweiligen Reaktionen antizipieren können. In jedem Fall sollten sie sich vor und nach einer Sitzung Zeit für einen gemeinsamen Austausch reservieren, was im klinischen Alltag leider oftmals schwer realisierbar ist.

6.3 Gruppenpsychotherapeutische Kompetenz

Es gibt in jüngster Zeit viele Diskussion über die notwenigen Grundkompetenzen von psychotherapeutisch Tätigen (Rief, Schramm und Strauß 2021). Im Kontext von Gruppen herrscht heute wahrscheinlich Einigkeit darüber, dass auch ein Gruppenleiter über eine ganze Reihe von Grundkompetenzen verfügen sollte, die über die menschliche, fachliche und psychotherapeutische Kompetenz hinausgehen. Tschuschke (2010) differenzierte entsprechend folgende Kompetenzen eines Gruppenleiters:

1. Menschliche Kompetenz
2. Psychotherapeutische Fachkompetenz
3. Gruppenpsychotherapeutische Kompetenz
4. Gruppendynamische Kompetenz und
5. Leitungskompetenz

Es versteht sich, dass Kompetenz nicht nur im Wissen und in speziellen Kenntnissen, sondern auch in deren praktischer Umsetzbarkeit besteht. Die in den oben genannten Punkten 3–5 aufgeführten Kompetenzen sind die für die Gruppenleitung besonders wichtigen. Diese bauen auf ein psychotherapietheoretisches Wissen und praktische Erfahrungen auf, die wahrscheinlich zusammengenommen das konstituieren, was an anderer Stelle als die »Theorie des Therapeuten« (Eckert und Biermann-Ratjen 1990) bezeichnet wurde, also das Menschenbild, die Konzepte und Haltungen des Therapeuten und sein Grundwissen über die Anwendung verfahrensspezifischer sowie -übergreifender Interventionen.

Gruppenpsychotherapeutische Kompetenz ist in der Regel etwas, was in der herkömmlichen Psychotherapieaus- bzw. weiterbildung kaum vermittelt wird. Sie bezieht sich auf zweierlei, nämlich einmal die verfahrensspezifischen Interventionstechniken, die eine Anwendung eines Psychotherapieverfahrens in der Gruppe kennzeichnen sowie, damit verbunden, auch eine *gruppenpsychotherapeutische Grundhaltung*, die sicher partiell auch von dem angewandten Verfahren abzuleiten ist, jedoch auch darüber hinausgeht.

Schultz-Venrath (2018) beispielsweise sprach im Kontext der Foulkes'schen Gruppenanalyse davon, dass dem »Gruppenleiter [...] die Funktion eines ›group conductors‹ zu[kommt]. Deshalb ist die Gruppenleiterin oder der Gruppenleiter in diesem Konzept in das unbewusste Beziehungsgeflecht der Gruppe, in die Matrix, eingebunden und eher ein ›Spielertrainer‹ als ein Kapitän, der alles steuert« (S. 122).

Im Kontext der verhaltenstherapeutischen Gruppentherapie spricht Kämmerer (2018) davon, dass die *Rolle des Therapeuten* eine aktive, den Prozess gestaltende sei. »Je nach durchgeführtem Programm hat die Person des Therapeuten eine stützende, moderierende, anleitende, Informationen vermittelnde Position« (S. 150/151).

Für die gesprächspsychotherapeutische Gruppe nennen Eckert und Biermann-Ratjen (2018) als »Aufgabe des Gruppentherapeuten, den Gruppenmitgliedern zu ermöglichen, sich gegenseitig die Bedingungen für persönliche Entwicklung zu bieten, einander bedingungsfrei mit positiver empathischer Beachtung zu begegnen und dabei kongruent zu sein. Wenn das gelinge, habe die Gruppe eine besondere therapeutische Kraft« (S. 178).

Letzteres geht wahrscheinlich bereits nahtlos über in das, was in der obigen Zusammenstellung als gruppendynamische Kompetenz bezeichnet wird.

Gruppendynamische Kompetenz und gruppentherapeutische Kompetenz beziehen sich zusammengenommen auf die spezifischen Eigenheiten von therapeutischen Gruppen und Gruppen im Allgemeinen. Eine ganze Reihe von spezifischen Kompetenzen sind ausführlich in den Praxisleitlinien für Gruppenpsychotherapeuten der American Group Psychotherapy Associaton (AGPA) von Leszcz und Kobos (2018) zusammengefasst, also beispielsweise die Beachtung therapeutischer Faktoren, der Gruppenentwicklung und Merkmale des Gruppenprozesses, gruppenspezifische Interventionen und ein adäquater Umgang mit dem Abschied und Ende einer Gruppe.

Basale Aufgaben des Leiters sind auch in der Leitungskompetenz gebündelt (die sicher eng verwoben mit der gruppentherapeutischen und -dynamischen Kompetenz gesehen werden muss). Dazu gehören die adäquate Zusammenstellung der Gruppe, die Auswahl der Patienten, Vorbereitung und Aufklärung, die Schaffung und Wahrung eines Rahmens.

Wie in ▶ Kap. 1 erwähnt, wurde von Seiten der American Psychological Association (APA) 2019 eine neue Ausbildungsspezialisierung (Gruppenpsychotherapie/Gruppenpsychologie) anerkannt. Diese Anerkennung wurde maßgeblich vorbereitet von S. Barlow, die in ihrem Buch zu diesem Thema (Specialty Competencies in Group Psychology) bezüglich *grundlegender Kompetenzen von Gruppenpsychotherapeuten* unterscheidet:

Funktionelle Kompetenzen

- Auswahlkompetenz, Kompetenz in der Konzeption von Gruppen (und der Fallkonzeption einzelner Mitglieder), Fähigkeit zur Beeinflussung von Kohäsion und zum Umgang mit interpersonalen Beziehungen und Bindung, therapeutischen Faktoren und Gruppenleitungstechniken
- Kenntnis von strukturierten und unstrukturierten Gruppen in verschiedenen Settings, Erfahrung mit Supervision im Gruppenkontext und Fähigkeit, andere anzuleiten und zu motivieren

Grundlegende Kompetenzen:

- Kenntnis ethischer und rechtlicher Grundlagen in der Gruppenpraxis
- Fähigkeit zum Umgang mit Diversität in Gruppen und Professionalität

Nach Brabender et al. (2004) und Sipos und Schweiger (2018) lassen sich die folgenden Aspekte als *spezifische Basisfertigkeiten von Gruppentherapeuten* differenzieren, die allgemeine psychotherapeutische Kompetenzen ergänzen und derer man sich gewiss sein sollte, wenn man sich entscheidet gruppenpychotherapeutisch zu arbeiten:

- Überzeugung, dass die Gruppentherapie hilfreich und angemessen ist
- Erfolgserlebnisse schaffen

- Positive Erfahrungen der Patienten in die Gruppe einbringen
- Keine Scheu vor Wiederholungen
- Hoffnung (bei erfolglosen Patienten) nicht aufgeben
- Integration von Außenseitern über direkte Zuwendung
• Fähigkeit zur Selbstbeobachtung in der Gruppe
• Freundlichkeit angesichts von feindseligem Verhalten und Fähigkeit, mit destruktivem Verhalten umzugehen
• Kenntnis interpersonaler Validierungsstrategien
• Fähigkeit, verschiedene Interaktionsebenen bewusst zu beachten (Therapeut × Gruppe, Therapeut × Patient, Patient × Mitpatient, Patient × Mitpatient × Gruppe, Therapeut × Patient × Gruppe)
• Fähigkeit, mit Angst und Scham umzugehen
• Auswahlkompetenz
• Umgang mit Werten und Zielen
• Umgang mit Patienten mit Persönlichkeitsstörungen in der Gruppe

Als eine weitere Fertigkeit nennen Sipos und Schweiger (2018): »making lemonade out of lemons«. Diese Metapher (die ursprünglich aus dem frühen 20. Jahrhundert stammt) beschreibt sehr gut, welches Potential eine Gruppe haben kann und wie aus den Beiträgen Einzelner etwas Gemeinsames und »Schmackhaftes« entstehen kann.

Zusammengefasst wird hier die Auffassung vertreten, dass die Kompetenz, eine psychotherapeutische Gruppe zu leiten, auf psychotherapeutische Kompetenzen im Kontext von Methoden und Verfahren aufbaut, die in der Regel primär bezogen auf Einzelbehandlungen vermittelt werden und naturgemäß eine »psychologische« Grundkompetenz erfordern (vgl. Rief, Schramm und Strauß 2021). Darauf aufbauend lassen sich die psychotherapeutischen Kompetenzen und Strategien auf die Gruppe erweitern (gruppentherapeutische Kompetenz und Haltung), wie dies historisch eigentlich im Hinblick auf alle Gruppenverfahren nachvollziehbar ist (▶ Kap. 2). Neben der gruppenpsychotherapeutischen Kompetenz erfordert die Durchführung von Gruppen eine möglichst ausgeprägte gruppendynamische Kompetenz, die es ermöglicht, mit den spezifischen Eigenheiten von Gruppen zu arbeiten und diese zu verstehen. Davon hängt ab, welches Leiterverhalten bzw. welche Leitungsstrategien praktiziert werden, wobei hier sehr naheliegt, nicht rigide an therapeutischen Konzepten und theoretischen Vorgaben zu hängen, sondern flexibel (»situational«) auf die Anforderungen des Rahmens, die Therapieziele, die Merkmale der Gruppenmitglieder und des Gruppenprozesses zu reagieren.

> **Weiterführende Literatur**
>
> Barlow SH (2013) Specialty competence in group psychology. New York: Oxford University Press.
> Forsyth DR (2014) Leadership. In: Forsyth DR. Group Dynamics. 5. Aufl. Belmont: Wadsworth.
> Roller B, Nelson V (1993) Cotherapy. In Kaplan HI, Sadock BJ (Hrsg.) Comprehensive group psychotherapy. Baltimore: Williams und Wilkins.
> Haslam A, Reicher SD, Platow MJ (2011) The new psychology of leadership: Identity, influence and power. New York: Psychology Press.
> Sipos V, Schweiger U (2018) Gruppentherapie. Ein Handbuch für die ambulante und stationäre verhaltenstherapeutische Praxis. 2. Aufl. Stuttgart: Kohlhammer.
> Stahl E, Schulz von Thun F (2017) Dynamik in Gruppen – Handbuch der Gruppenleitung. Weinheim: Beltz.

7 Gruppentherapieforschung und Qualitätssicherung

»Well, my head's full of questions
my temp'rature's risin' fast«
(Bob Dylan, Mixed up confusion)

> Ausgehend von grundlegenden Überlegungen zum Verhältnis von Forschung und Praxis in der Psychotherapie gibt das Kapitel zunächst einen Überblick über die Forschung zur Wirksamkeit von Gruppentherapien und diesbezüglich bestehende – verfahrensabhängige – Defizite. Nach einer Diskussion möglicher »Nebenwirkungen« folgt eine kurze Darstellung aktueller Forschung zum Feedback und zu relevanten Prozessmerkmalen psychotherapeutischer Gruppen. Schließlich stellt das Kapitel einige Instrumente vor, die zur Qualitätssicherung in Gruppen entwickelt wurden.

7.1 Das Verhältnis von Forschung und Praxis – Ein Grundproblem

Das Verhältnis zwischen klinischer Praxis und empirischer Psychotherapieforschung ist schwierig, angespannt und oft auch kontrovers, was u. a. auch daran liegt, dass Forscher und Praktiker scheinbar unterschiedliche Sprachen sprechen (Goldfried 2000).

Die Debatte über den »Gap« zwischen Forschung und Praxis ist intensiv geführt worden (z. B. Talley et al. 1994) und betrifft auch die

Gruppenpsychotherapie, insbesondere die Gruppenpsychotherapie psychoanalytischer Provenienz. Weber et al. (2013) führten eine Mitgliederbefragung der Deutschen Gesellschaft für Gruppenanalyse und Gruppenpsychotherapie (D3G) durch und konnten die mangelnde Rezeption der Forschungsergebnisse durch klinisch Tätige belegen, die wiederum ihren eigenen Erfahrungen einen weitaus höheren Stellenwert zuschreiben als Forschungsergebnissen.

Erst kürzlich haben Dalal (2018) und Staats (2018) in einem Diskurs über die Vielfalt der Gruppenanalyse die extremen Haltungen bezüglich empirischer Forschung dargestellt. Dalal (2018) sagt an einer Stelle: »Ich selbst bin wissenschaftlicher Forschung nicht abgeneigt. Jedes Nachfragen ist Forschung. Aber ich bin gegen die korrupte, beschränkte, industrialisierte Forschungskultur, die in der Mainstreampsychologie und -psychiatrie überwiegt, eine Kultur, die andere Arten von Evidenz herabsetzt und zurückweist« (S. 85). Eine derart pauschale Verurteilung empirischer Forschung trifft hart, geht an der Realität vorbei und mutet fast wie eine Verschwörungserzählung an.

Staats (2018) gibt zurecht zu bedenken, dass »praxisorientierte und wissenschaftlich begründete Ansätze in der Gruppenpsychotherapie [...] zu einer besonderen Situation für Gruppenpsychotherapeuten in Deutschland geführt« hätten und (auch deswegen) »Gruppentherapie innerhalb des Gesundheitssystems in besonderer Weise gefördert« würde. Viel des Guten, so Staats, verdankten wir »dem medizinischen Modell der Gruppenpsychotherapie«, das Dalal wiederum mit seiner o. g. Feststellung so sehr kritisiert.

Aus der Sicht eines Klinikers *und* Forschers, die der Autor des vorliegenden Buches einnimmt, ist diese oft feindselige Trennung bedauerlich, da ein Austausch zwischen den beiden Sichtweisen vielleicht die einzige Möglichkeit ist, die Entwicklung der (Gruppen-)Psychotherapie voranzubringen. Marvin Goldfried hat mehrfach darauf hingewiesen, dass psychotherapeutisches Kernwissen eigentlich nur da entstehen kann, wo *sich Praktiker und Forscher verständigen und auf relevante Befunde einigen können*: »Psychotherapy research and clinical practice both focus on the same phenomena, but do so from very different methodological vantage points. To the extent that they arrive at comparable conclusions, the resulting findings are likely to be quite robust. It is here that we should look for our core knowledge« (Goldfried 2000, S. 12).

7.2 Forschungsergebnisse zur Wirksamkeit von Gruppenpsychotherapie

Bezüglich der Wirksamkeit von Gruppen werden die Entwicklungen seit 1971 systematisch und kontinuierlich in *Bergin und Garfield's Handbook of Psychotherapy and Behavior Change* dargestellt. In den Kapiteln der ersten Auflagen des Handbuchs wurden vornehmlich noch naturalistische, unkontrollierte Studien beschrieben, die zumindest beträchtliche Prä-Post-Effekte erbrachten. Es ist bemerkenswert, dass in der 1980 veröffentlichten ersten Metanalyse zur Wirksamkeit von Psychotherapie (»The benefits of psychotherapy«) von Smith, Glass und Wilson immerhin 49% der eingeschlossenen Studien Gruppenstudien waren. In den 1980er und 1990er Jahren wurde über eine wachsende Evidenz für eine Äquivalenz von Einzel- und Gruppensetting sowie Wirkfaktorenstudien berichtet. Studien zum positiven Effekt von Vorbereitung auf Gruppen stammen auch aus dieser Zeit (▶ Kap. 3). Außerdem gab es erste Versuche, die Wirksamkeit von störungsspezifischen Gruppen zu untersuchen (inkl. Patienten mit körperlichen Erkrankungen wie Krebs). Ab ca. 1990 haben sich die Standards für Studienqualität deutlich erhöht, was entsprechend auch zu qualitativ besseren Studien beitrug, gleichzeitig erhöhte sich die Dominanz der Störungsspezifität in den Untersuchungen.

Systematische Zusammenfassungen der hochwertigeren Studien erfolgten zunächst 2004, dann noch einmal 2013 durch Burlingame et al. In den systematischen Reviews wurden mehr als 250 Primärstudien bezogen auf 15 verschiedene Störungsgruppen bzw. Problemfelder (davon ca. 50% kontrollierte Studien) zusammengefasst. Die Studienlage wurde nach differenzierten Kriterien bewertet und unterschieden in Befunde, die auf eine sehr gute bis exzellente Evidenz hinweisen, Befunde, die als vielversprechend bewertet wurden und solche, die im Hinblick auf die Evidenz noch unzureichend erschienen (was nur für i. d. R. sehr heterogene Gruppentherapie mit älteren Menschen und Gruppentherapie mit Tätern und Opfern häuslicher Gewalt zutraf).

In den Übersichten wurden jene klinischen Gruppen berücksichtigt, für die eine ausreichend große Zahl von Studien zur Wirksamkeit vorlagen (mindestens fünf, meist deutlich mehr) und/oder Metaanalysen zur Wirksamkeit. Hervorragende Evidenz wurde konstatiert, wenn neben metaanalytischen Befunden mehrere kontrollierte Studien vorlagen, die auch für die Wirksamkeit von Gruppen im Vergleich mit anderen aktiven Behandlungen sprachen (z. B. psychopharmakologische Behandlung oder Einzeltherapie). In die zweite Kategorie fielen Befunde, die zwar Wirksamkeitshinweise enthielten, deren Basis aber entweder noch zu wenige Studien oder qualitativ eingeschränkte Untersuchungen waren.

▶ Tab. 7.1 zeigt die Schlussfolgerungen bezüglich der Evidenz von Gruppentherapie auf der Basis der beiden Übersichten, wobei in der Tabelle nach klinischen Bildern differenziert wird, die ausschließlich in Gruppen behandelt wurden oder solchen, bei denen zumindest partiell Gruppen auch mit anderen Methoden kombiniert wurden und somit Teil eines komplexeren Behandlungsansatzes darstellen.

Angesichts der immer weiter wachsenden Zahl an Gruppenstudien wurde deutlich, dass mittlerweile genügend »Masse« an Studien vorliegt, um die Evidenz auch mittels qualitativ hochwertiger Metaanalysen zusammenzufassen. Dies war Inhalt eines durch das Bundesministerium für Bildung und Forschung (BMBF) geförderten Projekts (Systematic reviews and meta-analyses of small group treatment of mental disorders, »SMARAGD«), das in Kooperation mit Kollegen aus den USA (Gary Burlingame, Brigham Young University, Provo), Kanada (Giorgio Tasca, Universität Ottawa) und Italien (Gianluca Lo Coco, Universität Palermo) in den letzten Jahren durchgeführt wurde (vgl. Strauß, Burlingame und Rosendahl 2020).

Meta-Analysen erlauben durch die Berechnung von Effektstärken, die Richtung und Stärke untersuchter Unterschiede zu präzisieren und durch deren statistische Aggregation einen Gesamteffekt zu berechnen. Insbesondere Meta-Analysen randomisiert-kontrollierter Studien gelten daher als Goldstandard der evidenz-basierten Medizin.

Tab. 7.1: Zusammenfassung der Evidenz für die Wirksamkeit von Gruppenbehandlungen bei spezifischen Störungsbildern/Patientengruppen auf der Basis zweier narrativer Reviews (nach Burlingame et al. 2013)

Stellenwert der Gruppe	Sehr gute bis exzellente Evidenz	Gute, Vielversprechende Evidenz	Gemischte bzw. unzureichende Befunde
Gruppentherapie als primärer Behandlungsansatz	Soziale Phobie	Affektive Störungen	Gruppen mit älteren Patienten
	Panikstörung		
	Zwangsstörung		
	Bulimie und Binge-Eating-Störung		
Gruppentherapie als Teil eines komplexeren Behandlungsangebots	Substanzenabhängigkeit	HIV	Opfer und Täter häuslicher Gewalt
	Schwere psychiatrische Störungen, speziell Schizophrenie	Stationäre Gruppentherapie	
	Persönlichkeitsstörungen	Schmerz und somatoforme Störungen	
	Traumafolgestörungen		
	Krebs		

Im Rahmen des o. g. Projektes entstanden insgesamt 11 Meta-Analysen, in denen 329 randomisiert-kontrollierte Studien (mit 370 Vergleichen zwischen Gruppentherapie und verschiedenen Kontrollgruppen) und über 27.000 Patienten berücksichtigt wurden. ▶ Abb. 7.1 gibt einen Überblick über die störungsspezifischen Befunde der einzelnen Meta-Analysen.

7 Gruppentherapieforschung und Qualitätssicherung

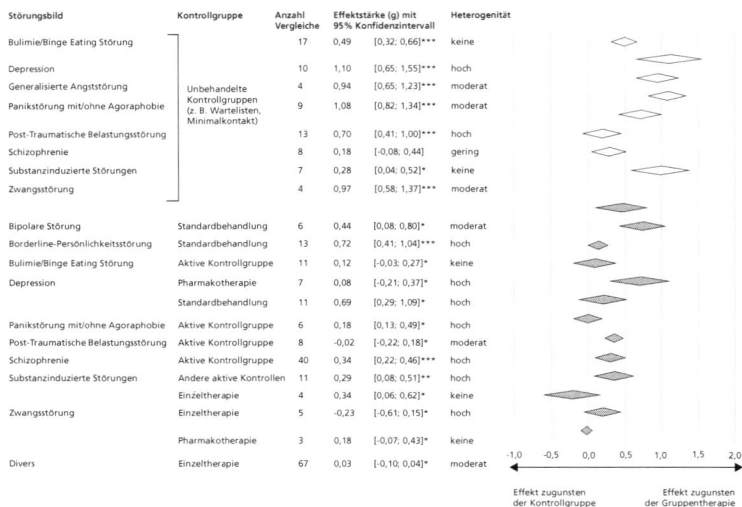

Abb. 7.1: Überblick über die störungsspezifischen Befunde der einzelnen Meta-Analysen (aus Strauß, Burlingame und Rosendahl, 2020, S. 228, Nachdruck mit Genehmigung von Springer © 2020) (Hinweis: Effektstärken von 0,2 können als kleiner, von 0,5 als mittlerer und von 0,8 als großer Effekt interpretiert werden)

Insgesamt liegen für zehn verschiedene Störungsbilder Zusammenfassungen der Evidenz zur Wirksamkeit von Gruppenpsychotherapie aus randomisiert-kontrollierten Studien vor (Barkowski et al. 2016, 2020; Burlingame et al. 2016, 2020; Grenon et al. 2017; Janis et al. 2021; LoCoco et al. 2019; McLauglin et al. 2019; Schwartze et al. 2016a, 2017, 2019).

Im Vergleich mit unbehandelten Kontrollgruppen (u. a. Wartelisten, Minimalkontakt-Bedingungen) konnten für Angst- und Zwangsstörungen sowie für Depression große Effekte von Gruppenpsychotherapie bei der Reduktion der störungsspezifischen Symptomatik nachgewiesen werden. Für Essstörungen (Bulimie und Binge-Eating-Störung) sowie für Posttraumatische Belastungsstörung fanden sich entsprechende mittelgroße Effekte, während für substanzinduzierte Störungen und Schizophrenie kleine Effekte gezeigt wurden.

7.2 Forschungsergebnisse zur Wirksamkeit von Gruppenpsychotherapie

Für einen Vergleich mit aktiven Behandlungsbedingungen (Einzelpsychotherapie, Pharmakotherapie, stationäre oder ambulante Standardbehandlung) zeigte sich ein differenzierteres Bild: Im Vergleich zu einer stationären oder ambulanten Standardbehandlung ließen sich bei Depression, bipolarer Störung und Borderline-Persönlichkeitsstörung signifikante Vorteile der Gruppenpsychotherapie in Höhe mittlerer bis großer Effekte auf die störungsspezifische Symptomatik nachweisen. Ausreichend viele Vergleiche von Gruppenbehandlungen mit Pharmakotherapie liegen lediglich für Zwangsstörungen und Depression vor. Hier konnten keine signifikanten Unterschiede gefunden werden.

Für die vergleichende Beurteilung der Wirksamkeit von Gruppenpsychotherapie und Einzelpsychotherapie gibt es neben störungsspezifischen Befunden für Zwangsstörungen (keine Unterschiede) und substanzinduzierten Störungen (kleiner Effekt zugunsten von Gruppentherapie) eine *störungsübergreifende meta-analytische Zusammenfassung* (Burlingame et al. 2016): in 46 Studien mit vergleichbaren Behandlungsansätzen im Einzel- und im Gruppensetting ergab sich ebenso eine äquivalente Wirksamkeit (Effektstärke $g = -0.01$) wie in 21 Studien mit unterschiedlichen Behandlungsansätzen ($g = -0.06$). Darüber hinaus fanden sich bei allen Vergleichen von Einzel- und Gruppentherapie keine Unterschiede hinsichtlich der Akzeptanzraten (d. h. Patienten in Gruppen äußern sich genauso zufrieden wie jene in Einzeltherapien), bezüglich der Remissions- und Besserungs- sowie der Abbruchraten.

Die große Mehrzahl der in den Übersichten und Metaanalysen zusammengefassten Studien untersuchen im weitesten Sinne kognitiv-verhaltenstherapeutische Behandlungsansätze[6] (einschließlich Gruppen, die sog. »3. Welle-Methoden« gruppentherapeutisch umsetzen), außerdem wurde die Wirksamkeit von Gruppen überwiegend im ambulanten Rahmen und in Kurzzeitgruppen nachgewiesen. Ausnahmen gibt es am ehesten bei der Wirksamkeitsforschung zu Persönlichkeitsstörungen und Ess- und Traumafolgestörungen, im Rahmen derer auch etliche interaktionsfokussierende und psychodynamische Ansätze zu finden sind, sowie zur Schizophrenie, wo mit Multifamiliengruppen auch systemi-

---

6 Für eine Übersicht zur Wirksamkeitsforschung in der psychodynamischen Psychotherapie s. Strauß 2015.

sche Ansätze untersucht werden. Sowohl im Zusammenhang mit Schizophrenie wie auch affektiven Störungen (insbesondere bipolare Störungen) sind psychoedukative Gruppen besonders verbreitet und wirksam.

Gruppentherapien im medizinischen Kontext

Im Vergleich zu früheren Übersichten hat sich in der Gruppenliteratur mittlerweile der Anwendungsbereich von Gruppenbehandlungen auf eine Vielzahl körperlicher Erkrankungen und Störungen erweitert (z. B. neurologische Erkrankungen, Schmerz, Übergewicht). Schon in früheren Jahren waren besonders viele Anwendungen von *Gruppeninterventionen im Bereich der Onkologie* (mit eindeutigem Schwerpunkt beim Brustkrebs) zu finden. Dieser Trend hat sich fortgesetzt.

In der Übersicht von Burlingame aus dem Jahr 2013 wurden 23 neue Studien zu Gruppentherapien bei Krebserkrankungen zusammengefasst, die sich in erster Linie auf supportiv-expressive Gruppen im Yalomschen Sinne, kognitiv-verhaltenstherapeutische und psychoedukative Gruppen bei Krebspatienten bezogen. In den Jahren danach hat sich das Spektrum deutlich erweitert, wobei nach wie vor die größte Zahl an Gruppenstudien für Brustkrebspatientinnen vorliegt. Interessant ist, dass mittlerweile zu einigen früher zusammengefassten Studien eine ganze Reihe von Langzeitkatamnesen vorliegen (z. B. bis zu elf Jahre in der Studie von Antoni et al. 2016).

Die vorherrschenden Modelle, die mittlerweile weiter erprobt wurden, sind kognitiv-verhaltenstherapeutische Gruppenangebote mit Schwerpunkt auf Stress und Belastungsmanagement (z. B. Rock et al. 2015). Einigen wenigen Studien mit supportiven Gruppen stehen nach wie vor etliche gegenüber, die psychoedukative Ansätze verfolgen (z. B. Ramos et al. 2018). Nicht nur im onkologischen Bereich gibt es auch im medizinischen Bereich einen deutlichen Trend zur Erprobung von Gruppentherapien, die sich im weitesten Sinne der sog. Dritten Welle der Verhaltenstherapie zuordnen lassen (Mindfulness-Based Stress Reduction, z. B. Schellekens et al. 2017). Auffällig ist, dass sich die primären Ergebniskriterien sehr erweitert haben (Resilienz, Optimismus und posttraumatisches Wachstum werden oft untersucht).

7.2 Forschungsergebnisse zur Wirksamkeit von Gruppenpsychotherapie

Ein zweites klinisches Bild, das im Kontext medizinisch relevanter Gruppentherapien immer häufiger untersucht wurde, ist die *Schmerzsymptomatik*. Hier haben sich deutlich mehr Studien finden lassen, die sich entweder auf chronischen Schmerz (i. d. R. chronische Rückenschmerzen, z. B. Harris et al. 2017) oder Fibromyalgie (somatoforme Schmerzstörungen, z. B. Torres et al. 2018) beziehen. Dazu kommen einige Studien, die sich mit spezifischen Schmerzzuständen befassen (z. B. Bergeron et al. 2016 für die Dyspareunie). Insgesamt gesehen ergaben die Studien zum Schmerz, dass die zuletzt noch als Goldstandard geltende kognitiv-verhaltenstherapeutische Therapie beim Schmerz nur partiell bezüglich ihrer Effektivität bestätigt werden konnte. Möglicherweise zeigen die widersprüchlichen Resultate doch die Notwendigkeit einer differenzierteren Indikationsstellung für Gruppen bei Schmerzpatienten.

Eine kürzlich in der Zeitschrift *JAMA Psychiatry* veröffentlichte Studie, die ebenfalls ein systematisches Review und eine Metaanalyse darstellt (Shields et al. 2020), steuert wichtige Evidenz bei zur Frage der Wirkung von Gruppeninterventionen auf somatische Parameter: Die Metaanalyse untersuchte, ob psychosoziale Interventionen das *Immunsystem* beeinflussen können. In der Metaanalyse wurden 56 kontrollierte Studien hierzu mit mehr als 4000 Personen untersucht, wobei gezeigt werden konnte, dass tatsächlich psychosoziale Interventionen allgemein einen positiven Effekt auf die Immunparameter haben, bei fast 20% zu einer Verbesserung von Immunfunktionen und bei immerhin 3% zu einer Reduktion gestörter Funktionen des Immunsystems führten. Interessant ist, dass gruppenbasierte Interventionen hier besonders wirksam waren, was man als ein hervorragendes Beispiel für die Anwendung eines biopsychosozialen Modells und die Wirkung von sozialen Interventionen auf die Gesundheit werten kann (Engert et al. 2020; Egle et al. 2020).

Auffällig ist, dass die existierenden Behandlungsleitlinien – sowohl im deutschsprachigen Raum die der AWMF als auch international wie bspw. APA oder NICE – Gruppentherapien nur im Ausnahmefall und als »second choice« empfehlen (s. a. Schwartze et al. 2016b). Diese Tatsache ist verwunderlich und erklärungsbedürftig und könnte darauf hindeuten, dass Gruppen tatsächlich nach wie vor nicht oder viel zu wenig im Bewusstsein von Forschern sind, die die Evidenz bzgl. der Wirkung von Psychotherapie systematisch zusammenfassen.

Yalom und Leszcz (2020) sprechen davon, dass die Gruppentherapie eine »Triple-E-Behandlung« sei, d. h. sie ist *effektiv* (effective) bezogen auf Vergleiche zu nicht aktiven Behandlungen, sie ist *äquivalent* (equivalent) zu anderen aktiven Behandlungen einschließlich der Einzeltherapie und sie ist *effizient* (efficient) im Hinblick auf die Zeit und Behandlungskosten, was sicherlich auch einen Grund für die gesundheitspolitischen Aktivitäten darstellt, die Gruppentherapie in Deutschland zu fördern.

Eine Einschränkung im Hinblick auf die Interpretation der Forschungsbefunde bezieht sich auf deren Gültigkeit für ein breiteres Spektrum an Verfahren: In der Gruppenliteratur findet sich nach wie vor eine große Diskrepanz zwischen klinisch-theoretischen Betrachtungen psychodynamischer bzw. gruppenanalytischer Ansätze und spezifischen Studien (Strauß 2015). Eine hervorzuhebende Ausnahme ist das von Steinar Lorentzen in Norwegen durchgeführte Projekt zum empirischen Vergleich von Kurzzeit- (20 Sitzungen) und Langzeitgruppen (80 Sitzungen) im Rahmen einer randomisiert-kontrollierten Studie. Diese Studie basiert auf einem vorbildlichen gruppenanalytischen Manual (Lorentzen 2014, ▶ Kap. 2) und zeigt, dass insbesondere das Vorliegen von Persönlichkeitspathologie länger dauernde Gruppen rechtfertigt (z. B. Lorentzen et al. 2013, 2015).

Neben der Weiterentwicklung der Mentalisierungsbasierten Therapie (MBT) in Gruppen (z. B. Karterud 2015, Schultz-Venrath und Felsberger 2016) haben sich im interpersonalen bzw. psychodynamischen Kontext weitere vielversprechende Ansätze entwickelt, wie etwa die von Whittingham (2017) entwickelte manualisierte »Ultrakurz-Gruppentherapie« von ca. acht Sitzungen (Focused brief group therapy, FGBT), die Elemente der prozessorientierten Gruppen i. S. v. Yalom und Leszcz (2020) und Konzepte aus der Bindungstheorie kombiniert und das auch im deutschen gebräuchliche Inventar zur Erfassung interpersonaler Probleme nutzt (IIP), um interpersonale Muster der Gruppenmitglieder als Behandlungsfokus zu bestimmen. Tasca und andere (2013; 2021) beschrieben eine integrative Gruppenkonzeption mit psychodynamischen, interpersonalen und bindungsorientierten Ansätzen im Rahmen der »Group Psychodynamic-Interpersonal Psychotherapy« (GPIP), deren

7.2 Forschungsergebnisse zur Wirksamkeit von Gruppenpsychotherapie

Wirksamkeit schon in einigen Studien, z. B. mit Patientinnen mit Binge-Eating-Störung, belegt wurde.

Eine weitere Einschränkung bezieht sich auf das spezifische Setting: Die Mehrzahl der Studien zur Evidenzbasierung von Gruppen wurde im ambulanten Rahmen durchgeführt und sind eher Kurzzeitgruppen. Kontrollierte Studien zu echten Langzeitgruppen sind mit Ausnahme jener von Lorentzen (s. o.) nicht vorhanden. Studien zu Gruppen im stationären Setting wurden vor etlichen Jahren zuletzt in einer Metaanalyse systematisch zusammengefasst (24 kontrolliert, 46 Prä-Post-Vergleiche; Kösters et al. 2006). In kontrollierten Studien fand sich ein eher geringer Effekt (d = .31), für die Prä-Post-Vergleiche war der Effekt groß (d = .59). Die größten Effekte fanden sich für Patienten mit affektiven Störungen.

7.2.1 Nebenwirkungen von Gruppenpsychotherapien

In jüngster Zeit wurde zunehmend deutlich, dass man bei der Abschätzung von Wirkungen der Psychotherapie nicht allein auf die positiven Veränderungen und Symptomreduktionen, sondern auch auf Nebenwirkungen und unerwünschte Wirkungen blicken sollte. Die in ▶ Kap. 4 dargestellten therapeutischen Faktoren von Gruppen etwa können naturgemäß auch negativ wirken, so kann in einer Gruppe u. U. Hoffnung induziert werden durch Mitglieder, die bereits Fortschritte erzielt haben, ebenso können Mitglieder eher desillusioniert werden, wenn sie von ungünstigen Entwicklungen in der Gruppe hören. Die darauf bezogene Debatte wird unter den Stichworten »Risiken und Nebenwirkungen der Psychotherapie« geführt (vgl. Linden und Strauß 2018, 2021). Entsprechend haben sich in den jüngsten Jahren einige Methodenentwicklungen ergeben, die spezifisch auf Nebenwirkungen, negative Effekte, adverse Effekte und problematische Entwicklungen in der Psychotherapie und in der Gruppentherapie richten (Linden und Strauß 2021). Zu Letzterem gehört ein »Fragebogen zu Nebenwirkungen in der Gruppentherapie und unerwünschten Gruppenerfahrungen« (NUGE), der im Kontext stationärer Gruppentherapieangebote entwickelt, mittlerweile jedoch auch in Ausbildungsambulanzen angewandt wird. Der »NUGE 24« (Strauß und Drobinskaya 2018) fokussiert auf das in diesem Buch beschriebene Model zu Einflussfaktoren auf das Ergebnis von Gruppenpsychotherapien und differenziert letztlich vier Skalen, die mit den Bezeichnungen »Belastung durch Gruppe«, »Belastung durch Therapeut/in«, »Belastung durch andere Patienten« und »persönliche Überforderung« versehen wurden. In einer Pilotstudie zeigte sich die Eignung des NUGE 24, differenziert (z. B. nach Setting und nach gruppentherapeutischem Theorieansatz) Nebenwirkungen und unerwünschte Erfahrungen zu erfassen.

In der Arbeitsgruppe von Michael Linden wurde ein weiteres gruppenbezogenes Instrument entwickelt, das unerwünschte und negative Reaktionen in Gruppentherapien (UE-G) erfasst. Dieses Instrument wurde mittlerweile in einigen naturalistischen Studien angewandt (vgl. Strauß 2021a). In diesen Studien, die sich auf kognitiv-behaviorale, gemischte Gruppen im stationären Rahmen und Gruppenerfahrungen in der Ergotherapie beziehen, gaben insgesamt fast alle Befragten wenigstens eine Belastung bzw. Nebenwirkungen einer Gruppenbehandlung an, zu denen auch zumindest temporäre Feststellungen gehören, dass die gesamte Gruppentherapie als Belastung erlebt wird bzw. die Gruppentherapie nicht »das Ding« der befragten Patienten sei.

7.3 Feedbacksysteme in Gruppen

In den letzten Jahren wurden in der Einzeltherapie zahlreiche Studien zum kontinuierlichen Monitoring von Therapieverläufen und zu Feedbacks an die Therapeuten mit dem Ziel durchgeführt, problematische Entwicklungen frühzeitig zu erkennen. Die Arbeitsgruppe um Lambert (2015) hat diese Entwicklung ausgelöst, die mittlerweile in vielen Ländern einschließlich Deutschland weit verbreitet ist und zeigt, dass Feedbacksysteme tatsächlich dazu dienen, negative Verläufe frühzeitig zu erkennen und zu verhindern.

Im Gruppenkontext wurden diese Ansätze bislang noch weniger erprobt, wenngleich sie hier vielleicht besonders naheliegen, wenn man bedenkt, dass Gruppenleiter die fast unlösbare Aufgabe haben, Verläufe von mehreren Personen (in der Regel 8–10) permanent im Blick zu behalten.

Es gibt mittlerweile ein breites Spektrum an Methoden, mit denen sowohl der Behandlungsverlauf im Hinblick auf symptomatische und andere Veränderungen kontinuierlich und ökonomisch betrachtet werden kann wie auch gruppenspezifische Aspekte, etwa die Qualität der Beziehungen in Gruppen. In jüngster Zeit wurden einige Studien durchgeführt, die das Prinzip der Rückmeldesysteme, die Indikatoren für den Verlauf bzw. Fortschritt an den Therapeuten signalisieren, auch im Gruppenkontext erprobten (Burlingame et al. 2018). Zum Feedback-Thema wurde 2015 ein Sonderheft der Zeitschrift »Psychotherapy« veröffentlicht, in dem die empirische Evidenz von Feedbacksystemen mit dem klaren Hinweis darauf zusammengefasst wurde, dass nicht nur problematische Verläufe reduziert, sondern auch das Therapieergebnis insgesamt verbessert werden können. Krägeloh et al. (2015) konnten immerhin 25 Studien zusammenfassen, die dies zeigen, wobei unter diesen Studien noch keine einzige Gruppenstudie war.

Basierend auf dem Befund von Chapman u. a. (2012), wonach die Genauigkeit der Vorhersage von Veränderung in Gruppen durch den Therapeuten sehr wenig mit veränderungsbezogenen Daten übereinstimmen, die die Patienten selbst generieren, wurden einige Untersuchungen zu Feedback im Gruppenkontext angestoßen. So beschrieben Newnham et al. (2010) die Effekte von Feedback über den Behandlungsfortschritt am 5. Tag einer kurzzeittageskinischen Behandlung (durch Darstellung von Veränderungen in standardisierten Instrumenten gegenüber den Gruppentherapeuten) und fanden, dass Patienten, deren Entwicklung nicht der Vorhersage entsprachen, aufgrund des Feedbacks zu einer deutlicheren Verbesserung kamen. Weitere Studien, die Feedback im Kontext von Gruppen als hilfreich unterstreichen, wurden mittlerweile publiziert (z. B. Schuman et al. 2015; Slone et al. 2015).

In der Untersuchung von Burlingame et al. (2018) wurden sowohl symptombezogene Rückmeldungen an die Gruppenleiter gegeben als auch – in einer zweiten Bedingung – Hinweise auf problematische Beziehungsbewertungen (Relationship Failure) bei 432 Mitgliedern von 58 Gruppen an universitären Beratungszentren. In 35% der Fälle kam es zu irgendeiner Auffälligkeit, die dem Therapeuten zurückgemeldet wurde. Die Gruppen wurden zufällig der Bedingung zugeordnet, in der nur der Behandlungsfortschritt oder der Behandlungsfortschritt *und* auch die Wahrnehmung der Gruppenbeziehungen zurückgemeldet wurden. Letztere erfolgte über die Subskalen des Gruppenfragebogens (GQ, Bormann et al. 2011, ▶ Kap. 4). Speziell Aspekte, die sich auf die positiven Arbeitsbeziehungen und die positiven emotionalen Beziehungen als Aspekte der therapeutischen Gruppenbeziehung richteten, trugen nach der Rückmeldung tatsächlich zu einer Verbesserung bei.

7.4 Prozessforschung

In ▶ Kap. 4 wurde bereits auf die Versuche eingegangen, Beziehungskonstrukte zu prüfen und übergeordnete Dimensionen therapeutischer Beziehungen in Gruppen zu finden. Die Entwicklung des Gruppenfragenbogens (GQ-D) ist das Resultat internationaler Kooperationen mit dem Ziel, die Konstrukte im Hinblick auf übergeordnete Strukturen zu untersuchen, mit dem Ergebnis dreier übergeordneter Skalen:

- (Emotionale) Verbundenheit mit Gruppe, Mitgliedern und Leiter
- Arbeitsbeziehung zum Leiter und den Mitgliedern
- Negative Beziehung zu Gruppe, Leiter oder Mitgliedern

Wie in Kap. 4 erwähnt, zeigt die Existenz dieser drei unabhängigen Skalen, dass im Erleben der Beziehungen in einer Gruppe positive und negative Aspekte durchaus parallel auftreten können.

Für die beiden bisher am häufigsten im Gruppenkontext untersuchten Beziehungs-Variablen, *Allianz und Kohäsion*, liegen zwei aktuelle Metaanalysen vor. Kohäsion (die oft als gruppenbezogenes Äquivalent zur therapeutischen Allianz gesehen wird) hängt tatsächlich in vergleichbarer Höhe mit dem Therapieergebnis zusammen, wie dies für die therapeutische Allianz in der Einzeltherapie berichtet wurde. In der neuesten Metaanalyse von Burlingame et al. (2019), die sich auf 55 Studien mit mehr als 6000 Gruppenmitgliedern bezieht, betrug die gewichtete mittlere Korrelation zwischen Kohäsion und Ergebnismaßen bei r = .26, was als mittlerer Effekt klassifiziert werden kann (d = .56).

Es zeigten sich deutliche Variationen des Zusammenhangs zwischen Kohäsion und Therapieergebnis in Abhängigkeit von der theoretischen Orientierung mit der höchsten Korrelation von Kohäsion mit »Outcome« für interpersonale, gefolgt von psychodynamischen Gruppen, KVT-Gruppen, supportiven und eklektischen Gruppentherapien. Die Korrelation war generell höher in Gruppen, in denen die Leiter besonders auf die Interaktion innerhalb der Gruppe achteten und in Gruppen von längerer Dauer. Höhere Korrelationen fanden sich für Ergebnismaße, die sich auf interpersonale Aspekte und den Selbstwert beziehen.

Zu Allianzmessungen und deren Beziehung zum Ergebnis legten Alldredge et al. (2021) eine aktuelle metaanalytische Zusammenfassung vor, die ebenfalls eine positive, wenngleich niedrigere Korrelation zeigte (mittlere Korrelation r = .19). Auch hier fanden sich Einflüsse von Moderatoren: Der Zusammenhang zwischen Allianz und Therapieergebnis war höher in Gruppen in stationären Settings, in geschlechtshomogenen Gruppen und wenn die Analysen auf Selbsteinschätzungen der Mitglieder basierten (im Vergleich zu Beobachterbeurteilungen).

7.5 Forschungsrückblick und -ausblick

7.5.1 Prozessforschung

Die Prozessforschung zur Gruppentherapie hat bereits eine lange Tradition, auch wenn die o. g. Konstrukte Allianz und Kohäsion (jüngst auch noch der Aspekt der Behandlungserwartung, s. Tsai et al. 2014) ganz im Vordergrund stehen.

Komplexere Interaktionsanalysen waren Bestandteil einiger älterer »intensiver« Forschungsprojekte (vgl. die Übersicht bei Burlingame et al. 2004), die Langzeitverläufe von Gruppentherapien im stationären Setting (Tschuschke 1993; Strauß und Burgmeier-Lohse 1994), in der Milieutherapie (Piper et al. 1994a) sowie in der ambulanten Gruppentherapie (Piper et al. 1994b) beschrieben. Auch im Kontext der intendiert dynamischen Gruppentherapie, die in der DDR populär war (Hess 1985, 1996), wurden solch intensive Studien durchgeführt. Im Zuge all dieser Studien wurden zahlreiche Methoden der Prozessforschung entwickelt, die auf verschiedene Aspekte der Kohäsion, der therapeutischen Faktoren und des Gruppenklimas aus unterschiedlichen Perspektiven fokussieren.

Etliche Methoden werden immer noch oft verwendet, wobei sich mittlerweile methodisch anspruchsvollere Ansätze der Prozessforschung entwickelt haben, wie z. B. Analysen der Interaktion zwischen Bewertungen auf Gruppen und Mitgliederebene (Actor-Partner-Interdependence-Analyse, z. B. Kivlighan 2011) und dynamische Veränderungsmodelle (Chapman und Kivlighan 2019).

7.5.2 Potential der Neurowissenschaften

Wie in der Psychotherapieforschung im Allgemeinen, erhofft man sich auch im Gruppenkontext von neurowissenschaftlichen Theorien und Forschungsergebnissen Impulse für die Weiterentwicklung der Gruppenpsychotherapie in der Annahme, dass spezifische psychotherapeutische Bedingungen identifizierbar sind, die neurale Entwicklung und Integration fördern können (in Anlehnung an die Arbeiten von Schore, z. B. 2012, oder Siegel 2012). Zu diesen Bedingungen gehören nach Gantt (2020) die

- Etablierung sicherer, vertrauensvoller und abgestimmter interpersonaler Beziehungen,
- in einem Klima moderater emotionaler Aktivierung,
- mit der Bereitstellung emotionaler Unterstützung angesichts der Erfahrung und Wiederbelebung früher Erinnerungen,

- sowie der Erwerb neuer Erfahrungen, die frühere, implizite Erinnerungen, Überzeugungen und Vorstellungen entkräften und ersetzen.

Badenoch und Cox (2010) formulieren bezüglich des Gruppentherapiekontextes (Übs. d. Aut.):

> »Eine der Stärken von Gruppentherapie ist die hohe Wahrscheinlichkeit dafür, dass neuronale Netzwerke, die frühe implizite Erfahrungen repräsentieren, dadurch getriggert werden, dass andere ihre Themen in die Gruppe einbringen. Gleichzeitig kann die Gruppe eine empathiereiche Umgebung dafür darstellen, dass daraus resultierende Ängste und Schmerz gehalten werden können. Der klinischen Erfahrung nach ermöglicht ein besseres Verständnis der Gehirnentwicklung sowohl seitens des Leiters als auch der Mitglieder, die anderen (und sich selbst) mit Verständnis und Mitgefühl zu sehen. Eine solche Feinabstimmung hilft dabei, neuronale Regulationskreise zu reparieren, nicht nur auf der Seite derer, die Hilfe empfangen, sondern auch auf der Seite derer, die diese Hilfe anbieten« (S. 468).

Gantt (2020) hat die verschiedenen neurowissenschaftlichen Ansätze, die potentiell in Zukunft für die Gruppenpsychotherapie bedeutsam sein könnten, zusammengefasst. Sie nennt die Modelle des »dreeinigen Gehirns« (das Reptiliengehirn und das jüngere bzw. ältere Säugergehirn), des sozialen Gehirns (inkl. der Spiegelneuronen und der Verbindung zwischen Gehirnen), und der unterschiedlichen Funktionen der rechten und der linken Gehirnhälfte und Möglichkeiten diese zu verbinden. Die Modelle der Resonanzzyklen, Pankseps Theorie der Emotionssysteme, die Differenzierung zwischen implizitem und explizitem Gedächtnis und der Top-Down Regulation von Emotionen, die polyvagale Theorie von Porges und die Entwicklung von Achtsamkeit und eines »Group Mind« sind weitere Felder, die Susan Gantt in ihrer kondensierten Übersicht für vielversprechende Themen der Zukunft eines Gruppenverständnisses hält.

7.6 Qualitätssicherung

Die CORE Battery der American Group Psychotherapy Association (AGPA)

Die Idee, ein »Tool Kit« für die Optimierung der Auswahl von Gruppenpatienten, die Unterstützung der Prozessbeobachtung und die Ergebnisbewertung von Gruppen zu erstellen, wurde erstmalig in den 1980er Jahren durch die American Group Psychotherapy Association (AGPA) realisiert, die eine CORE Battery erstellen ließ, in der in erster Linie Materialien enthalten waren, mit denen Gruppentherapeuten die Wirksamkeit ihrer Tätigkeit auf der Basis von Patientenurteilen und Selbsteinschätzungen bewerten sollten. Diese Sammlung von Material war also primär am Ergebnis der Therapie orientiert (MacKenzie und Dies 1982). Bezogen auf gruppenspezifische Instrumente, die zur Erfassung von Prozess und Ergebnis von Gruppentherapien dienen, kann als ein gewisses Äquivalent die Sammlung von Instrumenten gelten, die von Strauß, Eckert und Tschuschke (1996) publiziert wurde.

2003 beauftragte der Vorstand der AGPA eine neugebildete Task Force (unter der Leitung von G. M. Burlingame und B. Strauß), eine erweiterte CORE Battery zu entwickeln, die neben einer Sammlung von ergebnisorientierten Instrumenten auch weitere Materialien zur Auswahl und Vorbereitung von Patienten und Prozessmaße, die verschiedene Aspekte von Gruppenmerkmalen erfassen, enthalten sollte.

In Form eines Manuals wurde das Ergebnis der Task Force 2006 in englischer Sprache publiziert (Burlingame et al. 2006; Strauß et al. 2006, 2008). Mittlerweile wurde das zugrunde gelegte Modell der CORE Gruppe, in der vor allen die Information und Vorbereitung, die Überprüfung der Motivation und Auswahl, die Evaluation der Gruppenbehandlungen und der Fokus auf Prozessmerkmale und Allianz im Vordergrund standen, erweitert, wobei insbesondere die beiden Dimensionen »Leiterverhalten« und »Leiterstil« sowie die Dokumentation von Gruppensitzungen bzw. deren Verläufen mit in das Modell aufgenommen wurden, das in ▶ Tab. 7.2 unter Verwendung des Akronyms IMELDA dargestellt ist.

Tab. 7.2: Verschiedene Felder gruppentherapeutischer Praxis und dazu gehörige Instrumente und Materialien

I	Information und Preparation	Handouts, Flyer, Verträge
M	Motivation und Selection	Group Therapy Questionnaire (GTQ), Group Readiness Questionnaire (GRQ)
E	Evaluation und Outcome	Outcome Questionnaire (OQ), Inventar zur Erfassung interpersonalr Probleme (IIP), Beck Depressions Inventar (BDI), Brief Symptom Inventory (BSI) ... NUGE (Fragebogen zu Nebenwirkungen in Gruppenpsychotherapien und zu unerwünschten Gruppenerfahrungen)
L	Leader Style und Behavior	Group Psychotherapy Intervention Rating Scale (GPIRS)
D	Documentation	Operationalisierte Basisdokumentation für Gruppenpsychotherapien (OBG)
A	Alliance und Process	Gruppenfragebogen (GQ), Gruppenklimafragebogen (GCQ), Kohäsionsskala des Therapeutic Factors Inventory (TFI) ...

Die einzelnen Komponenten von IMELDA können bei der Durchführung und Reflexion der eigenen Arbeit nützlich sein.

I: Information und Vorbereitung

Aspekte der Information und Vorbereitung über/für eine Gruppentherapie und die in ▶ Tab. 7.2 genannten Materialien wurden ausführlich in ▶ Kap. 3 diskutiert.

M: Motivation und Auswahl

In der CORE Battery von 2006 wurden zwei Instrumente näher beschrieben, die man als »Screening-Verfahren« für die Auswahl und die Überprüfung der Motivation gegenüber Gruppentherapien verwenden kann, nämlich der »*Group Readiness Questionnaire*« und der viel umfangreichere »*Group Therapy Questionnaire*« (GTQ) (MacNair und Corazzini 1994), zu dem auch ein umfangreiches Manual vorliegt (MacNair-Semands und Corazzini 1998). Auch auf diese Methoden wurde in ▶ Kap. 3 bereits eingegangen.

E: Evaluation und Wirksamkeitsmessung

Es gibt eine Fülle an Befunden, die zeigen, dass es sowohl im Hinblick auf bestimmte Ereignisse in der Therapie als auch bzgl. der Qualität der therapeutischen Beziehung und dem Ergebnis divergierende Sichtweisen gibt mit einer gewissen Tendenz der Überschätzung von Beziehungsqualität und Therapieergebnissen auf Seiten der Therapeuten.

Da die Einschätzung therapeutischer Veränderung aus den Perspektiven des Patienten und des Therapeuten oft – auch in Gruppentherapien (Chapman et al. 2012) – sehr stark voneinander abweichen, empfiehlt es sich, um diesen Bias zu kontrollieren, Verlaufsmessungen in Psychotherapien vorzunehmen, was selbstverständlich auch für die Gruppe gilt. Verlaufsmessungen bieten den Behandelnden das Potential, Feedback über Entwicklungen in der Gruppe zu geben, was in jüngster Zeit ein wesentliches Thema der patientenorientierten Gruppenpsychotherapieforschung geworden ist. Nach einem allgemeinen Wegfall der Antragspflicht in der Richtlinienpsychotherapie ist nicht unwahrscheinlich, dass auch »offiziell« ein Instrument zur Verlaufskontrolle für die Sicherung der Qualität der Psychotherapie zum Einsatz kommen wird.

Bezüglich der Empfehlung von Instrumenten zur Erfassung der Veränderung von Symptomen oder Zuständen bzw. dem Ergebnismonitoring kann zum einen auf die erwähnte CORE Battery verwiesen werden: Dort werden exemplarisch fünf Methoden empfohlen bzw. dargestellt, die sich – keineswegs gruppenspezifisch – auf die breite Erfassung von Symptomen beziehen (das Outcome Questionnaire, OQ-45, bzw. das Äquivalent für Jugendliche, YOQ), das Inventar zur Erfassung interpersonaler Probleme, das im deutschen Sprachraum bereits recht verbreitet ist. Darüber hinaus wird in der CORE Battery die Rosenberg-Selbstwertskala empfohlen (die auch im deutschen Sprachraum verfügbar ist), der Gruppenbewertungsbogen von Froese bzw. Hess (1996), ein kurzes Instrument zur direkten Bewertung des subjektiven Nutzens von Gruppentherapien (vgl. Strauß et al. 1996) und schließlich die Erfassung von spezifischen Therapiezielen und deren Skalierung nach einer Methode von Battle et al. (1966).

Die Auswahl an Instrumenten für die Veränderungsmessung in der CORE Batterie ist vermutlich etwas nordamerikanisch geprägt. Selbstverständlich sind alle im deutschen Sprachraum gängigen Methoden (SCL-90, BSI, PHQ etc.) hierfür auch geeignet.

Zum anderen empfiehlt es sich, Instrumente einzusetzen, die sich auf spezifische Störungsbilder bzw. Diagnosen beziehen und eine diesbezügliche Veränderungsmessung erlauben, wie bspw. das Beck-Depressions-Inventar im Zusammenhang mit depressiven Störungen, Angst-Skalen, Skalen, die spezifisches Verhalten erfassen oder die Yale-Brown Obsessive Compulsive Scale, die auch international als »Kernoutcome-Instrument« in Studien zur Gruppentherapie von Zwangsstörungen eingesetzt wird (Schwartze et al. 2017).

L: Leiterstil und Leiterverhalten

Die Forschung zur Person des Gruppenleiters bzw. der Gruppenleiterin und entsprechende Instrumente sind in der Gruppenliteratur noch vergleichsweise schwach vertreten (was der Lage in der Psychotherapieforschung allgemein entspricht). Zwar gibt es einige Modelle und Beschreibungen bezüglich der Aufgaben einer Gruppenleitung (▶ Kap. 6). *Instrumente zur Erfassung des Leiterverhaltens* sind noch relativ rar und sollten insbesondere im Hinblick auf methodenübergreifende und auch setting-übergreifende Anwendbarkeit hin überprüft werden, zumal Gruppenerfahrungen sich potentiell in unterschiedlich theoretisch begründeten Gruppenpsychotherapien auch voneinander unterscheiden können (vgl. Watzke et al. 2004).

Ein Instrument, das ein Fremdrating der Therapeuteninterventionen umfasst und dazu dienen kann, differentielle Aspekte des Leiterverhaltens abzubilden, wurde ursprünglich von einer holländischen Arbeitsgruppe um Wim Trijsburg als Group Psychotherapy Intervention Rating Scale (GPIRS, Sternberg und Trijsburg 2005) entwickelt.

Die GPIRS wurde empirisch auf der Basis von Beobachtungen und theoretischen Konzepten bzgl. der Frage entwickelt, wie eine Gruppenleitung dazu beitragen kann, dass sich Kohäsion etabliert und damit eine Arbeitsfähigkeit der Gruppe herstellt. Die GPIRS-Ratingskala, die von Chapman u. a. (2010) validiert wurde, umfasst Items, die sich auf die Strukturierung der Gruppe beziehen, auf verbale Interventionen einschließlich gezielter Selbstoffenbarungen von Seiten der Gruppenleiter, Feedback und schließlich eine Reihe von Aspekten und Skills, die im Zusammenhang mit der Kreation und Aufrechterhaltung eines therapeutischen Arbeitsklimas verbunden sind, bspw. die Tatsache, dass der Gruppenleiter dafür sorgt, konfrontative und emotional unterstützende Äußerungen in ein Gleichgewicht zu bringen (▶ Tab. 7.3).

Tab. 7.3: Gruppenleiterbezogene Inhaltsbereiche im Group Psychotherapy Intervention Rating Scale (GPIRS) – Operationale Aspekte und Definitionen (nach Chapman et al. 2010)

GPIRS-Bereich	Operationale Aspekte der Interventionen	Definition
Strukturierung der Gruppe	Identifikation Erklärung Erleichterung	Auf die Schaffung eines Rahmens fokussierte Interventionen, die das Ziel der Gruppe verdeutlichen, Normen, Grenzen, Regeln und Rollen. Diese schaffen eine sichere Umgebung, in der Interaktionen erprobt und verstanden werden können
Verbale Interaktion	Modellfunktion als Leiter Verbale Modellfunktion Selbstöffnung Feedback	Interventionen, die angemessene Verbalisierungen und Interaktionsstile (inkl. Feedback und Selbstoffenbarung) fördern
Emotionales Klima	Balance zwischen Unterstützung und Konfrontation Vermeiden von Feindseligkeit Unterstützung Beteiligung von Mitgliedern	Interventionen, die den Mitgliedern helfen, in einer kathartischen und konstruktiven Weise Emotionen auszudrücken (dazu gehören therapeutische Interventionen wie Unterstützung, Konfrontation, Offenheit und Wärme)

Tab. 7.3: Gruppenleiterbezogene Inhaltsbereiche im Group Psychotherapy Intervention Rating Scale (GPIRS) – Operationale Aspekte und Definitionen (nach Chapman et al. 2010) – Fortsetzung

GPIRS-Bereich	Operationale Aspekte der Interventionen	Definition
	Prävention von problematischen Interaktionen	

D: Dokumentation

Für die Dokumentation von Gruppensitzungen gab es bislang kaum sinnvolle Ansätze, sieht man von »handgestrickten« Protokollbögen ab, die in unterschiedlichen Einrichtungen in unterschiedlicher Form angewandt werden. Inspiriert durch den Befund, dass die Ausbildung zum Gruppentherapeuten nach wie vor unzureichend erfolgt (vgl. Strauß et al. 2012) und viele Menschen, die gruppentherapeutisches Arbeiten lernen wollen, auf sich gestellt sind (insbesondere in der Psychotherapieausbildung, vermutlich auch künftig in der Psychotherapieweiterbildung) wurde in der eigenen Arbeitsgruppe eine operationale Basisdokumentation für Gruppentherapie entwickelt (Schubert et al. 2016; Degott et al. 2017). Die sog. OBG (Operationalisierte Basisdokumentation für Gruppenpsychotherapie), die auch schon in einer Praxisstudie erprobt wurde, orientiert sich an dem Modell, das verschiedene Einflussfaktoren auf den Effekt von Gruppentherapien unterscheidet und zwischen einer anatomischen Gruppenstruktur und physiologischen Gruppenprozessen differenziert (▶ Kap. 4, Schubert et al. 2016). Für diese Modellkomponenten wurden Dokumentationsitems gebildet, die in einem ausführlichen Manual beschrieben sind. Diese Items umfassen bspw. die inhaltlichen Schwerpunkte einer Sitzung, die Frage der Subgruppenbildung, der Normierung einer Gruppe und der Gruppenentwicklung, Rahmenbedingungen, die in der Regel vom Gruppenleiter festgelegt werden können und die Bedeutung sozialpsychologischer Prozesse wie Konflikte und der Umgang damit. Auch die Einschätzung der therapeutischen Faktoren von Gruppentherapien hat in der Dokumentation ihren Platz, ebenso wie die oben genannten Modelle des Gruppenleiterverhaltens bzw. -stils. Eine erste Praxisstudie von Degott et al. (2017) hat ergeben, dass die Dokumentation von vielen Gruppentherapeuten als sehr hilfreich erlebt wird.

A: Allianz und andere Prozessmerkmale

Prozessmerkmale werden oft als zugrundeliegende Veränderungsmechanismen in der Psychotherapie begriffen, auch wenn die Evidenz diesbezüglich, insbesondere was die Kausalität dieser Mechanismen anbelangt, noch begrenzt ist (▶ Kap. 4, s. o.).

Für die klinische Praxis und Qualitätssicherung können die am häufigsten genutzten Instrumente zur Erfassung von Prozessaspekten in Gruppen das Working Alliance Inventar (WAI), die Empathie-Skala (ES), die Kurzform des Gruppenklimafragebogens (GCQ) sowie die Kohäsionsskala aus dem Therapeutic Factors Inventory (TFI) empfohlen werden sowie der oben und in Kap. 4 bereits erwähnte Group Questionnaire (GQ), seit längerer Zeit auch in deutscher Sprache verfügbar (Bormann et al. 2011).

Neben dem GQ wurden auch die einzelnen Messinstrumente, die oben erwähnt wurden, als potentielle Bestandteile einer CORE Battery beschrieben, wobei zusätzlich noch zur Erfassung der Bindung an den Therapeuten über die Cohesion to the Therapist Scale (CTS) und ein Fragebogen zur Erfassung kritischer Ereignisse (Critical Incident Questionnaire) mit in die CORE Battery aufgenommen wurde.

Im deutschsprachigen Raum wurden in jüngerer Zeit weitere Instrumente zur Prozessforschung in der Gruppenpsychotherapie entwickelt (Vogel et al. 2016), z. B. ein Fragebogen zur Erfassung der Wirkfaktoren von Gruppen aus der therapeutischen Perspektive (Winter et al. 2020).

»IMELDA« stellt ein Konzept dar, das unterschiedliche Aspekte des gruppentherapeutischen Arbeitens im Blick hat und Materialien und Methoden zur Verfügung stellt, die es gruppentherapeutisch Tätigen erleichtern sollen, Gruppenteilnehmer adäquat vorzubereiten und zu informieren, sie einem ersten Screening zu unterziehen und im Gruppenverlauf aus unterschiedlichen Perspektiven Veränderungen im Prozess und in der Symptomatik bzw. Belastung zu erfassen.

Alles zusammen sollte vor allem im institutionellen Kontext dazu beitragen, dass die Ausbildungsqualität im Zusammenhang mit gruppentherapeutischer Tätigkeit verbessert wird. Wenn die gesundheitspolitische und wissenschaftlich gut begründete Absicht, die Gruppentherapien zu fördern, realisiert werden soll, brauchen Gruppenpsychotherapeuten schon in der Aus- und Weiterbildung nicht nur strukturelle und ideelle Unterstützung, sondern auch die konkrete Unterstützung in Form des Materials, das beispielsweise »IMELDA« zur Verfügung stellt.

Weiterführende Literatur

Burlingame GM, MacKenzie KR, Strauss B (2004) Smal group treatment: Evidence for effectiveness and mechanisms of change. In: Lambert MJ (Hrsg.) Bergin and Garfield's Handbook of Psychotherapy and Behavior Change. 5. Aufl. New York: Wiley.

Burlingame GM, Strauss B, Joyce A (2013) Change mechanisms and effectiveness of small group treatments. In: Lambert MJ (Hrsg.) Bergin and Garfield's Handbook of Psychotherapy and Behavior Change. 6. Aufl. New York: Wiley.

Burlingame GM, Strauss B (2021) EQfficacy of small groiup treatments and related mechisnms of change. In: Castonguay LG, Barkham M, Lutz W (Hrsg.) Bergin and Garfield's Handbook of Psychotherapy and Behavior Change. 7. Aufl. New York: Wiley.

Gantt S (2020) Implications of neuroscience for group psychotherapy. In: Kaklauskas FJ, Greene LR (Hrsg.) Core principles of group psychotherapy. New York: Routledge.

Strauss B, Burlingame GM, Bormann B (2008) Using the CORE-R battery in group psychotherapy. Journal of Clinical Psychology 64(11): 1225–37.

Strauss B, Eckert J, Tschuschke V (1996) Methoden der empirischen Gruppentherapieforschung. Heidelberg: Springer.

8 Aus- und Weiterbildung in Gruppenpsychotherapie

»Your mind is your temple, keep it beautiful and free. Don't let an egg get laid in it by something you can't see«

(Bob Dylan, T.V. Talkin' Song)

Das Kapitel widmet sich Fragen der Aus- und Weiterbildung in Gruppenpsychotherapie und beginnt mit einer Übersicht über die formalen (z. B. Umfänge) und organisatorischen Aspekte (z. B. wo werden Ausbildungen angeboten). Inhaltliche Aspekte der Ausbildung, speziell die gruppenspezifischen Inhalte und einige Aspekte der Durchführung und der Methoden schließen das Kapitel und runden das Buch ab.

8.1 Formale und organisatorische Aspekte

Im Kontext des »Arbeitskreises zur Forschung in der stationären Gruppenpsychotherapie« (Strauß 2011) wurde vor einigen Jahren eine Erhebung unter praktizierenden Gruppentherapeuten in Kliniken durchgeführt, die Aufschluss über den Ausbildungshintergrund, die Alltagspraxis und insbesondere den Weiterbildungsbedarf von Psychotherapeuten erbringen sollte. In dieser Studie, an der 175 psychotherapeutisch Tätige teilnahmen, wurde bspw. sichtbar, dass die Mehrzahl der Befragten gar keine formale gruppentherapeutische Ausbildung durchlaufen hat und das »Learning by Doing« mit Abstand am häufigsten (bei 98,8%) den Zugang zum gruppentherapeutischen Arbeiten ermöglicht hat (Strauß et al. 2012). Erst in jüngster Zeit werden gruppentherapeutische Inhalte vermehrt in die Ausbildung etwa zum Psychologischen Psychotherapeuten frühzeitig integriert oder zusätzlich angeboten.

Den spezifischen Beruf des »Gruppenpsychotherapeuten« gibt es in den deutschsprachigen Ländern nicht. Die Fähigkeit/Fachkunde zur Durchführung von Gruppenpsychotherapien wird bislang in Folge (künftig im Rahmen) einer psychotherapeutischen Aus- oder Weiterbildung entsprechend der Psychotherapie-Vereinbarung (PTV) erworben, mit curricularen oder individuell zusammengestellten Anteilen der Selbsterfahrung, der Durchführung von Gruppentherapien unter Supervision und spezifischer Theorieanteile.

Aktuelle Anforderungen zum Erwerb der Berechtigung/fachlichen Befähigung von Psychologischen Psychotherapeuten zur Abrechnung von Gruppenpsychotherapie (Fachkunde) gemäß Psychotherapie-Vereinbarung

Voraussetzung: abgeschlossene/laufende Ausbildung *in einer psychotherapeutischen Vertiefungsmethode* für Erwachsene oder für Kinder- und Jugendliche
Bestandteile:
  Gruppenselbsterfahrung (80 Stunden)
  Theorie der Gruppenpsychotherapie und Gruppendynamik (48 Stunden)
  Kontinuierliche Gruppenbehandlung in der entsprechenden Vertiefungsmethode (120 Stunden, auch in mehreren Gruppen möglich)
  Supervision (40 Stunden)

Berufs- und sozialrechtlich ist die Qualifikation zum Gruppenpsychotherapeuten in Deutschland eine *Zusatz*qualifikation (von der jeweiligen KV anerkannt). Diese Zusatzqualifikation brauch(t)en alle Psychotherapeuten, die Gruppenpsychotherapie im sozialrechtlich (GKV) oder privatrechtlich (PKV) organisierten Versorgungssystem anbieten und vergütet bekommen wollen.

Die gruppentherapeutische Fachkunde soll sowohl im Bereich der »ärztlichen« Psychotherapie als auch im Bereich der psychotherapeutischen Weiterbildung nach der in 2020 in Kraft getretenen Reform des Psychotherapeutengesetzes (PsychThG) künftig als *Standard in die Weiterbildung* fest integriert werden.

In die *Facharztweiterbildung* im Fachgebiet Psychiatrie und Psychotherapie soll in der Weiterbildung (gültig mit der Weiterbildungsordnung von 2020) Gruppenpsychotherapie in der gewählten Grundorientierung mit 3–9 Teilnehmern unter Supervision im Umfang von 120 Stunden durchgeführt werden, bei der Weiterbildung im Fachgebiet »Psychosomatische Medizin und Psychotherapie« sind es sogar 200 Stunden (zusätzlich jeweils die 40 Doppelstunden Gruppenselbsterfahrung, ▶ Tab. 8.1).

In der neuen *Weiterbildungsordnung für Psychotherapeuten* ist vorgesehen, dass die Vorgaben aus der Psychotherapie-Vereinbarung (PTV) hinsichtlich der Umfänge in dem Vertiefungsverfahren in die Weiterbildung integriert werden sollen. Also u. a. 120 Std. Gruppe (60 Doppelstunden in der PTV) im Vertiefungsverfahren. Nach aktuell diskutiertem Vorschlag sind darüber hinaus insgesamt mind. 200 Stunden Gruppenpsychotherapie vorgesehen (ggf. auch in einem anderen Verfahren – was insbesondere für die stationäre Weiterbildung relevant ist).

Mit der Verankerung des Gruppenkompetenzerwerbs in die Weiterbildung wird dieser sich noch mehr in die Psychotherapieweiterbildungsinstitute verlagern. Daneben existieren spezifische (vornehmlich gruppenanalytische) Gruppenweiterbildungsstätten, die üblicherweise von Fachgesellschaften[7] akkreditiert und zertifiziert werden (eine Über-

---

7 Als gruppentherapiebezogene Organisation für ausgebildete Gruppenpsychotherapeuten ist der BAG (Berufsverband der Approbierten Gruppenpsychotherapeuten) zu nennen, der sich »als die berufspolitische Interessenvertretung aller Gruppenpsychotherapeuten unabhängig von Schulrichtungen oder der Mitgliedschaft in anderen Fachverbänden [versteht]. Der BAG setzt sich ausschließlich für die Belange approbierter Gruppenpsychotherapeuten ein.« (https://www.gruppenpsychotherapie-bag.de/der-bag/)

sicht findet sich z. B. auf der Webseite der Deutschen Gesellschaft für Gruppenanalyse und Gruppenpsychotherapie, D3G). Es gibt regionale (jedoch überregional ausstrahlende) Arbeitsgemeinschaften für Gruppentherapie und -analyse (z. B. das Gruppenanalyseseminar GRAS oder die Arbeitsgemeinschaften in Göttingen oder Altaussee) und es gab und gibt Organisationen wie den ehemaligen Deutschen Arbeitskreis für Gruppenpsychotherapie und Gruppendynamik (DAGG, abgelöst durch die D3G) oder den Österreichischen Arbeitskreis für Gruppenpsychotherapie und Gruppendynamik (ÖAGG), die sich intensiv um die Ausbildung kümmern und – im Falle des ÖAGG – den Status eines Ausbildungsinstituts haben.

Um Mitglied in einer gruppenpsychotherapeutischen Fachgesellschaft, etwa der D3G zu werden, werden quantitativ oft etwas höhere Stundenkontingente (vor allem im Selbsterfahrungs- und Theorieteil) verlangt als für die Ermöglichung der Kassenfinanzierung, aber auch hier besteht die Struktur für die Qualifikation bestehend aus Selbsterfahrung, Theorie und Praxis unter Supervision.

In den vergangenen Jahren wurde speziell im Kontext der gruppenspezifischen Ausbildungsinstitutionen die Frage kritisch diskutiert, ob in diesen Instituten wirklich zeitgemäß und vor allem versorgungsrelevant bzw. bedarfsgerecht ausgebildet wird (z. B. Schultz-Venrath 2013). In einem Themenheft der Zeitschrift *Gruppenpsychotherapie und Gruppendynamik* zu »zeitgemäßer Gestaltung von Aus-, Fort- und Weiterbildung in Gruppenpsychotherapie« hat sich Hermanns (2009) mit der Geschichte der Weiterbildungsinstitute für analytische Gruppentherapie in der BRD beschäftigt und resümiert: »Das Praxismodell angewandter Gruppenanalyse als Block-Ausbildung hat ganz offensichtlich inzwischen seine selbstständige Existenzberechtigung bewiesen und den ursprünglichen Charakter einer Notlösung verloren. Ob es allerdings als Vorbereitung für das Arbeiten mit eigenen kontinuierlichen Therapiegruppen besonders hilfreich ist, bedarf der weiteren Diskussion« (S. 122).

Im Kontext einer Untersuchung zur gruppentherapeutischen Praxis von Therapeuten, die sich in Ausbildungs- bzw. Selbsterfahrungsgruppen eines Weiterbildungsprogramms befanden (GRAS, vgl. Strauß und Kirchmann 2004) zeigte sich, dass viele Teilnehmer angaben, sie würden an ihrer Selbsterfahrungsgruppe und an der Weiterbildung eher »zur Fortsetzung der psychoanalytischen Selbsterfahrung mit anderen Mitteln« teilnehmen, weniger zur Professionalisierung ihrer eigenen gruppentherapeutischen Kompetenz. Die Mehrzahl der Ausbildungskandidaten gab an, gar keine ambulanten Gruppenbehandlungen durchzuführen bzw. durchführen zu wollen. Nur 13 von 60 am Ausbildungsgang beteiligten Therapeuten beteiligten sich letztlich mit 20 verschiedenen Patientengruppen an einem von Strauß und Kirchmann (2004) beschriebenen Projekt.

Es ist deshalb nicht verwunderlich, dass sich vermehrt bedarfsorientierte *Fortbildungsangebote* entwickelt haben, die zeitlich limitiert eine theoretische und praktische Grundkompetenz bilden, mit der zumindest die Kluft zwischen der »einzeltherapeutischen« Ausbildung und den Anforderungen der gruppentherapeutischen Praxis speziell in Institutionen überbrückt werden kann (vgl. Mattke, Reddemann und Strauß 2017).

Problemfeld Gruppentherapie in der Klinik: Auf die Strukturen der ambulanten Gruppenpsychotherapie, die eine entsprechende Fachkunde erfordert, wurde in ▶ Kap. 1 und ▶ Kap. 3 bereits eingegangen. Im Kontrast zur allerdings noch immer eher spärlichen ambulanten steht die stationäre Versorgungsrealität: Wie ebenfalls in Kap. 3 ausgeführt, gehört Gruppenpsychotherapie zum Standardangebot in den meisten psychosomatischen, psychotherapeutischen und psychiatrischen Akut- sowie Rehabilitationskliniken. In vielen Kliniken sind »Bezugs-, Kern- oder Stammgruppen« das zentrale Behandlungselement. Im stationären Bereich darf oder muss fast jeder psychotherapeutisch Tätige auch Gruppen leiten, oft auch ohne vorherige Aus- und Weiterbildung, ohne qualifizierte begleitende Supervision oder spezielles Training. Wie in ▶ Kap. 2 erwähnt, sind Gruppen in Kliniken für viele Personen in psychotherapeutischer Aus- und Weiterbildung die Möglichkeit, erstmals mit therapeutischen Gruppen in Kontakt zu kommen.

8.2 Inhaltliche Aspekte der Ausbildung

Der Erwerb der Fachkunde für die Durchführung von Gruppenpsychotherapie umfasst neben der Gruppenselbsterfahrung überwiegend die praktische Tätigkeit unter Supervision. Die Angaben zur Theorie sind sehr allgemein (»eingehende Kenntnisse in der Theorie der Gruppenpsychotherapie und Gruppendynamik«). Was sich dahinter verbergen kann, zeigt ein Blick auf die Empfehlungen in Nordamerika.

Wie in ▶ Kap. 1 erwähnt, wurde 2019 durch die APA eine »evidenzbasierte« Spezialisierung in Gruppenpsychologie und Gruppenpsychotherapie anerkannt. Für die Anerkennung wurden (bereits bestehende) Ausbildungscurricula zugrundegelegt, aus denen wiederum die im folgenden Textkasten aufgeführten Ausbildungsthemen abgeleitet wurden.

Ausbildungsinhalte für die neue Spezialisierung in Gruppenpsychologie und Gruppentherapie der American Psychological Association (APA) (nach Barlow 2013; https://www.apa.org/ed/graduate/specialize/group-psychology-therapy)

A. **Spezialisiertes Wissen**
  - Entwicklungen des Einzelnen und der Gruppe
  - Auf die Gruppe als Ganzes gerichtete Interventionen zur Integration von Prozess und Inhalt
  - Evidenzbasierte effektive Gruppenprinzipien und -praktiken, wie z. B. therapeutische Gruppenwirkfaktoren
  - Anwendung von Gruppenpsychologie und -therapie in Theorie und Praxis auf unterschiedliche Gruppen
  - Effektive gruppenfördernde Fertigkeiten
  - Beratung, Supervision und Interventionen für Angelegenheiten, Probleme und Sorgen von Gruppen und ihrer Mitglieder

B. **Addressierte Probleme**

Gruppen sollen genutzt werden, um Probleme, Themen und Anliegen für ganz unterschiedliche Adressaten aller Altersgruppen zu bearbeiten.
Nachfolgend einige Beispiele:

- Psychische Störungen und Erkrankungen gemäß der aktuellen Klassifikationen (DSM/ICD)
- Körperliche Krankheiten
- Verhaltensprobleme und -schwierigkeiten
- Beziehungs- und Kommunikationsprobleme
- Lebensübergänge
- Unterstützung bei und Entwicklung von Bewältigungs- und Verarbeitungsmöglichkeit in belastenden Situationen
- Trauma und Krisen
- Stress und Stressreduktion

C. Ziel-Populationen
Personen, die Gruppenpsychologie und -psychotherapie in Anspruch nehmen sind

- Kinder, Jugendliche, Erwachsene, alte Erwachsene
- Inhaftierte Straftäter
- Patienten in Kliniken
- Suchtpatienten
- Stationäre Drogeneinrichtungen
- Kriegsveteranen und aktive Angehörige des Militärs (vermutlich US-spezifisch)
- Studierende und Schüler

D. Angewandte Fertigkeiten und Techniken
Diagnostik bezieht sich sowohl auf die individuelle als auch auf die Gruppendiagnostik. Erstere umfasst bspw. die Eignung eines Individuums für eine spezifische Gruppe (Screening) im Hinblick auf interpersonale Fertigkeiten, die Fähigkeit, sich in Gruppenprozessen zu engagieren sowie die psychologische Basisdiagnostik einschließ-

lich Motivation, psychische Beeinträchtigungen und andere Prädiktoren erfolgreicher Gruppenarbeit. Die diagnostische Kompetenz für Gruppenphänomene umfasst bspw. die Evaluation von Gruppenfaktoren wie Gruppenklima, Gruppenkohäsion, Gruppendynamik, Gestaltung der Beziehung der Mitglieder untereinander und zum Gruppenleiter. Die ausführliche Diagnostik kann auch evidenzbasierte Prädiktoren für eine vorzeitige Beendigung von Gruppen erfassen, ebenso wie »Motivatoren« für eine erfolgreiche Gruppenarbeit.

Interventionen umfassen alle Maßnahmen, die auf der Basis evidenzbasierter Strategien positive emotionale, kognitive Veränderungen anstoßen, Veränderungen in der Beziehung und im körperlichen Wohlbefinden. Die Interventionskompetenz umfasst auch die Fähigkeit zur Integration von Theorien (z. B. interpersonale, Verhaltenstheorien, kognitiv-behaviorale, dialektisch-behaviorale, psychodynamische, existentielle Therapien, Akzeptanz und Commitment Therapie), jeweils korrekt angewandt auf die Ausgangsbedingungen, die Themen und Ziele der Gruppenarbeit.

Konsultation bezieht sich auf das Angebot der Spezialisten im Bereich der Gruppenpsychologie und Gruppenpsychotherapie im Kontext der Beratung von Menschen, die im Gesundheitssystem tätig sind, Mitarbeiter von Krankenkassen, Gerichten, Krankenhäusern, Schulen, Universitäten, sowie Menschen aus dem Businessbereich, der Industrie, dem Sport, professionelle Organisationen, Gefängnisse, Rehabilitationseinrichtungen wie religiöse und spirituelle Organisationen.

Eine andere Quelle für die wesentlichen gruppenspezifischen Ausbildungsthemen sind *Praxisleitlinien*, die in den USA sowohl durch die American Group Psychotherapy Association (AGPA 2007) wie auch die Association for Specialists in Group Work (AGSW 2000) erstellt wurden und die in ▶ Tab. 8.1 aufgelistet sind.

Tab. 8.1: Themen zweier Praxisleitlinien als Rahmen für die Inhalte von theoretischen Gruppenausbildung

AGSW-Group Practice Guidelines	AGPA-Practice Guidelines
Spezifische Gruppenfaktoren (multiple Beziehungen)	Therapeutische Faktoren und therapeutische Mechanismen
Kohäsion und therapeutische Beziehung	Vorbereitung und »Pre-Group-Training«
Nutzung der Gruppenstruktur (Vorbereitung, Formatierung, intrapersonale und interpersonale Faktoren)	Gruppenprozesse
Emotionales Klima (»Management«, Fokus auf den Emotionsausdruck der Mitglieder, Verantwortung)	Reduktion negativer Ergebnisse und Berücksichtigung ethischer Prinzipien von Gruppenpsychotherapie
Gruppenprozess (Entwicklung, primäre Therapeutenrolle: »monitor and safeguard boundaries of the group; Arbeit, therapeutische und antitherapeutische Prozesse)	Beendigung therapeutischer Gruppen
Gruppe als Ganzes	Schaffung günstiger Rahmenbedingungen für therapeutische Gruppen
Spaltungen und Subgruppen	Auswahl von Mitgliedern
Rollen der Mitglieder und des Leiters	Gruppenentwicklung
Therapeutische Interventionen (exekutive Funktion, Fürsorge, emotionale Stimulation, Bedeutungszuweisung, Förderung von Erkenntnissen, Gruppennormen, Feedback, Gruppenthemen, Transparenz, Reduktion negativer Effekte)	Therapeutische Interventionen in der Gruppe
	Parallele Behandlungen (Einzel-/Gruppen-Pharmakotherapie)

8.2.1 Berücksichtigung ethischer Aspekte

Die Berücksichtigung und Reflexion ethischer Aspekte in der Psychotherapie allgemein – speziell in der Gruppenpsychotherapieausbildung – wird immer noch als unzureichend aufgefasst (z. B. Schleu 2021). Insbesondere in der American Group Psychotherapy Association (AGPA) wurde das Thema der Ethik in der Gruppentherapie in den letzten 20 Jahren sehr intensiv diskutiert (z. B. MacNair-Semands 2005).

Selbstverständlich gelten die allgemeinen Prinzipien ethischen Verhaltens, wie z. B. die Bewahrung der Autonomie der Gruppenmitglieder, die Vermeidung von Schaden sowie die Fokussierung auf Wohltätigkeit, Gerechtigkeit und Redlichkeit. Diese Aspekte werden unter dem Oberbegriff der *prinzipienorientierten Ethik* diskutiert, der gegenüber eine *werteorientierte Ethik* gewissermaßen die moralische Haltung des Klinikers beschreibt und Mitgefühl, Urteilsvermögen, Vertrauenswürdigkeit, Integrität und Gewissenhaftigkeit im Umgang mit der Gruppe fordert.

In der Monographie von Rebecca MacNair-Semands (2005) wird ausführlich darauf eingegangen, wie man im Falle von ethischen Entscheidungskonflikten zu Entscheidungen kommen kann, die letztendlich dann zu akzeptierten Handlungen führen und auch vielfältige Perspektiven, wie die der sozialen und Geschlechtergerechtigkeit sowie kulturbezogene Perspektiven, mit einbeziehen.

Diese Themen sollten in der Gruppentherapieausbildung Raum finden, ebenso wie die eng mit ethischen Aspekten verbundenen Praxisprinzipien. Diese umfassen die komplette und umfassende Offenbarung der Rahmenbedingungen (einschließlich Honorare etc.) und klare Festlegungen bezüglich Vertraulichkeitsfragen, die für die meisten Gruppenmitglieder von »vitaler Bedeutung« sind (Kaklauskas und Olson 2020).

Eine Begrenzung der Vertraulichkeit sollte explizit a-priori deutlich gemacht werden, wobei es kaum Begründungen hierfür gibt. Kaklauskas und Olson nennen hierfür das Vorhandensein suizidaler oder auf andere gerichteter aggressiver Phantasien, Missbrauchsverdacht oder die Drohung schwerer krimineller Handlungen.

Im Kontext der Vertraulichkeitsthematik muss auch diskutiert werden, wann Informationen über einzelne Gruppenmitglieder unter welchen Bedingungen weitergegeben werden können, wie und was im Gruppenverlauf dokumentiert wird (vgl. z. B. Knauss 2006). Auch die unten genannte Selbstfürsorgethematik spielt hier herein, wenn z. B. auf dem Umweg über Gruppenmitglieder bekannt wird, dass Kollegen aufgrund ihrer eigenen Überlastung oder aus anderen Gründen sich unethisch verhalten und möglicherweise psychisch auffällig werden, die dann Maßnahmen zum Schutze anderer Patienten erforderlich machen. Der Umgang mit drohenden Grenzverletzungen, mit parallellaufenden Psychotherapien und die spezielle Problematik der Durchführung von internetbasierten Therapien sind weitere wichtige Aspekte, die ein »ethisch sensibler Gruppentherapeut« berücksichtigen sollte.

Brabender hat fünf wesentliche Aspekte zusammengestellt, die für eine ethisch und juristisch korrekte Gruppentherapiepraxis von Nöten sind, nämlich

- Der Erwerb eines soliden Verständnisses von ethischen Prinzipien und Haltungen inklusive der Kenntnis der rechtlichen, berufsrechtlichen und Leitlinienbestimmungen.
- Attribute der Person eines Gruppentherapeuten sollten Eigenschaften umfassen, die es ermöglichen, ethische Entscheidungen adäquat zu treffen, nämlich Mut, Bescheidenheit, Neugierde und Wissen über kulturelle Vielfalt.
- Kenntnis der eigenen Struktur einschließlich typischer Reaktionsweisen speziell im Zusammenhang mit Ängsten, Enttäuschungen und Kritik und Prüfung der Eigenmotivation, eigener Emotionen und Sorgen.
- Selbstreflexion und Prüfung von Informationen in einem breiteren Kontext (z. B. über Intervision)
- Kontinuierliche Berücksichtigung und Reflexion ethischer und gesetzlicher Perspektiven inklusive der Diskussion dieser Themen mit Kollegen.

8.3 Praxis und Verlauf der Ausbildung

Kaklauskas und Greene (2020) meinen, dass *Angst* typischerweise eine sehr verbreitete Erfahrung »frisch gebackener« Gruppenleiter ist, und dass es in der Ausbildung darum gehe, die Angst und andere emotionale Reaktionen im Kontext von Gruppen konstruktiv durchzuarbeiten. Hierzu braucht es die (organisatorische wie emotionale) Unterstützung der Ausbildungsinstitution oder -organisation, fundiertes Training, vielfältige Erfahrungen und – möglicherweise besonders wichtig – eine positive supervisorische Beziehung.

Forschung zur gruppentherapeutischen Ausbildung gibt es noch wenig. Am meisten hat sich die Arbeitsgruppe um Kivlighan mit dem Thema beschäftigt (z. B. Kivlighan et al. 2017; Li et al. 2015) und überprüft, welche wichtigen Unterschiede es zwischen Anfängern und fortgeschrittenen Gruppenleitern gibt, speziell im Hinblick auf die Konzeptualisierung der Gruppe und die Auswahl von Interventionsstrategien. Zusammengefasst fehlt es den Anfängern zunächst offensichtlich noch daran, über Gruppen vertieft und entsprechend derer Komplexität nachzudenken, auch verfügen sie am Anfang über ein deutlich geringeres Repertoire an Interventionen. Ein Beispiel, das die Arbeitsgruppe nennt, ist, dass Anfänger Schweigen, insbesondere auch das Schweigen des Gruppenleiters, eher als feindselig empfinden und erst lernen müssen, dass Schweigen auch eine Möglichkeit darstellt, Empathie auszudrücken und überhaupt einen Raum für die Reflexion von Geschehnissen zu schaffen.

Unabhängig von der Ausbildungsforschung gibt es eine Reihe von Modellen für die *Entwicklung von Gruppenleitern*, unter denen eines der ersten von Zaslav (1988) stammt, der beschreibt, dass die Gruppenleiterkarriere oftmals mit einem »*Gruppenschock*« beginnt, der vor allem der Komplexität der Erfahrung einer Gruppe geschuldet ist und in dessen Folge weniger nützliche Techniken wie Einzelgespräche in der Gruppe oder die ausschließliche Fokussierung des Inhaltes zuungunsten des Prozesses an Gewicht gewinnen. Dieser Gruppenschock kann durch eine kontinuierliche Neubewertung der Erfahrungen und eine zunehmende Verinnerlichung von Fertigkeiten und Wissen bezüglich der

Gruppe überwunden werden, die dann gemeinsam zu einer umfassenden Gruppenleiterkompetenz beitragen.

Virginia Brabender hat 2010 die nachfolgend gelisteten fünf Stadien der Entwicklung von Gruppenleitern genannt:

1. Phase der Entscheidung und Antizipation, in der eine erste Idee lokalisiert ist, überhaupt mit Gruppen arbeiten zu wollen.
2. Ausbildung in basalem gruppenbezogenem Wissen und entsprechenden Skills.
3. Zunehmende Identifikation mit der Rolle eines Gruppentherapeuten, verbunden mit einem Austausch mit anderen Gruppentherapeuten und Gruppentherapieorganisationen mit dem Ziel, die Fertigkeit und das Wissen weiter zu entwickeln.
4. Expertenstatus, in dem bereits ein breites Wissen und ein breites Spektrum an Praktiken verinnerlicht sind, basierend auf fortlaufender Weiterbildung, Supervision und klinischer Erfahrung[8].
5. Stadium großer Expertise mit einem hohen Maß an Erfahrung und der Verfügbarkeit von »sophisticated skills«, sowohl konzeptueller wie auch technischer Art.

Man ist sich im Zusammenhang mit der Ausbildungsliteratur darüber einig, dass die Ausbildungsmethoden neben dem didaktischen Lernen von theoretischen und praktischen Material vor allem darin bestehen sollten, Gruppenselbsterfahrung zu erleben und so möglichst viel persönliche Erfahrung als Gruppenmitglied zu sammeln, was immer ermöglicht, einen Perspektivwechsel vorzunehmen, wenn man in der Leiterrolle angelangt ist.

Daneben wird empfohlen, erfahrene Gruppenleiter zu beobachten und von Beginn an eine engmaschige klinische Supervision in Anspruch zu nehmen (Yalom und Leszcz 2020; Stockton et al. 2013). Während Stockton et al. (2013) besonders die Diskussion mit erfahrenen

---

[8] In diesem Stadium hat sich vermutlich so etwas wie ein persönlicher Stil entwickelt, der beispielsweise nach Rutan et al. (2019b) entlang der Dimensionen Transparenz vs. Undurchsichtigkeit, Aktivität – Zurückhaltung oder Gratifikation vs. Frustration variieren kann.

Gruppenleitern als Ausbildungselement hervorheben, die man bei der Arbeit beobachtet hat (um bspw. klinische Entscheidungen nachzuvollziehen und die Verbindung von Inhalt und Prozess besser zu verstehen), heben andere auf die Bedeutung der Gruppensupervision ab, so z. B. Mattke und Strauß (2018).

Mattke und Strauß (2018) nennen die Gruppensupervision im Rahmen eines Ausbildungssystems als einen Ort konventioneller professioneller Identitätsentwicklung, als Ort postkonventioneller Identifikationsentwicklung (i. S. von Habermas 1976) dagegen die berufsbegleitende Supervision nach der Graduierung als Gruppentherapeut, z. B. in Teamsupervisionen, frei gewählten Supervisions- oder Intervisionsgruppen, gruppentherapeutischen Fallseminaren oder durch kontinuierliche Lektüre. Der »Gruppenvorteil« in Supervisionen – so Mattke und Strauß (2018) – sei historisch einerseits durch die andauernde Erfolgsgeschichte der Balintgruppen belegt, andererseits durch den Eintritt der angewandten Gruppendynamik in die Supervisionsszene. Gruppendynamiker seien es auch gewesen, die unser Augenmerk auf die institutionellen Rahmenbedingungen lenkten, in denen supervidierte Gruppen stattfinden. Im Unterschied zur Supervision im Einzelsetting sehen Mattke und Strauß (2018) in der Gruppensupervision die Verknüpfung von individuellen und sozialen Reflexionen zum Fall möglich und erforderlich. Innerhalb des informationsverarbeitenden Systems Supervisionsgruppe würden die Interaktionen aus der zu supervidierenden Therapiegruppe, über die in der Supervisionsgruppe berichtet wird, gespiegelt und reinszeniert (vgl. Rappe-Gieseke 2009).

In ▶ Kap. 6 wurden die potentiellen Kompetenzen und »Eignungen« diskutiert, die mit der Leitung von Gruppen verbunden werden und die man für sich im Zusammenhang mit der Frage prüfen sollte, ob man sich die Leitung von Gruppen zutraut (»finding the leader in you«, Kaklauskas und Greene 2019). Diese in Kap. 6 genannte Liste ließe sich auf der Basis der Ausbildungsliteratur zur Gruppentherapie ergänzen durch die o. g. ethische Kompetenz, die auch die Verpflichtung zur Einhaltung von Grenzen und die Verpflichtung zu lebenslangem Lernen umfasst. Ein weiterer wichtiger Aspekt ist die *Selbstfürsorge* bzw. die *Burnout-Prophylaxe* angesichts der Tatsache, dass Gruppen ein »powerful medium« (Kaklauskas und Grene 2019) darstellen und Gruppenleiter (und Mitglieder) geballt vielen traumatischen und tragischen Geschichten sowie oft einer Achterbahn der Gefühle ausgesetzt sind, inklusive Scham und Angst (Weber und Gans 2003; Billow 2001), durch die häufige »Nebenwirkungen von Psychotherapie bei den Therapeuten« (Schneider 2018) noch verstärkt werden können.

Dieser Abschnitt sei mit einem Zitat auf das Standardwerk der Gruppentherapie beendet, in dessen aktueller Auflage Yalom und Leszcz (2020) zur Ausbildung schreiben (Übs. d. Autors):

»Ausbilder sollten nicht vermitteln, dass es eine absolute Sicherheit gibt bezüglich unserer Techniken oder bezüglich unserer Grundannahmen über therapeutische Veränderungen. Das Feld ist viel zu komplex und zu pluralistisch, um Schülern einen unumstößlichen Glauben zu vermitteln. Entsprechend halten wir es für besonders wichtig, eine grundlegend wissenschaftliche Orientierung gegenüber dieser Arbeit zu vermitteln und vorzuleben. Dies bedeutet eine offene, selbstkritische und neugierige Einstellung gegenüber jedweder klinischer und wissenschaftlicher Evidenz. Wie wir dies schon früher betont haben, reicht Erfahrung allein nicht dafür aus, um effektiv zu arbeiten. Stattdessen wird unser professionelles Wachstum dadurch beeinflusst, was wir mit dieser Erfahrung anfangen.

Jüngste Erfahrungen in der Psychotherapieforschung unterstreichen dieses Prinzip. Wir können alle evidenzbasierte Gruppentherapeuten sein, ganz unabhängig von unseren bevorzugten theoretischen Modellen. Letztendlich ist es der Therapeut, der die positive Veränderung produziert und nicht das Modell. Wir glauben, dass ein effektiver Gruppentherapeut durch die folgenden Kernelemente charakterisiert ist:

Die Fähigkeit, eine starke therapeutische Beziehung über alle Patienten hinweg zu formen, ausgeprägte interpersonale Fertigkeiten, professionelle Bescheidenheit und Selbstreflektion und eine Verpflichtung zum Lernen und dem Ziel, das eigene Handwerk zu verfeinern« (S. 665/666).

Weiterführende Literatur

Kaklauskas FJ, Greene LR (2020) Finding the leader in you. In: Kaklauskas FJ, Greene LR (Hrsg.) Core principles of group psychotherapy. New York: Routledge.

MacNair-Semands R (2005) Ethics in Group psychotherapy. New York: AGPA.

Leszcz M, Kobos JC (2018) Wie wissenschaftliche Evidenz praktisch genutzt werden kann. In: Strauß B, Mattke D (Hrsg.) (2018) Gruppenpsychotherapie – Lehrbuch für die Praxis. 2. Aufl. Heidelberg: Springer.

Riva MT (2014) Supervision of group leaders. In: DeLucia-Waack JL, Gerrity DA et al. (Hrsg.) Handbook of group counseling and psychotherapy. Thousand Oaks: Sage.

Pope KS, Vasquez MJ (2016) Creating and using strategies for self-care. In: Pope KS, Vasquez MJ (Hrsg.) Ethics in psychotherapy and counseling. Hoboken: Wiley.

Literatur

Abels H (2019) Gruppe: Über Wir-Gefühle, sozialen Einfluss und Fremde. In: Abels H (Hrsg.) Einführung in die Soziologie: Band 2: Die Individuen in ihrer Gesellschaft. Wiesbaden: Springer Fachmedien. S. 235–279.

Agazarian Y, Gantt S (2003) Phases of group development: Systems-centered hypotheses and their implications for research and practice. Group Dynamics: Theory, Research, and Practice 7: 238–252.

Agazarian YM (1983) Theory of the invisible group applied to individual and group-as-a-whole interpretations. Group 7: 27–37.

Agazarian YM, Peters R (1981) The Visible and the Invisible Group – Two Perspectives on Group Psychotherapy and Group Process. London: Routledge Kegan.

American Group Psychotherapy Association (AGPA) (2007) Practice guidelines. (http://www.agpa.org/home/practice-resources/practice-guidelines-for-group-psychotherapy, Zugriff am 17.3.2021).

Association for Specialists in Group Work (AGSW) (2000) Training Standards. (http://www.asgw.org/knowledge, Zugriff am 17.3.2021).

Alldredge C, Burlingame G, Olsen J, Van Epps J (2020) Outcome Questionnaire-45 (OQ-45) progress alert rates in group versus individual treatment: An archival replication. Group Dynamics: Theory, Research, and Practice 24: 247–260.

Alldredge C, Burlingame GM, Yang C, Rosendahl J (2021) Alliance in Group Therapy: A Meta-Analysis. Group Dynamics: Theory, Research and Practice 25: 13–28.

Ambrose CT (2014) Joseph Hersey Pratt (1872–1956) An early proponent of cognitive-behavioural therapy in America. J Med Biogr 22: 33–44.

Ambühl H, Grawe K (1989) Psychotherapeutisches Handelns als Realisierung therapeutischer Heuristiken. Psychother Psychosom Med Psychol 39: 1–10.

Antoni MH, Bouchard LC, Jacobs JM et al. (2016) Stress management, leukocyte transcriptional changes and breast cancer recurrence in a randomized trial: An exploratory analysis. Psychoneuroendocrinology 74: 269–277.

Antons K (2009) Die dunkle Seite von Gruppen. In: Edding C, Schattenhofer K (Hrsg.) Handbuch Alles über Gruppen. Weinheim: Beltz. S. 327–357. (2. Auflage v. 2015, S. 322–356).

Antons K, Ehrensberger H, Milesi R (2019) Praxis der Gruppendynamik. 10. Aufl. Göttingen: Hogrefe.

APA (American Psychological Association) (2019) Specialty Group psychology and Group Psychotherapy. (https://www.apa.org/ed/graduate/specialize/group-psychology-therapy, Zugriff am 15.3.2021).

Asch SE (1961) Issues in the Study of Social Influences on Judgment. In: Berg IA, Bass BM (Hrsg.) Conformity and deviation. New York: Harper and Brothers. S. 143–158.

Badenoch B, Cox P (2010) Integrating interpersonal neurobiology with group psychotherapy. Int J Group Psychoth 60: 462–481.

Baker E, Burlingame GM, Cox JC, Beecher ME, Gleave RL (2013) The Group Readiness Questionnaire: A convergent validity analysis. Group Dynamics: Theory, Research, and Practice 17: 299–314.

Barkowski S, Schwartze D, Strauss B, Burlingame GM, Barth J, Rosendahl J (2016) Efficacy of group psychotherapy for social anxiety disorder: A meta-analysis of randomized-controlled trials. Journal of Anxiety Disorders 39: 44–64.

Barkowski S, Schwartze D, Strauss B, Burlingame GM, Rosendahl J (2020) Efficacy of group psychotherapy for anxiety disorders: A systematic review and meta-analysis. Psychotherapy Research 30: 965–982.

Barlow DH, Craske MG (2007) Mastery of your anxiety and panic. Oxford: Oxford Univerity Press.

Barlow SH (2013) Specialty competence in Group psychology. Oxford, New York: Oxford Univerity Press.

Bartuschka F (1997) Stationäre Gruppentherapie. Unveröffentlichtes Vortragsmanuskript, Stadtroda.

Bateman A, Fonagy P (2004) Psychotherapy for Borderline Personality Disorder: Mentalization-based treatment. Journal of Personality Disorders 18: 36–51.

Bateman A, Fonagy P (2016) Mentalization-Based Treatment for Personality Disorders: A Practical Guide. World psychiatry: official journal of the World Psychiatric Association (WPA) 9: 11–15.

Battle C, Imber S, Hoen-Saric R et al. (1966) Target complaints as criteria for improvement. Am J Psychother 20: 184–192.

Baumann MR, Deller JC (2021) Composition and compilation: A selective review and applications to therapy groups. In: Parks CD, Tasca GA (Hrsg.) The psychology of groups: The intersection of social psychology and psychotherapy research. Washington: American Psychological Association. S. 51–68.

Beck AP, Lewis CM (2000) The process of group psychotherapy. Systems for analyzing change. Washington: APA.

Behnke A (2016) Die 50 besten Warm-Up Spiele für Gruppen. München: Don Bosco.

Behr H, Hearst L (2005) Group-analytic psychotherapy – A meeting of minds. London: Whurr.

Belmont JA (2016) 150 more group therapy activities and Tiops. Eau Claire: PESI.

Bennis WG, Shepard HA (1956) A Theory of Group Development. Human Relations 9: 415–437.

Bergeron S, Khalifé S, Dupuis MJ, McDuff P (2016) A randomized clinical trial comparing group cognitive-behavioral therapy and a topical steroid for women with dyspareunia. J Cons clin Psych 84: 3259–268.

Bergin AE, Garfield SL (1971) Handbook of psychotherapy and behavior change: an empirical analysis. New York, Wiley.

Bernard H, Burlingame G, Flores P, Greene L, Joyce A, Kobos JC, Leszcz M, MacNair-Semands RR, Piper WE, McEneaney AMS, Feirman D (2008) Clinical Practice Guidelines for Group Psychotherapy. International Journal of Group Psychotherapy 58: 455–542.

Berne E (1966) Principles of group treatment. New York: Oxford University Press.

Bernstedt J, Hahn S (2010) Gestalttherapie in Gruppen. Bergisch-Gladbach: EHP.

Bieling PJ, McCabe RE, Antony MM (2009) Cognitive-behavioral therapy in groups. New York: Guilford Press.

Bierhoff H-W, Frey D, Corcoran K (2011) Sozialpsychologie – Interaktion und Gruppe. Göttingen: Hogrefe.

Biermann-Ratjen E-M, Eckert J (2018) Die gruppentherapeutische Veränderungstheorie der Gesprächspsychotherapie. In: Strauß B, Mattke D (Hrsg.) Gruppenpsychotherapie. Berlin, Heidelberg: Springer. S. 169–180.

Billow RM (2001) The Therapist's Anxiety and Resistance to Group Therapy. International Journal of Group Psychotherapy 51: 225–242.

Billow RM (2003) Relational group psychotherapy: from basic assumptions to passion. London: Jessica Kingsley.

Bion WR (1961) Experiences in groups, and other papers. London: Tavistock/Routledge.

Blackmore C, Beecroft C, Parry G, Booth A, Tantam D, Chambers E, Simpson E, Roberts E, Saxon D (2009) A Systematic Review of the Efficacy and Clinical Effectiveness of Group Analysis and Analytic/Dynamic Group Psychotherapy. Centre for Psychological Services Research, School of Health and Related Research, Unpublished report, University of Sheffield.

Blackmore C, Tantam D, Parry G, Chambers E (2012) Report on a Systematic Review of the Efficacy and Clinical Effectiveness of Group Analysis and Analytic/Dynamic Group Psychotherapy. Group Analysis 45: 46–69.

Bohus M (2018) Skillstraining für Patienten mit Borderlinestörungen. In: Strauß B, Mattke D (Hrsg.) Gruppenpsychotherapie. Heidelberg: Springer. S. 349–366.

Boll-Klatt A, Kohrs H, Strauß B (2011) Ideengeschichte der psychodynamischen Psychotherapie. In: Strauß B, Galliker M, Linden M, Schweitzer J (Hrsg.) Ideengeschichte der Psychotherapieverfahren. Stuttgart: Kohlhammer. S. 26–43.

Bond GR (1983) Positive and negative norm regulation and their relationship to therapy group size. Group 8: 35–44.

Bond GR, Lieberman M (1978) Selection criteria for group therapy. In: Brady J, Brody HK (Hrsg.) Controversy in psychiatry. Philadelphia: W.B. Saunders Co. S. 679–702.

Bordin E (1979) The generalizability of the psychoanalytic concept of the working alliance. Psychotherapy 16: 252–260.

Bormann B, Burlingame GM, Strauß B (2011) Der Gruppenfragebogen (GQ-D): Instrument zur Messung von therapeutischen Beziehungen in der Gruppenpsychotherapie. Psychotherapeut 56: 297–309.

Bormann B, Strauß B (2007) Gruppenklima, Kohäsion, Allianz und Empathie als Komponenten der therapeutischen Beziehung in Gruppenpsychotherapien – Überprüfung eines Mehrebenen-Modells. Gruppenpsychotherapie und Gruppendynamik 43: 3–22.

Bormann B, Strauß S (2018) Therapeutische Beziehungen in Gruppen. In: Strauß B, Mattke D (Hrsg.) Gruppenpsychotherapie – Lehrbuch für die Praxis. 2. Aufl. Heidelberg: Springer. S. 69–84.

Bowlby J (1988) A Secure Base. London: Basic Books.

BPtK (2018) Ein Jahr nach der Reform der Psychotherapie-Richtlinie Wartezeiten 2018. Berlin: Bundespsychotherapeutenkammer.

Brabender V (2010) The Developmental Path to Expertise in Group Psychotherapy. J Contemp Psychother 40: 163–173.

Brabender V, Fallon A (1993) Models of inpatient group psychotherapy. Washington, DC: American Psychological Association.

Brabender V, Fallon A (2009) Group development in practice: Guidance for clinicians and researchers on stages and dynamics of change. Washington: American Psychological Association.

Brabender VA, Fallon AE, Smolar AI (2004) Essentials of group therapy. New York: Wiley.

Brown NW (2003) Conceptualizing Process. Journal of Group Psychotherapy 53: 225–244.

Brown NW (2011) Psychoeducational groups: process and practice. London: Routledge.

Budman SH, Gurman AS (1988) Theory and practice of brief therapy. New York: Guilford Press.

Bundesregierung (2013) Koalitionsvertrag von CDU, CSU und SPD, »Deutschlands Zukunft gestalten«. Drucksache des Bundestags. https://www.spdfraktion.de/themen/deutschlands-zukunft-gestalten-0 (letzter Zugriff 23.08.2021).

Burlingame G, Baldwin S (2018) Eine kurze Geschichte der Gruppenpsychotherapie. In: Strauß B, Mattke D (Hrsg.) Gruppenpsychotherapie – Lehrbuch für die Praxis. Heidelberg: Springer. S. 9–18.

Burlingame G, MacKenzie KR, Strauss B (2004) Small Group Treatment: Evidence for Effectiveness and Mechanisms of Change. In: Lambert MJ (Hrsg.) Bergin and Garfield's Handbook of Psychotherapy and Behavior Change. 5. Aufl. New York: John Wiley & Sons. S. 647–696.

Burlingame G, Strauss B (2021) Efficacy of small group treatments: Foundations for evidence-based practice. In: Castonguay LG, Barkham M, Lutz W (Hrsg.) Bergin and Garfield's handbook of psychotherapy and behavior change. 7. Aufl. New York: Wiley. S. 592–634.

Burlingame GM, Fuhriman A, Johnson J (2011) Cohesion in group psychotherapy. In: Norcross JC (Hrsg.) A guide to psychotherapy relationships that work. Oxford: University Press. S. 71–88.

Burlingame GM, Layne CM (2001) Group-based interventions for trauma survivors: Introduction to the special issue. Group Dynamics: Theory, Research, and Practice 5: 243–245.

Burlingame GM, McClendon DT, Yang C (2018) Cohesion in group therapy: A meta-analysis. Psychotherapy 55: 384–398.

Burlingame GM, Seebeck JD, Janis RA, Whitcomb KE, Barkowski S, Rosendahl J, Strauss B (2016) Outcome differences between individual and group formats when identical and nonidentical treatments, patients, and doses are compared: A 25-year meta-analytic perspective. Psychotherapy 53: 446–461.

Burlingame GM, Strauß B, Johnson J (2008) Gibt es allgemeine Veränderungsmechanismen in Gruppenpsychotherapien? Eine Einführung in ein konzeptuelles Modell. Gruppenpsychotherapie und Gruppendynamik 44: 177–214.

Burlingame GM, Strauss B, Joyce A, MacNair-Semands R, MacKenzie KR, Ogrodniczuk J, Taylor S (2006) CORE Battery – revised. Clinical Outcome Results. New York: American Group Psychotherapy Association.

Burlingame GM, Strauss B, Joyce AS (2013) Change Mechanisms and Effectiveness of Small Group Treatments. In: Lambert MJ (Eds.) Bergin and Garfield's Handbook of Psychotherapy and Behavior Change. 6. Aufl. New York: John Wiley & Sons. S. 640–689.

Burlingame GM, Svien H, Hoppe L, Hunt I, Rosendahl J (2020) Group therapy for schizophrenia: A meta-analysis. Psychotherapy 57: 219–236.

Burlingame GM, Whitcomb KE, Woodland SC, Olsen JA, Beecher M, Gleave R (2018) The effects of relationship and progress feedback in group psychotherapy using the Group Questionnaire and Outcome Questionnaire–45: A randomized clinical trial. Psychotherapy 55: 116–131.

Burlingame G, MacKenzie KR, Strauß B (2002) Zum aktuellen Stand der Gruppenpsychotherapieforschung. II. Effekte von Gruppenpsychotherapien als Bestandteil komplexer Behandlungsansätze. Gruppenpsychotherapie und Gruppendynamik 38: 5–32.

Burrow T (1926) Die Gruppenmethode in der Psychoanalyse. IMAGO 12: 211–222.

Campos J (1992) Burrow, Foulkes and Freud: An historical perspective. Lifwynn Correspondence 2: 2–9.

Cartwright D, Zander E (Hrsg.) Group dynamics: Research and theory. New York: Harper & Row.

Castonguay LG, Constantino MJ, Beutler LE (2019) Principles of change: how psychotherapists implement research in practice. New York: Oxford University Press.

Chapman CL, Baker EL, Porter G, Thayer SD, Burlingame GM (2010) Rating group therapist interventions: The validation of the Group Psychotherapy Intervention Rating Scale. Group Dynamics: Theory, Research, and Practice 14: 15–31.

Chapman CL, Burlingame GM, Gleave R, Rees F, Beecher M, Porter GS (2012) Clinical prediction in group psychotherapy. Psychotherapy Research 22: 673–681.

Chen EC, Mallinckrodt B (2002) Attachment, group attraction and self-other agreement in interpersonal circumplex problems and perceptions of group members. Group Dynamics: Theory, Research, and Practice 6: 311–324.

Cohn R (1975) Von der Psychoanalyse zur Themenzentrierten Interaktion. Stuttgart: Klett-Cotta.

Cooley CH (1909) Social Organization, a Study of the Larger Mind. 2. Aufl. New York: Schocken Books.

Corsini RJ, Rosenberg B (1955) Mechanisms of group psychotherapy: Processes and dynamics. The Journal of Abnormal and Social Psychology 51: 406–411.

Cottrel N Social facilitation. In: CG McClintock (Hrsg.) Experimental social psychology. New York: Holt, Rhinahart & Winston. S. 185–236.

Counselman EF (2017) First You Put Your Chairs in a Circle: Becoming a Group Therapist. International Journal of Group Psychotherapy 67: 124–133.

Craske MG, Barlow DH (2007) Mastery of your anxiety and panic. Therapist guide. 4. Aufl. Oxford: University Press.

Dalal F (1998) Taking the group seriously. London: Jessica Kongsley.

Dalal F (2018) Zurück zum Ursprung – Von der Vorhersagbarkeit zur radikalen Ungewissheit. Gruppenpsychotherapie und Gruppendynamik 54: 76–93.

Davies R, Seaman S, Burlingame GM (2002) Selecting adolescents for group based trauma treatment. New Orleans: Annual Meeting of the American Group Psychotherapy Association.

Degott N, Schubert T, Strauß B (2017) Operationalisierte Basisdokumentation von Gruppenpsychotherapien: Ergebnisse einer ersten Erprobung. Psychotherapeut 62: 537–546.

Dieckmann M, Dahm A, Neher M (2020) Kommentar Psychotherapie-Richtlinien. 13. Aufl. München: Elsevier.

Dies RR (1983) Clinical implications of research on leadership in short-term group psychotherapy. In: Dies RR, Mackenzie KR (Hrsg.) Advances in group psychotherapy New York: International Universities press. S. 27–78.

Dies RR (1994). Therapist variables in group psychotherapy research. In: Fuhriman A, Burlingame GM (Hrsg.) Handbook of group psychotherapy: An empirical and clinical synthesis New York: Wiley. S. 114–154.

Dießner G (2009) Gruppendynamische Übungen & Spiele. Paderborn: Junfermann.

Dinger-Ehrenthal U, Komo-Lang M, Brunner F, Herzog W, Schauenburg H, Nikendei CH (2016) Psychosomatisch-psychotherapeutische Abendklinik als innovatives Versorgungsmodell. Psychotherapeut 61: 141–147.

Domhardt M, Letsch J, Kybelka J, Koenigbauer J, Doebler P, Baumeister H (2020) Are Internet- and mobile-based interventions effective in adults with diagnosed panic disorder and/or agoraphobia? A systematic review and meta-analysis. Journal of Affective Disorders 276: 169–182.

Dugas MJ, Ladouceur R, Léger E, Freeston MH, Langolis F, Provencher MD, Boisvert J-M (2003) Group cognitive-behavioral therapy for generalized anxiety disorder: Treatment outcome and long-term follow-up. Journal of Consulting and Clinical Psychology 71: 821–825.

Duges MJ, Ladouceur R, Leger R et al. (2003) Group cognitive behavioral therapy for GAD. J Consult clin Psych 71: 821–825.

Durkheim É (1897) Der Selbstmord. Über soziale Arbeitsteilung. Studie über die Organisation höherer Gesellschaften. Paris, Felix Alcan.

Durkheim É (1902) Über soziale Arbeitsteilung. Frankfurt: Suhrkamp.

Durkin HE (1992) General systems theory and group therapy. An Introduction. Int J Group Psychoth 22: 159–166.

Eckert J (2010) Indikation und Prognose. In: Tschuschke V (Hrsg.) Gruppenpsychotherapie. Stuttgart: Thieme. S. 44–49.

Eckert J, Biermann-Ratjen E-M (1990) Ein heimlicher Wirkfaktor: Die »Theorie« des Therapeuten. In: Tschuschke V, Czogalik D (Hrsg.) Psychotherapie – Welche Effekte verändern? Berlin, Heidelberg: Springer. S. 272–287.

Edding C, Schattenhofer K, Amann A (2015) Handbuch alles über Gruppen: Theorie, Anwendung, Praxis. 2. Aufl. Weinheim: Beltz.

Egle UT, Heim Ch, Strauß B, von Känel R (2020) Psychosomatik – Neurobiologisch fundiert, evidenzbasiert. Stuttgart: Kohlhammer.

Engert V, Grant J, Strauss B (2020) Psychosocial factors in disease and treatment – a call for the biopsychosocial model. JAMA Psychiatry 77(10): 996–997.

Euler S, Walter M (2020) Mentalisierungsbasierte Psychotherapie (MBT). 2. Aufl. Stuttgart: Kohlhammer.

Euler S, Walter M (2020) Mentalisierungsbasierte Psychotherapie. 2. Aufl. Stuttgart: Kohlhammer.

Evans L, Holt C, Oei TPS (1991) Long Term Follow-up of Agoraphobics Treated by Brief Intensive Group Cognitive Behavioural Therapy. Aust N Z J Psychiatry 25: 343–349.

Falck O (2014) Beendigung einer Gruppentherapie. In: Staats H, Dally A, Bolm Th (Hrsg.) Gruppenpsychotherapie und Gruppenanalyse. Göttingen: Vandenhoek & Ruprecht. S. 262–269.

Fallot RD, Harris M (2002) The Trauma Recovery and Empowerment Model (TREM): conceptual and practical issues in a group intervention for women. Community Mental Health Journal 38: 475–485.

Festinger L (1954) A Theory of Social Comparison Processes. Human Relations 7: 117–140.

Fiedler P (2005) Verhaltenstherapie in Gruppen: psychologische Psychotherapie in der Praxis. 2. Aufl. Weinheim, Basel: Beltz Verlag.

Flores PJ (2001) Addiction as an Attachment Disorder: Implications for Group Therapy. International Journal of Group Psychotherapy 51: 63–81.

Flores PJ (2010) Group Psychotherapy and Neuro-Plasticity: An Attachment Theory Perspective. International Journal of Group Psychotherapy 60: 546–570.

Fonagy P, Campbell C, Bateman A (2017) Mentalizing, Attachment, and Epistemic Trust in Group Therapy. International Journal of Group Psychotherapy 67: 176–201.

Fonagy P, Luyten P, Campbell N, Allison E (2016) Epistemic Trust, Psychopathology and the Great Psychotherapy Debate. (https://societyforpsychotherapy.org/epistemic-trust-psychopathology-and-the-great-psychotherapy-debate/, Zugriff am 17.2.2021).

Forsyth DR (2014) Group dynamics, 5th ed. Belmont, CA: Wadsworth Cengage Learning.

Forsyth DR (2020) Group-level resistance to health mandates during the COVID-19 pandemic: A groupthink approach. Group Dynamics: Theory, Research, and Practice 24: 139–152.

Foulkes S (1964) Therapeutic group analysis. London: Intl Universities Press.

Foulkes SH (2005) Introduction to group analytic psychotherapy: studies in the social integration of individuals and groups, Fourth impression. London New York: Karnac.

Foulkes SH (2007) Praxis der gruppenanalytischen Psychotherapie. 2. Aufl. Frankfurt: Fischer.

Foulkes SH (1946) My philosophy in psychotherapy. In: Foulkes SH (Hrsg.) Selected Papers. London: Karnac Books. S. 280–285.

Foulkes SH, Anthony EJ (1984). Group Psychotherapy: The Psychoanalytic Approach. London: Routledge.

Freud S (1921) Massenpsychologie und Ich-Analyse. Wien, Int. Psychoanalytischer Verlag.

Frey D, Bierhoff H-W, Corcoran K (2011) Sozialpsychologie – Interaktion und Gruppe. Göttingen: Hogrefe.

Freyberger H, Spitzer C (2018) Gruppenpsychiatrie in der Psychiatrie. In: Strauß B, Mattke D (Hrsg.) Gruppenpsychotherapie – Lehrbuch für die Praxis. 2. Aufl. Heidelberg: Springer. S. 407–416.

Fuhriman A, Burlingame G (1994) Group psychotherapy: Research and practice. In Fuhriman A, Burlingame G (Hrsg.) Handbook of group psychotherapy: An empirical and clinical synthesis. New York: John Wiley. S. 3–40.

Fuhriman A, Burlingame GM (1994) Handbook of group psychotherapy: an empirical and clinical synthesis. New York: Wiley.

Gantt S (2020) Implications of neuroscience for group psychotherapy. In: Kaklauskas FJ, Greene LR (Hrsg.) Core principles of group psychotherapy: a training manual for theory, research, and practice. New York, NY: Routledge. S. 156–170.

Gawlytta R, Tefikow S, Strauß B (2013) Psychodynamische Kurzzeitgruppentherapie der sozialen Phobie: Beschreibung des Therapiekonzepts und einer Fallstudie. Psychother Psych Med 63: 58–64.

GBA (2020) Neue Regelungen zur Förderung der Gruppenpsychotherapie. (https://www.g-ba.de/presse/pressemitteilungen-meldungen/913/, Zugriff am 17.02.2021).

Goldfried MR (2000) Consensus in psychotherapy research and practice: where have all the findings gone? Psychotherapy Research 10: 1–16.

Goldfried MR (2019) Obtaining consensus in psychotherapy: What holds us back? American Psychologist 74: 484–496.

Golkaramnay V, Bauer S, Haug S, Wolf M, Kordy H (2007) The Exploration of the Effectiveness of Group Therapy through an Internet Chat as Aftercare: A Controlled Naturalistic Study. Psychother Psychosom 76: 219–225.

Greene LR, Kaklauskas F (2020) Group Development. In: Kaklauskas FJ, Greene LR (Hrsg.) Core principles of group psychotherapy: a training manual for theory, research, and practice. New York, NY: Routledge. S. 101–108.

Grenon R, Schwartze D, Hammond N, Ivanova I, Mcquaid N, Proulx G, Tasca GA (2017) Group psychotherapy for eating disorders: A meta-analysis. Int J Eat Disord 50: 997–1013.

Habermas J (1976) Moralentwicklung und Ich-Idenität. In: Habermas J (Hrsg.) Zur Rekonstruktion des Historischen Materialismus. Frankfurt/Main: Suhrkamp. S. 63–91.

Haney C, Banks C, Zimbardo PG (1973) Interpersonal dynamics in a simulated prison. Int J Criminol Penol 1: 69–97.

Harfst T, Koch U, Schulz H (2002) Nachsorgeempfehlungen in der psychosomatischen Rehabilitation – Empirische Analysen auf der Basis des einheitlichen Entlassungsberichts der Rentenversicherungsträger. Rehabilitation 41: 407–414.

Harris A, Moe TF, Eriksen HR et al. (2017) Brief intervention, physical exercise and CBGT for patients with low back pain. Europ J Pain 21: 1397–1407.

Hartman J, Gibbard G (1974) Anxiety, boundary evolution and social change. In: Gibbard G, Hartman J, Mann R (Hrsg.) Analysis of groups. San Fransisco: Jossey-Bass. S. 154–176.

Haslam SA, Reicher S, Platow M (2011) The new psychology of leadership: identity, influence, and power. Hove, East Sussex [England]; New York: Psychology Press.

Haun DBM, Tomasello M (2011) Conformity to Peer Pressure in Preschool Children: Peer Pressure in Preschool Children. Child Development 82: 1759–1767.

Hautzinger M (2000) Depression im Alter. Göttingen: Hogrefe.

Hautzinger M, Kischkel E (1999) Kurzzeitpsychotherapeutisches Behandlungskonzept für unterschwellige und leichte Depressionen. Göttingen: Hogrefe.

Hautzinger M, Kuehner C (1999) Kurzzeitpsychotherapeutisches Behandlungskonzept für unterschwellige und leichte Depressionen. Göttingen: Hogrefe.

Heigl-Evers A; Heigl F (1973) Gruppentherapie: Interaktionell – tiefenpsychologisch fundiert – psychoanalytisch. Gruppenpsychotherapie Gruppendynamik 7: 132–157.

Heigl-Evers A, Heigl FS, Ott J (1998) Zur Theorie und Praxis der psychoanalytisch-interaktionellen Gruppentherapie. Göttingen: Vandenhoek & Ruprecht.

Heimberg RG, Becker RE (2002) Cognitive-behavioral group therapy for social phobia: basic mechanisms and clinical strategies. New York: Guilford Press.

Herle J, Kuehner C (1994) Depression bewältigen. Weinheim: PVU.

Hermanns LM (2009) Über die Wurzeln der Gruppenanalyse in Nachkriegsdeutschland – ihre Rezeptionsgeschichte und Traditionsbildungen. Gruppenpsychotherapie und Gruppendynamik 45: 104–127.

Herr A, Schmidt G, Schweitzer J (2012) Systemische Gruppenpsychotherapie. In: Strauß B, Mattke D (Hrsg.) Gruppenpsychotherapie -Lehrbuch für die Praxis. Heidelberg: Springer. S. 159–169.

Herrle J, Kuehner C (2001) Depression bewältigen. Weinheim: PVU.

Hersey P, Blanchard KH (1969) Life cycle theory of leadership. Training & Development Journal 23: 26–34.

Hess H (1985) Gruppenpsychotherapieforschung. Berlin: Berichte des Hauses der Gesundheit.

Hess H (1996) Zwei Verfahren zur Einschätzung der Wirksamkeit von Gruppentherapie. In: Strauß B, Eckert J, Tschuschke V (Hrsg.) Methoden der empirischen Gruppentherapieforschung – ein Handbuch. Düsseldorf, Westdeutscher Verlag. S. 142–158.

Hirsch M (2004) Gedanken zum Schwinden der Attraktivität analytischer Gruppenpsychotherapie. Gruppenpsychotherapie und Gruppendynamik 40: 163–177.

Höck K (1981) Konzeption der intendiert dynamischen Gruppentherapie. Theoretische Probleme der Gruppenpsychotherapie. Berlin, Haus der Gesundheit.

Hoffmann K, Ross T, Mielke R, Kluttig T, Fontao MI (2018) Gruppen in der forensischen Psychotherapie. In: Strauß B, Mattke D (Hrsg.) Gruppenpsychotherapie – Lehrbuch für die Praxis, 2. Aufl. Berlin, Heidelberg: Springer Berlin Heidelberg. S. 417–428.

Hofstätter PR (1957) Gruppendynamik – Kritik der Massenpsychologie. Reinbek: Rowohlt.

Holmes SE, Kivlighan DM (2000) Comparison of therapeutic factors in group and individual treatment processes. Journal of Counseling Psychology 47: 478–484.

Hopper E (2005) Traumatic experience in the unconscious life of groups: the fourth basic assumption: incohesion: aggregation/massification or (ba) I: A/M. London; Philadelphia, PA: Jessica Kingsley Publishers.

Hopper E (2010) Ein Abriss meiner Theorie der Grundannahme der Incohesion: Aggregation/Massification oder (ba) I: A/M. In: Roth W, Shaked J, Felsberger H (Hrsg.) Die analytische Großgruppe.Festschrift zu Ehren von Josef Shaked. Wien: Facultas Verlags- und Buchhandels AG. S. 55–76.

Horowitz L, Strauß B, Thomas A, Kordy H (2016) Inventar zur Erfassung interpersonaler Probleme – Manual, 3. Aufl. Göttingen: Hogrefe.

Imel Z, Baldwin S, Bonus K, MacCoon D (2008) Beyond the individual: Group effects in mindfulness-based stress reduction. Psychotherapy Research 18: 735–742.

Insel TR, Quirion D (2005) Psychiatry as a Clinical Neuroscience Discipline. JAMA 294: 2221.

Janis IL (1972) Victims of groupthink: a psychological study of foreign-policy decisions and fiascoes. Boston: Houghton Mifflin.

Janis IL (1982) Groupthink: psychological studies of policy decisions and fiascoes, 2nd ed. Boston: Houghton Mifflin.

Janis RA, Burlingame GM, Svien H, Jensen J, Lundgreen R (2021) Group therapy for mood disorders: A meta-analysis. Psychotherapy Research 31: 369–385.

Janssen PL (1987) Psychoanalytische Therapie in der Klinik. Stuttgart: Klett-Cotta.

Janssen PL, Sachs G (2019) Psychodynamische Gruppenpsychotherapie: Theorie, Setting und Praxis. Stuttgart: Schattauer.

Johnson JE, Burlingame GM, Olsen JA, Davies DR, Gleave RL (2005) Group Climate, Cohesion, Alliance, and Empathy in Group Psychotherapy: Multilevel Structural Equation Models. Journal of Counseling Psychology, 52(3): 310–321.

Jónsson H, Hougaard E, Bennedsen BE (2011) Randomized comparative study of group vs individual CBT for obsessive-compulsive disorder. Act Psych Scand 123: 387–397.

Kabat-Zinn J (1994) Wherever you go, there you are: mindfulness meditation in everyday life. New York: Hyperion.

Kaklauskas F, Greene LR (2020) Finding the Leader in You. In: Kaklauskas FJ, Greene LR (Eds.) Core principles of group psychotherapy: a training manual for theory, research, and practice. New York, NY: Routledge. pp. 171–181.

Kaklauskas F, Olson EA (2020) The Ethical Group Psychotherapist. In: Kaklauskas FJ, Greene LR (Hrsg.) Core principles of group psychotherapy: a training manual for theory, research, and practice. New York, NY: Routledge. S. 143–155.

Kaklauskas FJ, Greene LR (2020) Core principles of group psychotherapy: a training manual for theory, research, and practice. New York, NY: Routledge.

Kaklauskas FJ, Greene LR, Gantt S (2020) Implications of Neuroscience for Group Psychotherapy. In: Kaklauskas FJ, Greene LR (Hrsg.) Core principles of group psychotherapy: a training manual for theory, research, and practice. New York, NY: Routledge. S. 156–170.

Kaklauskas FJ, Olson EA (2020) History and Contemporary Developments. In: Kaklauskas FJ, Greene LR (Hrsg.) Core principles of group psychotherapy: a training manual for theory, research, and practice. New York, NY: Routledge. S. 3–24.

Kämmerer A (2018) Kognitv-verhaltenstherapeutische Gruppentherapie. In: Strauss B, Mattke D (Hrsg.) Gruppenpsychotherapie – Lehrbuch für die Praxis. 2.Aufl. Heidelberg: Springer. S. 147–156.

Karterud S (2015) Mentalization-based group psychotherapy (MBT-G). Oxford: Oxford Univerity Press.

Kennard D, Roberts J, Winter DA (2005) A workbook of group-analytic interventions. London: Jessica-Kingsley.

Kivlighan DM (2011) Individual and group perceptions of therapeutic factors and session evaluation: An actor–partner interdependence analysis. Group Dynamics: Theory, Research, and Practice 15: 147–160.

Kivlighan DM, Corazzini JG, McGovern TV (1985) Pregroup Training. Small Group Behavior 16: 500–514.

Kivlighan DM, Lo Coco G, Oieni V, Gullo S, Pazzagli C, Mazzeschi C (2017) All bonds are not the same: A response surface analysis of the perceptions of positive bonding relationships in therapy groups. Group Dynamics: Theory, Research, and Practice 21: 159–177.

Kleinberg JL (2012) The Wiley-Blackwell handbook of group psychotherapy. Chichester, West Sussex, UK: Wiley-Blackwell.

Klipp B (2018) Kombinierte Gruppen- und Einzelpsychotherapie am Beispiel eines ambulanten Essstörungssettings. Gruppenpsychotherapie und Gruppendynamik. Zeitschrift für Theorie und Praxis der Gruppenanalyse 54: 2–18.

Knaevelsrud C, Liedl A, Maerker A (2018) Gruppentherapie bei Traumafolgestörungen. In: Strauss B, Mattke D (Hrsg.) Gruppenpsychotherapie – Lehrbuch für die Praxis. 2. Aufl. Heidelberg: Springer. S. 319–330.

Knauss LK (2006) Ethical issues in record keeping in group psychotherapy. Int J Group Psychother 56: 415–430.

Kobelt A, Worringen U, Widera T, Muschalla B (2018) Psychosomatische Nachsorge nach stationärer psychosomatischer Rehabilitation (PsyRENA). Ärztliche Psychotherapie 13: 30–34.

König O (2011) Vom allmählichen Verschwinden der Gruppenverfahren. Psychotherapeut 56: 287–296.

König O (2016) Macht in Gruppen. Stuttgart: Pfeiffer.

König O (2018) Gruppendynamische Grundlagen. In: Strauss B, Mattke D (Hrsg.) Gruppenpsychotherapie- Lehrbuch für die Praxis. 2. Aufl. Heidelberg: Springer. S. 21–36.

König O, Antons K (1997) Gruppendynamik: Geschichte, Theorien, Methoden, Anwendungen, Ausbildung. 2. Aufl. München: Profil.

König O, Schattenhofer K (2011) Einführung in die Gruppendynamik. 4. Aufl. Heidelberg: Carl Auer.

König O, Schattenhofer K (2020) Einführung in die Gruppendynamik. 5. Aufl. Heidelberg: Carl Auer.

Kösters M, Burlingame GM, Nachtigall C, Strauss B (2006) A meta-analytic review of the effectiveness of inpatient group psychotherapy. Group Dynamics: Theory, Research, and Practice 10: 146–163.

Krägeloh CU, Czuba KJ, Billington DR, Kersten P, Siegert RJ (2015) Using Feedback From Patient-Reported Outcome Measures in Mental Health Services: A Scoping Study and Typology. Psychiatric Services 66: 224–241.

Lambert MJ (2013) Bergin and Garfield's handbook of psychotherapy and behavior change. 7. Aufl. Hoboken, N.J: John Wiley & Sons.

Lambert MJ (2015) Progress feedback and the OQ-system. Psychother 52: 381–390.

Latané B (1981) The psychology of social impact. American Psychologist 36: 343–356.

Lazell EW (1921) The group treatment of dementia praecox. Psychoanalytic Review 8: 168–179.

Le Bon G (1895) Psycholoie der Massen (Psychologie des foules). Paris, Alcan.

Leary MR (2007) Motivational and emotional aspects of the self. Ann Rev Psychology 58: 317–344.

Leszcz M (2017) How Understanding Attachment Enhances Group Therapist Effectiveness. International Journal of Group Psychotherapy 67: 280–287.

Leszcz M, Kobos J (2018) Wie wissenschaftliche Evidenz praktisch genutzt werden kann. In: Strauß B, Mattke D (Hrsg.) Gruppenpsychotherapie – Lehrbuch für die Praxis. 2. Aufl. Heidelberg: Springer. S. 211–226.

Levine R (2011) Progressing While Regressing in Relationships. International Journal of Group Psychotherapy 61: 621–643.

Lewin K (1947) Frontiers in Group Dynamics: Concept, Method and Reality in Social Science; Social Equilibria and Social Change. Human Relations 1: 5–41.

Lewin K (1951) Field theory in social science. New York: Harper.

Li X, Kivlighan DM, Gold PB (2015) Errors of commission and omission in novice group counseling trainees' knowledge structures of group counseling situations. Journal of Counseling Psychology 62: 159–172.

Lieberman MA (1989) Group Properties and Outcomes: A Study of Group Norms in Self-Help Groups for Widows and Widowers. Int J Group Psychother 39: 191–205.

Lieberman MA, Yalom ID, Miles MB (1973) Encounter groups: first facts. New York: Basic Books.

Liedl A, Schäfer U, Knaevelsrud C (2010) Psychoedukation bei traumatischen Störungen. Stuttgart: Schattauer.

Liedl A, Schäfer U, Knaevelsrud C (2013) Psychoedukation bei posttraumatischen Störungen Manual für Einzel- und Gruppensetting; mit zahlreichen Tabellen. Weinheim, Beltz.

Linden M, Strauß B (2018) Risiken und Nebenwirkungen von Psychotherapie: Erfassung, Bewältigung, Risikovermeidung. 2. aktualisierte Aufl. Berlin: MWV Medizinisch Wissenschaftliche Verlagsgesellschaft.

Linden M, Strauß B (2021) Erfassung von Risiken und Nebenwirkungen von Psychotherapie. Berlin: MWV Medizinisch Wissenschaftliche Verlagsgesellschaft.

Lo Coco G, Gullo S, Di Fratello C, Giordano C, Kivlighan DM (2016) Group relationships in early and late sessions and improvement in interpersonal problems. Journal of Counseling Psychology 63: 419–428.

Lo Coco G, Melchiori F, Oieni V, Infurna MR, Strauss B, Schwartze D, Rosendahl J, Gullo S (2019) Group treatment for substance use disorder in adults: A systematic review and meta-analysis of randomized-controlled trials. Journal of Substance Abuse Treatment 99: 104–116.

Lo Coco G, Tasca GA, Hewitt PL, Mikail SF, Kivlighan, Jr. DM (2019) Ruptures and repairs of group therapy alliance. An untold story in psychotherapy research. Research in Psychotherapy 22: 58–70.

Löffler J, Bormann B, Burlingame G, Strauß B (2007) Auswahl von Patienten für eine Gruppenpsychotherapie: Eine Studie zur Überprüfung des GSQ an klinischen Stichproben aus dem deutschen Sprachraum. Zeitschrift für Psychiatrie, Psychologie und Psychotherapie 55: 75–86.

Lorentzen S (2014) Group analytic psychotherapy: working with affective, anxiety and personality disorders. London; New York: Routledge, Taylor & Francis Group.

Lorentzen S (2020) Short-term focused group-analytic psychotherapy (SFGAP). Group analysis, 53: 343–360.

Lorentzen S, Ruud T, Fjeldstad A, Høglend P (2013) Comparison of short- and long-term dynamic group psychotherapy: randomised clinical trial. Br J Psychiatry 203: 280–287.

Lorentzen S, Ruud T, Fjeldstad A, Høglend PA (2015) Personality disorder moderates outcome in short- and long-term group analytic psychotherapy: A randomized clinical trial. Br J Clin Psychol 54: 129–146.

MacKenzie K, Dies R (1982) AGPA CORE-Battery. New York: AGPA.

MacKenzie KR (1983) The clinical application of a group climate measure. In: Dies R, MacKenzie KR (Hrsg.) Advances in group psychotherapy: Integrating reserach and practice. Madison: International Universities Press. S. 159–170.

MacKenzie KR (1990) Introduction to time-limited group psychotherapy. Washington, DC: American Psychiatric Press.

MacKenzie KR (1997a) Clinical application of group development ideas. Group Dynamics: Theory, Research, and Practice 1: 275–287.

MacKenzie KR (1997b) Time-managed group psychotherapy: effective clinical applications. Washington, DC: American Psychiatric Press.

MacKenzie, KR, Burlingame G, Strauß B (2002). Zum aktuellen Stand der Gruppenpsychotherapieforschung. III. Gruppenpsychotherapieprozessforschung. Gruppenpsychotherapie und Gruppendynamik 38: 111–131.

MacNair RR, Corazzini JG (1994) Client factors influencing group therapy dropout. Psychotherapy: Theory, Research, Practice, Training 31: 352–362.

MacNair-Semands R (2005) Ehtics in Group psychotherapy. New York: American Group Psychotherapy Association.

MacNair-Semands R, Corazzini J (1998) Manual for the Group Therapy Questionnaire (GTQ). Virginia Commonwealth University: Counseling Services.

MacNair-Semands RR (2002) Predicting attendance and expectations for group therapy. Group Dynamics: Theory, Research, and Practice 6: 219–228.

Main TF (1946) The hospital as a therapeutic institution. Bull Menninger Clin 10: 66–70.

Mallinckrodt B (2004) Attachment and Interpersonal Impact Perceptions of Group Members: A Social Relations Model Analysis of Transference. Psychotherapy Research 14: 210–230.

Margraf J, Müller Spahn FJ (2009) Pschyrembel – Psychiatrie. Berlin: DeGruyter.

Marmarosh CL (2017) Attachment in Group Psychotherapy: Bridging Theories, Research, and Clinical Techniques. International Journal of Group Psychotherapy 67: 157–160.

Marmarosh CL (2019) Attachment in Group psychotherapy. New York: Routledge.

Marmarosh CL, Markin RD, Spiegel EB (2013) Attachment in Group Psychotherapy. Washington: American Psychological Association.

Marmarosh CL, Forsyth DR, Strauss B, Burlingame GM (2020) The psychology of the COVID-19 pandemic: A group-level perspective. Group Dynamics: Theory, Research, and Practice 24: 122–138.

Marrone M, Diamond N (1998) Attachment and interaction. London: J. Kingsley Publishers.

Marsh LC (1933) An experiment in group treatment of patients at Worchester State Hospital. Mental Hygiene 15: 328–349.

Marwitz M (2016) Verhaltenstherapeutische Gruppentherapie: Grundlagen und Praxis. 1. Aufl. Göttingen: Hogrefe.

Mattke D, Strauß B (2018) Aus-, Fort- und Weiterbildung in der Gruppenpsychotherapie. In: Strauß B, Mattke D (Hrsg.) Gruppenpsychotherapie – Lehrbuch für die Praxis. 2. Aufl. Heidelberg: Springer. S. 485–492.

Mattke D, Reddemann L, Strauß B (2009/2017) Keine Angst vor Gruppen! Gruppenpsychotherapie in Praxis und Forschung. 3. Aufl. Stuttgart: Klett-Cotta.

Mattke D, Zeeck A, Strauß B (2018) Stationäre und teilstationäre Gruppenpsychotherapie. In: Strauß B, Mattke D (Hrsg.) Gruppenpsychotherapie – Lehrbuch für die Praxis. 2. Aufl. Heidelberg: Springer. S. 395–406.

Matzat J (2018) Selbsthilfegruppen und Gruppenpsychotherapie. In: Strauß B, Mattke D (Hrsg.) Gruppenpsychotherapie – Lehrbuch für die Praxis. 2. Aufl. Heidelberg: Springer. S. 467–484.

McCallum M, Piper WE, Ogrodniczuk JS, Joyce A S (2002) Early process and dropping out from short-term therapy for complicated grief. Group Dynamics: Theory, Research, and Practice 6: 243–254.

McGrath P (1964) Groups: Interaction and performance. Upper Saddle River: Prentice Hall.

McLaughlin SPB, Barkowski S, Burlingame GM, Strauss B, Rosendahl J (2019) Group psychotherapy for borderline personality disorder: A meta-analysis of randomized-controlled trials. Psychotherapy 56: 260–273.

Merton RK (1957) Continuities in the theory of reference groups and social structure. Social theory and social structure. New York, Free Press.

Michalak J, Bosch J, Heidenreich T Achtsamkeitsbasierte Psychotherapie. In: Rief W, Schramm E, Strauß B (Hrsg.) Psychotherapie – ein kompetenzorientiertes Lehrbuch. München: Elsevier. S. 585–590.

Mikulincer M, Shaver PR (2017) Augmenting the Sense of Attachment Security in Group Contexts: The Effects of a Responsive Leader and a Cohesive Group. International Journal of Group Psychotherapy 67: 161–175.

Mikulincer M, Shaver PR (2019) Augmenting the Sense of Attachment Security in Group Contexts: The Effects of a Responsive Leader and a Cohesive Group. In: Marmarosh CL (Hrsg.) Attachment in Group Psychotherapy. 1. Aufl. New York, Routledge. S. 5–19.

Milgram S (1974) Das Milgram-Experiment: zur Gehorsamsbereitschaft gegenüber Autorität. Reinbek: Rowohlt.

Mitchell J, Pyle R, Eckert E (1990) A comparison study of antidepressants and structured intensive group psychotherapy in the treatment of bulimia nervosa. Arch Gen Psychiat 47: 149–157.

Möller ML (1978) Selbsthilfegruppen. Reinbek: Rowohlt.

Morran DK, Stockton R, Teed C (1998) Facilitating feedback exchange in groups: Leader interventions. J Special Group Work 23: 257–268.

Müller JL, Saimeh N, Briken P et al. (2017) Standards für die Behandlung im Maßregelvollzug. Nervenarzt 88 (1): 1–29.

Muran JD (2019) Confessions of a New York rupture researcher: An insider's guide and critique. Psychother Res 29: 1–9.

Newnham EA, Hooke GR, Page AC (2010) Progress monitoring and feedback in psychiatric care reduces depressive symptoms. Journal of Affective Disorders 127: 139–146.

Nickel R, Egle UT (1999) Psychodynamisch-interaktionelle Gruppentherapie bei somatoformen Schmerzsstörungen. Stuttgart: Schattauer.

Norcross JC, Goldfried MR (2019) Handbook of psychotherapy integration. 3. Aufl. Oxford: Oxford University Press.

Norcross JC, Wampold BE (2020) Psychotherapy relationships that work. Washington: APA.

Oelkers C, Hautzinger M, Bleibel M (2007) Zwangsstörungen. Weinheim: PVU.

Ogrodniczuk J, Cheék J, Kealy D (2020) Group therapy development. Implications for nontherapy groups. In: Parks CD, Tasca GA (Hrsg.) The Psychology of Groups. Washington: APA. S. 231–248.

Ogrodniczuk JS, Joyce AS, Piper WE (2005) Strategies for Reducing Patient-Initiated Premature Termination of Psychotherapy. Harvard Review of Psychiatry 13: 57–70.

Ogrodniczuk JS, Piper WE, McCallum M, Joyce AS, Rosie JS (2002) Interpersonal Predictors of Group Therapy Outcome for Complicated Grief. International Journal of Group Psychotherapy 52: 511–535.

Ormont LR (1984) The leader's role in dealing with aggression in groups. Int J Group Psychoth 34: 553–572.

Paquin JD, Kivlighan DM (2016) All Absences Are Not the Same: What Happens to the Group Climate When Someone is Absent From Group? International Journal of Group Psychotherapy 66: 506–525.

Parks CD (2020) Group dynamics when battling a pandemic. Group Dynamics: Theory, Research, and Practice 24: 115–121.

Parks CD, Tasca GA (2020) The psychology of groups: the intersection of social psychology and psychotherapy research. Washington: American Psychological Association.

Petrucelli J, Schore A (2010) The right brain implicit self: A central machanism of the psychotherapy change process. In: Petrucelli J (Hrsg.) Knowing, Not-Knowing and Sort-of-Knowing: Psychoanalysis and the Experience of Uncertainty. London: Karnac. S. 177–202.

Piper WE, McCallum M (1994b) Selection of patients for group interventions. In: Bernard HS, MacKenzie KR (Hrsg.) Basics of group psychotherapy. New York: Guilford Press. S. 1–34.

Piper WE, Joyce A S, Rosie JS, Azim HFA (1994a) Psychological mindedness, work, and outcome in day treatment. International Journal of Group Psychotherapy. 44: 291–311.

Piper WE, Ogrodniczuk JS, Joyce AS, Weideman R (2011) Short-term group therapies for complicated grief. Washington, APA.

Platow MJ, Haslam A, Richter S (2020) The new psychology of leadership. Informing clinical practice. In: Parks CD, Tasca GA (Hrsg.) The Psychology of Groups. Washington: APA. S. 105–124.

Pope KS, Vasquez MJT (2013) Creating Strategies for Self-Care. In: Pope KS, Vasquez MJT (Hrsg.) Ethics in Psychotherapy and Counseling. Hoboken: Wiley. S. 69–77.

Pössel P, Horn A, Seemann S, Hautzinger M (2004) Lebenslust mit Hans & Lisa. Göttingen: Hogrefe.

Pratt JD (1907) The organisation of tuberculosis classes. Med Comm Massach Med Assoc 49: 755–759.

Pritz A (1983) Bemerkungen zu Raoul Schindlers wissenschaftlichem Werk. Gruppenpsychotherp Gruppendyn 34: 88–94.

Putnam RD (2001) Bowling alone: the collapse and revival of American community, 1. Touchstone ed. New York, NY: Simon & Schuster.

Ramos C, Costa PA, Rudnicki T, Marôco AL, Leal I, Guimarães R, Fougo JL, Tedeschi RG (2018) The effectiveness of a group intervention to facilitate posttraumatic growth among women with breast cancer. Psycho-Oncology 27: 258–264.

Rappe-Giesecke K (2009) Supervision für Gruppen und Teams. 4 Aufl. Heidelberg: Springer.

Reddemann L. (2017) Gruppentherapie in der Traumabehandlung. In: Mattke D, Strauß B (Hrsg.) Keine Angst vor Gruppen. 3. Aufl. München: Pfeifer. S. 278–370.

Richter H-E (1972) Die Gruppe. Hoffnung auf einen neuen Weg, sich selbst und andere zu befreien. Psychoanalyse in Kooperation mit Gruppeninitiativen. Hamburg: Rowohlt.

Rief W, Schramm E, Strauß B (2021) Psychotherapie Ein kompetenzorientiertes Lehrbuch. München: Elsevier.

Ringelmann M (1913) Research on animate sources of power: The work of man. Annal Inst Nat Agronom 12: 1–40.

Riva MT (2014) Supervision of Group Leaders. In: DeLucia-Waack JL, Kalodner CR, Riva MT (Hrsg.) Handbook of Group Counseling & Psychotherapy. London, SAGE Publications, Inc. S. 146–158.

Rock CL, Flatt SW, Byers TE, Colditz GA, Demark-Wahnefried W, Ganz PA, Wolin KY, Elias A, Krontiras H, Liu J, Naughton M, Pakiz B, Parker BA, Sedjo RL, Wyatt H (2015) Results of the Exercise and Nutrition to Enhance Recovery and Good Health for You (ENERGY) Trial: A Behavioral Weight Loss Intervention in Overweight or Obese Breast Cancer Survivors. JCO 33: 3169–3176.

Roller B, Nelson V (1993) Cotherapy. In: Kaplan HI, Sadock BJ (Hrsg.) Comprehensive group psychotherapy. Baltimore: Williams und Wilkins.

Rosa H (2019) Resonanz, Frankfurt: Suhrkamp.

Rutan J, Greene LR, Kaklauskas F (2020a) Preparing to Begin a New Group. In: Kaklauskas FJ, Greene LR (Hrsg.) Core principles of group psychotherapy an integrated theory, reserach, and practice training manual. New York, NY: Routledge. S. 89–100.

Rutan JS, Greene LR, Kaklauskas F (2020b) Basic Leadership Tasks. In: Kaklauskas FJ, Greene LR (Hrsg.) Core principles of group psychotherapy: a training manual for theory, research, and practice. New York, NY: Routledge. S. 112–121.

Rutan JS, Stone WN, Shay JJ (2014) Psychodynamic group psychotherapy. 5. Aufl. New York: Guilford.

Sachse U (1989) Psychotherapie mit dem Sheriff-Stern. Gruppenpsych Gruppendyn 25: 141–158.

Sader M (2008) Psychologie der Gruppe. 9. Aufl. Weinheim: Juventa.

Safran JD, Muran JC, Eubanks-Carter C (2011) Repairing alliance ruptures. Psychotherapy 48(1): 80–87.

Safran JD, Muran JC (2000) Negotiating the therapeutic alliance: A relational treatment guide. New York: Guilford.Sanders G (1981) Driven by distraction: An integrative review of social facilitation theory and research. J Exp Soc Psychol 17: 227–251.

Sbandi P (1973) Gruppenpsychologie: Einführung in die Wirklichkeit der Gruppendynamik aus sozialpsychologischer Sicht. 2. Aufl. München: Pfeiffer.

Schattenburg L (2018) Gruppentherapie in der psychosomatischen Rehabilitation. In: Strauß B, Mattke D (Hrsg.) Gruppenpsychotherapie – Lehrbuch für die Praxis. 2. Aufl. Heidelberg: Springer. S. 429–438.

Schellekens MPJ, Tamagawa R, Labelle LE, Speca M, Stephen J, Drysdale E, Sample S, Pickering B, Dirkse D, Savage LL, Carlson LE (2017) Mindfulness-Based Cancer Recovery (MBCR) versus Supportive Expressive Group Therapy (SET) for distressed breast cancer survivors: evaluating mindfulness and social support as mediators. J Behav Med 40: 414–422.

Schindler R (1971) Die Soziodynamik der Gruppen: A Heigl-Evers (Hrsg.) Psychoanalyse und Gruppe. Göttingen, Vandenhoek & Ruprecht. S. 21–33.

Schindler R (2016) Das lebendige Gefüge der Gruppe. Gießen: Psychosozial.

Schlapobersky JR (2016) From the couch to the circle: group-analytic psychotherapy in practice. London; New York: Routledge, Taylor & Francis Group.

Schleu A (2021) Grenzüberschreitungen in der Psychotherapie. Heidelberg: Springer.

Schneider K (2015) Presence: The core contextual factor of effective psychotherapy. Existential Anal 26: 304–313.

Schneider W (2018) Nebenwirkungen der Psychotherapie beim Psychotherapeuten. In: Linden M, Strauß B (Hrsg.) Risiken und Nebenwirkungen von Psychotherapie. Berlin: WMV. S. 137–154.

Schore A (2012) The science and art of psychotherapy. New York: Norton.

Schubert T, Degott N, Strauß B (2016) Operationalisierte Basisdokumentation von Gruppenpsychotherapien: Entwicklung, Grundlagen und Beschreibung des Systems. Psychotherapeut 61: 376–383.

Schultz-Venrath U (2013) Analytische und gruppenanalytische Ausbildung und ihre institutionelle Organisation – ein Problem? Mehr als ein Editorial. Gruppenpsychotherapie und Gruppendynamik 49: 1–5.

Schultz-Venrath U (2016) Un(d)zeitgemäßes über Gruppenpsychotherapie(n) …. Gruppenpsychotherapie und Gruppendynamik 52: 292–307.

Schultz-Venrath U (2017) Therapie von Persönlichkeitsstörungen aus Sicht der Mentalisierungsbasierten Therapien: Therapie von Persönlichkeitsstörungen aus Sicht der Mentalisierungsbasierten Therapien. PTT – Persönlichkeitsstörungen: Theorie und Therapie 21: 25–38.

Schultz-Venrath U (2018) »Die Gruppentechnik muss ein analytisches Verfahren sein«: Editorische Anmerkungen zu Hans Caspar Syz »Über eine soziale Auffassung neurotischer Zustände« (1927/1928). Gruppenpsychotherapie und Gruppendynamik 54: 35–38.

Schultz-Venrath U (2018) Gruppenanalyse. In: Strauss B, Mattke D (Hrsg.) Gruppenpsychotherapie – Lehrbuch für die Praxis. 2. Aufl. Heidelberg: Springer. S. 119–130.

Schultz-Venrath U, Felsberger (2016) Mentalisieren in Gruppen. Stuttgart: Klett-Cotta.

Schulze D (2019) Gruppenpsychotherapie mit Erwachsenen. In: Trautmann-Voigt S, Voigt B (Hrsg.) Mut zur Gruppentherapie! Stuttgarrt: Schattauer. S. 81–150.

Schuman DL, Slone NC, Reese RJ, Duncan B (2015) Efficacy of client feedback in group psychotherapy with soldiers referred for substance abuse treatment. Psychotherapy Research 25: 396–407.

Schutz W (1958) William C. Schutz. FIRO, A three-dimensional theory of interpersonal behavior. New York: Rinehart.

Schwartze D, Barkowski S, Burlingame GM, Strauss B, Rosendahl J (2016a) Efficacy of group psychotherapy for obsessive-compulsive disorder: A meta-analysis of randomized controlled trials. Journal of Obsessive-Compulsive and Related Disorders 10: 49–61.

Schwartze D, Barkowski S, Strauß B, Rosendahl J (2016b) Wirksamkeit von Gruppenpsychotherapie und ihre Bedeutung in Behandlungsleitlinien am Beispiel der Gruppenpsychotherapie von Angststörungen. Gruppenpsychotherapie und Gruppendynamik 52: 128–141.

Schwartze D, Barkowski S, Strauss B, Burlingame GM, Barth J, Rosendahl J (2017) Efficacy of group psychotherapy for panic disorder: Meta-analysis of randomized, controlled trials. Group Dynamics: Theory, Research, and Practice 21: 77–93.

Schwartze D, Barkowski S, Strauss B, Knaevelsrud C, Rosendahl J (2019) Efficacy of group psychotherapy for posttraumatic stress disorder: Systematic review and meta-analysis of randomized controlled trials. Psychotherapy Research 29: 415–431.

Seidler C, Misselwitz I, Heyne S, Küster H (2010) Das Spiel der Geschlechter und der Kampf der Generationen: Gruppenanalyse in Ost und West. Göttingen: Vandenhoeck & Ruprecht.

Senf W (1988) Stationär-ambulante psychoanalytische Gruppenpsychotherapie. In: Becker H, Senf W (Hrsg.) Stationäre Psychotherapie. Stuttgart: Thieme. S. 56–84.

Shapiro EL, Gans JS (2008) The Courage of the Group Therapist. International Journal of Group Psychotherapy 58: 345–361.

Sherif M, Harvey O, White B, Hood W, Sherif C (1961) The Robbers Cave experiment: intergroup conflict and cooperation: The Robbers Cave experiment., 1st Wesleyan ed. Middletown, Conn: Scranton, Pa: Wesleyan University Press; Harper & Row.

Shields GS, Spahr CM, Slavich GM (2020) Psychosocial Interventions and Immune System Function: A Systematic Review and Meta-analysis of Randomized Clinical Trials. JAMA Psychiatry 77: 1031.

Siegel DJ (2012) The developing mind: how relationships and the brain interact to shape who we are. New York: Guilford.

Simmel G (1898) Die Selbsterhaltung der socialen Gruppe. Frankfurt; Suhkamp.

Sipos V, Schweiger U (2018) Gruppentherapie. Ein Handbuch für die ambulante und stationäre verhaltenstherapeutische Praxis. 2. Auflage. Stuttgart: W. Kohlhammer

Slone NC, Reese RJ, Mathews-Duvall S, Kodet J (2015) Evaluating the efficacy of client feedback in group psychotherapy. Group Dynamics: Theory, Research, and Practice 19: 122–136.

Smith ER, Murphy J, Coats S (1999) Attachment to groups: Theory and management. Journal of Personality and Social Psychology 77: 94–110.

Spiegel D, Bloom JR, Kraemer HC, Gottheil E (1989) Effect of psychosocial treatment on survival of patients with metastatic breast cancer. Lancet 2: 888–891.

Spitzer C (2021) Stationäre Psychotherapie. In: Rief W, Schramm E, Strauß B (Hrsg.) Psychotherapie Ein kompetenzorientiertes Lehrbuch. München: Elsevier. S. 648–652.

Staats H (2018) Eine Gruppenanalyse und viele: Kommentar zu Farhad Dalals Arbeit und seiner Frage: »Eine Gruppenanalyse oder viele?« Gruppenpsychotherapie und Gruppendynamik 54: 94–103.

Staats H, Bolm T, Hofmann-Dally A (2014) Gruppenpsychotherapie und Gruppenanalyse: ein Lehr- und Lernbuch für Klinik und Praxis. Göttingen: Vandenhoeck & Ruprecht.

Stahl E, Schulz von Thun F (2017) Dynamik in Gruppen: Handbuch der Gruppenleitung. 4. vollständig überarbeitete und erweiterte Aufl. Weinheim: Beltz.

Stangier U, Heidenreich T, Peitz M (2003) Kognitive Verhaltenstherapie der sozialen Phobie. Weinheim: Beltz.

Steiner I (1972) Group process and productivity. New York: Academic Press.

Sternburg S, Trijsburg W (2005) The relationship between therapeutic interventions and therapeutic outcome. Unpublished Manuscript, Amsterdam, University of Amsterdam.

Stippel A, Lehmkuhl G (2018) Gruppen mit Kindern und Jugendlichen. In: Strauß B, Mattke D (Hrsg.) Gruppenpsychotherapie – Lehrbuch für die Praxis. 2. Aufl. Heidelberg: Springer. S. 371–380.

Stock Whitaker D, Lieberman M (1976) Methodologische Ansätze zur Beurteilung von Gesamtgruppenprozessen. In: Ammon G (Hrsg.), *Analytische Gruppendynamik*. Hamburg: Hoffmann & Campe, S. 226–239.

Stockton R, Morran D, Chang S (2013) An overview of current research and best practices for training beginning group leaders. In: DeLucia-Waack JL, Gerrity D, Kalodner CR, Riva MT (Eds.) Handbook of group counseling and psychotherapy. Thousand Oaks, Calif: Sage Publications. pp. 133–145.

Stockton R, Rohde RI, Haughey J (1992) The Effects of Structured Group Exercises on Cohesion, Engagement, Avoidance, and Conflict. Small Group Research 23: 155–168.

Strauss AL (1959) Spiegel und Masken. Die Suche nach Identität. Frankfurt am Main: Suhrkamp.

Strauß B (2011) Gruppenpsychotherapie in der stationären psychotherapeutischen Behandlung: 20 Jahre Arbeitskreis »Stationäre Gruppenpsychotherapie«. Psychotherapeut 56: 341–344.

Strauß B (2016a) Prinzipien der psychodynamischen Gruppenpsychotherapie. PSYCH up2date 10: 411–425.

Strauß B (2016b) Die Kombination von Einzel- und Gruppenpsychotherapie aus der Sicht der Psychotherapieforschung: Die Kombination von Einzel- und Gruppenpsychotherapie aus der Sicht der Psychotherapieforschung. PDP – Psychodynamische Psychotherapie 15: 160–171.

Strauß B (2018a) Verlorene Befunde der Psychotherapie(forschung): Hintergründe einer Psychotherapiegeschichtsvergessenheit. Psychotherapeut 63: 13–21.

Strauß B (2018b) Die Gruppe als sichere Basis: Bindungstheoretische Überlegungen zur Gruppenpsychotherapie. In: Strauß B, Mattke D (Hrsg.) Gruppenpsychotherapie – Lehrbuch für die Praxis, 2. Aufl. Heidelberg, Springer. S. 85–98.

Strauß B (2018c) Formale Veränderungstheorie und Gruppenleitung. In: Strauß B, Mattke D (Hrsg.) Gruppenpsychotherapie – Lehrbuch für die Praxis. 2. Aufl. Heidelberg, Springer. S. 181–190.

Strauß B (2021a) You can't make an omelet without breaking eggs. International Journal of Group Psychotherapy 71: 472–480.

Strauß B (2021b) In: Gruppenpsychotherapie. In: Rief W, Schramm E, Strauß B (Hrsg.) Psychotherapie Ein kompetenzorientiertes Lehrbuch. München: Elsevier. S. 653–662

Strauß B, Burgmeier-Lohse M (1994) Stationäre Langzeitgruppentherapie: ein Beitrag zur empirischen Psychotherapieforschung im stationären Feld. Heidelberg: Asanger.

Strauß B, Burgmeier-Lohse M (1995) Merkmale der »Passung« zwischen Patienten und Therapeut als Determinante des Behandlungsergebnisses in der stationären Gruppentherapie. Zeitschrift für Psychosomatische Medizin und Psychoanalyse 41: 127–140.

Strauß B, Drobinskaya A (2018) Erste Erfahrungen mit dem »Fragebogen zu Nebenwirkungen in der Gruppentherapie und unerwünschten Gruppenerfahrungen« (NUGE 24). Psychother Psych Med 68: 437–442.

Strauß B, Mattke D (2007) Differenzielle Indikationsstellung für die psychodynamische Gruppenpsychotherapie: Differenzielle Indikationsstellung für die psychodynamische Gruppenpsychotherapie. PDP – Psychodynamische Psychotherapie 6: 78–88.

Strauß B, Mattke D (2009) Das Fortbildungscurriculum »Keine Angst vor Gruppen«- Allgemeine und störungsorientierte Techniken der institutionellen Gruppenpsychotherapie (AsTiG). Gruppenpsychotherapie und Gruppendynamik 45: 128–138.

Strauß B, Mattke D (2018) Gruppenpsychotherapie – Lehrbuch für die Praxis. 2. Aufl. Heidelberg: Springer.

Strauß B, Nolte T (2020) Bindungsforschung. In: Egle U, Heim C, Strauß B, von Känel R (Hrsg.) Psychosomatik – neurobiologisch fundiert und evidenzbasiert. Ein Lehr- und Handbuch. Stuttgart: Kohlhammer. S. 171–184.

Strauß B, Kirchmann H (2004) Eine naturalistische Studie zu Veränderungen therapeutischer Faktoren in der Gruppenanalyse – Ergebnisse der GRAS-Studie. Gruppenpsychotherapie und Gruppendynamik 40: 394–415.

Strauß B, Schauenburg H (2017) Bindung in Psychologie und Medizin: Grundlagen, Klinik und Forschung – ein Handbuch. 1. Aufl. Stuttgart: Verlag W. Kohlhammer.

Strauß B, Weber R (2014) Allgemeine und spezifische Wirkfaktoren in Gruppen. In: Staats JH, Dally A, Bolm Th (Hrsg.) Gruppenpsychotherapie und Gruppenanalyse. Göttingen, Vandenhoel & Ruprecht. S. 72–79.

Strauß B, Eckert J, Ott J (1993) Interpersonale Probleme in der stationären Gruppenpsychotherapie- Entwicklung einer Verbundstudie (Editorial). Gruppenpsychotherapie und Gruppendynamik 29: 223–226.

Strauß B, Eckert J, Tschuschke V (1996) Methoden zur empirischen Forschung in der Gruppenpsychotherapie – Ein Handbuch. Westdeutscher Verlag.

Strauss B, Burlingame GM, Bormann B (2008) Using the CORE-R battery in group psychotherapy. Journal of Clinical Psychology 64: 1225–1237.

Strauß B, Burlingame GM, Rosendahl J (2020) Neue Entwicklungen in der Gruppenpsychotherapieforschung – ein Update. Psychotherapeut 65: 225–235.

Strauß B, Rosendahl J, Berger U (2021a) Bedeutung der COVID-19-Pandemie für die öffentliche Gesundheit und gruppenpsychologische Aspekte – Teil 2 einer (vorläufigen) Übersicht. Psychotherapeut 66: 175–185.

Strauß B, Berger U Rosendahl J (2021b) Bedeutung der COVID-19-Pandemie für die psychische Gesundheit und Konsequenzen für die Psychotherapie – Teil 1 einer (vorläufigen) Übersicht. Psychotherapeut 66: 186–194.

Strauss B, Kirchmann H, Eckert J, Lobo-Drost A, Marquet A, Papenhausen R, Mosheim R, Biebl W, Liebler A, Seidler K-P, Schreiber-Willnow K, Mattke D, Mestel R, Daudert E, Nickel R, Schauenburg H, Höger D (2006) Attachment characteristics and treatment outcome following inpatient psychotherapy: Results of a multisite study. Psychotherapy Research 16: 579–594.

Strauß B, Burlingame GM, Joyce T, MacKenzie KR, MacNair-Semands R, Ogrodniczuk J, Taylor S (2006) Entwicklung eines Basismethodeninventars für die gruppenpsychotherapeutische Praxis und Forschung (CORE-R). Gruppenpsychotherapie und Gruppendynamik 42: 207–229.

Strauß B, Schreiber-Willnow K, Kruse J, Schattenburg L, Seidler K-P, Fischer T, Papenhausen R, Möller E, Dobersch J, Leiteritz WW-, Leiteritz A, Huber T, Kriebel R, Liebler A, Mattke D, Weber R, Bormann B (2012) Ausbildungshintergrund, Alltagspraxis und Weiterbildungsbedarf von Gruppenpsychotherapeuten in der stationären Psychotherapie – Ergebnisse einer Umfrage. Zeitschrift für Psychosomatische Medizin und Psychotherapie 58: 394–408.

Strauss B, Spangenberg L, Brähler E, Bormann B (2015) Attitudes Towards (Psychotherapy) Groups: Results of a Survey in a Representative Sample. International Journal of Group Psychotherapy 65: 410–430.

Syz HC (1928/2018) Über eine soziale Auffassung neurotischer Zustände. Gruppenpsychotherapie und Gruppendynamik 54: 39–53.

Taifel H, Turner JC (1986) The social identity theory of intergroup behavior. In: Worchel S, Austin WG (Hrsg.) Psychology of intergroup relations. Chicago: Nelson-Hall. S. 7–24.

Talley PF, Strupp HH, Butler SF (Hrsg.) (1994) Psychotherapy research and practice: Bridging the gap. New York: Basic Books.

Tasca GA, Mikail SF, Hewitt PL (2021) Group psychodynamic-interpersonal psychotherapy: an evidence-based transdiagnostic approach. Washington, DC: American Psychological Association.

Tasca GA, Ritchie K, Demidenko N, Balfour L, Krysanski V, Weekes K, Barber A, Keating L, Bissada H (2013) Matching women with binge eating disorder to group treatment based on attachment anxiety: Outcomes and moderating effects. Psychotherapy Research 23: 301–314.

Torres E, Pedersen IN, Pérez-Fernández JI (2018) Randomized Trial of a Group Music and Imagery Method (GrpMI) for Women with Fibromyalgia. Journal of Music Therapy 55: 186–220.

Trautmann-Voigt S, Voigt H (2019) Mut zur Gruppentherapie!: das Praxisbuch für gruppenaffine Psychotherapeuten: Leitfäden – Interventionstipps – Antragsbeispiele nach der neuen PT-Richtlinie. Stuttgart: Schattauer.

Triplett N (1898) The Dynamogenic Factors in Pacemaking and Competition. The American Journal of Psychology 9: 507.

Torres E, Pedersen IN, Pérez-Frenandéz JI (2018) Randomized trial of a group music and imagery therapy for women with fibromyalgia. J Music Ther 55: 186–220.

Tsai M, Ogrodniczuk J, Sochting L, Mirmiran J (2014) Forecasting success: Patients' expectations for improvement and their relations to baseline, process and outcome variables in group cognitive psychotherapy for depression. Clinical Psychology and Psychotherapy 21: 97–107.

Tschuschke V (1993) Wirkfaktoren stationärer Gruppenpsychotherapie. Göttingen: Vandenhoeck & Ruprecht.

Tschuschke V (2010) Gruppenpsychotherapie. Stuttgart: Thieme.

Tuckman BW (1965) Developmental sequence in small groups. Psychological Bulletin 63: 384–399.

Tuckman BW, Jensen MAC (1977) Stages of Small-Group Development Revisited. Group & Organization Studies 2: 419–427.

Türk D (2018) Kombinierte und parallele Einzel- und Gruppentherapie – immer noch ein rotes Tuch? Gruppenpsychotherapie und Gruppendynamik 52: 330–343.

Uziel L (2007) Individual differences in the social facilitation effect: A review and meta-analysis. Journal of Research in Personality 41: 579–601.

van Haren W (2014) (Therapie-)Krisen in der Gruppe: Positive Negativverfahrungen. Psychotherapeut 59: 52–56.

van Haren W (2020) Kombinationsbehandlung. Vertiefung der Effekte. Deutsches Ärzteblatt PP, Oktober 2020: 453–455.

van Haren W, Willweber M (2019) Kombinierbarkeit von Einzel- und Gruppentherapie im Rahmen der psychoanalytisch begründeten Verfahren: Ergebnisse einer Patientenbefragung in der ambulanten Psychotherapie. Psychotherapeut 63: 491–500.

Vinogradov S, Yalom ID (1989) Group psychotherapy. Washington: American Psychiatric Press.

von Ameln F, Gerstmann R, Kramer J (2009) Psychodrama. 2. Aufl. Heidelberg: Springer.
Vogel E, Blanck P, Bents H, Mander J (2016) Wirkfaktoren in der Gruppentherapie: Entwicklung und Validierung eines Fragebogens. Z Psychosom Med Psychother 66(5): 170–179.
Vopel KW (1970) Interaktionsspiele. Salzhausen: Isko-Press.
Walendzik A, Rabe-Meussa C, Lux G, Wasem J, Jahn R (2011) Erhebung zur ambulanten psychotherapeutischen Versorgung. Berlin: DPTV.
Walser RD, Pistorello J (2005) ACT in Group Format. In: Hayes SC, Strosahl KD (Hrsg.) A Practical Guide to Acceptance and Commitment Therapy. Boston, MA: Springer US. S. 347–372.
Wampold BE, Imel ZE, Flückiger C (2018) Die Psychotherapie-Debatte: was Psychotherapie wirksam macht. 1. Aufl. Göttingen: Hogrefe.
Watzke B, Scheel S, Bauer C, Rüddel H, Jürgensen R, Andreas S, Koch U, Schulz H (2004) Differenzielle Gruppenerfahrungen in psychoanalytisch und verhaltenstherapeutisch begründeten Gruppenpsychotherapien. Psychother Psychosom Med Psychol 54: 348–357.
Weber R, Ogrodniczuk J, Schultz-Venrath U, Strauss B (2013) Zum Verhältnis von Forschung und klinischer Praxis – Ergebnisse der Mitgliederbefragung der Deutschen Gesellschaft für Gruppenanalyse und Gruppenpsychotherapie (D3G) zur Wahrnehmung von Psychotherapieforschung 1. Gruppenpsychotherapie und Gruppendynamik 49: 37–52.
Weber RL, Gans JS (2003) The Group Therapist's Shame: A Much Undiscussed Topic. null 53: 395–416.
Weinberg H (2020) Online group psychotherapy: Challenges and possibilities during COVID-19–A practice review. Group Dynamics: Theory, Research, and Practice 24: 201–211.
Weinberg H, Rolnick A (2019) Theory and practice of online therapy: internet-delivered interventions for individuals, groups, families, and organizations. New York: Routledge.
Wheelan SA (2005) The Handbook of Group Research and Practice. New York, Routledge.
Wheelan SA (2005) Group processes: a developmental perspective. Boston: Allyn and Bacon.
Whittingham M (2015) Focused brief group psychotherapy. In: Neukrug E (Hrsg.) The Sage encyclopedia of theory in counseling and psychotherapy. Thousand Oaks: SAGE Publications. S. 1–2.
Whittingham M (2017) Attachment and Interpersonal Theory and Group Therapy: Two Sides of the Same Coin. International Journal of Group Psychotherapy 67: 276–279.
Winter F, Aguilar-Raab C, Blanck P, Schaller G, Vogel E, Munder J (2020) Wirkfaktoren der Gruppentherapie: Fragebogen zur Messung der therapeutischen Perspektive. Psychother Psych Med 70: 1012–2078.

Yalom ID (1970) The theory and practice of group psychotherapy, 1st edition. New York: Basic Books.

Yalom ID (1983) Inpatient group psychotherapy. New York: Basic Books

Yalom ID (2005a) Im Hier und Jetzt: Richtlinien der Gruppenpsychotherapie. München: btb.

Yalom ID (2005b) Die Schopenhauer-Kur: Roman, 6. Aufl. München: btb

Yalom ID, Leszcz M (2020) The theory and practice of group psychotherapy, Sixth edition. New York: Basic Books.

Zajonc RB (1965) Social Facilitation. Science 149: 269–274.

Zaslav MR (1988) A Model of Group Therapist Development. International Journal of Group Psychotherapy 38: 511–519.

Zimmer B, Haug S (2018) Virtuelle Gruppentherapie. In: Strauß B, Mattke D (Hrsg.) Gruppenpsychotherapie- Lehrbuch für die Praxis. Berlin, Heidelberg: Springer. S. 453–466.

Sachwortverzeichnis

A

Akzeptanz- und Commitment-
 Therapie 69
Akzeptanz von Gruppen 36
alexithyme Merkmale 156
Alliance Ruptures 147
Allianz 145, 168, 196
ambulante Gruppenpsycho-
 therapie 34, 75
– Kontingente 76
Anatomie und Physiologie der
 Gruppe 116
Ängste gegenüber Gruppen 32
anliegenbezogene verhaltensthérapeu-
 tische Gruppen 64
Anonymous-Gruppen 74
Arche-Noah-Prinzip 154
Attraktionsforschung 100
Aufnahmekriterien 91
Ausbildung 36, 208, 211, 213, 219
Auswahl von Gruppenmitglie-
 dern 90

B

Beendigung von Gruppen 148
Bindungssystem 158

C

CORE-Battery 103, 200
COVID-19-Pandemie 25, 86

D

Deutscher Arbeitskreis für Gruppenpsychotherapie und Gruppendynamik 30
Dimension 143
dunkle Seite 24, 26

E

Einfluss 133
einzelfallorientierte Gruppen-
 konzepte 40
Eisbergmodell 114
Entscheidungsfindung 134
Ethik 217

F

Feedbacksysteme 194
Focused brief group therapy 192
Formierung von Gruppen 99, 114,
 123
Funktionen eines Gruppenleiters 166

G

Geschichte 42, 45, 58
Geschichtsvergessenheit 70
Gesprächsselbsthilfegruppen 74
Göttinger Modell 155
Grenzen 123

Group Psychodynamic-Interpersonal Psychotherapy 192
Group Psychotherapy Intervention Rating Scale 204 f.
Group Readiness Questionnaire 94
Group Therapy Questionnaire 94
Grundannahmen 56, 113
Grundthemen 150
Gruppe
– intermediäre Instanz 21
– soziale Form 20
Gruppen im institutionellen Kontext 79
Gruppen in der forensischen Psychiatrie 82
Gruppenanalyse 42 f., 54 f.
gruppenanalytische Methoden 58
Gruppenbindung 20, 157
Gruppendenken 25, 126, 134
Gruppendruck 24
Gruppendynamik 20, 99, 111, 113 f., 116, 128, 133, 151, 173
Gruppenentwicklung 119, 122 f.
Gruppenform 89
Gruppenfragebogen 146
Gruppengröße 87
Gruppenidentität 31
Gruppenklima 145 f.
Gruppenklimafragebogen 123
Gruppenkonflikte 138
Gruppenleistung 98, 135
Gruppenleiter 140, 165, 203
– Aufgaben 166
Gruppennormen 125 f.
Gruppenprozesse 96, 114, 116, 140, 150
gruppenpsychotherapeutische Kompetenz 70, 178
Gruppenpsychotherapie
– Begriff 43
Gruppenpsychotherapie in der Psychiatrie 82
Gruppenschock 219
Gruppenstruktur 113

Gruppensupervision 221
Gruppentherape
– störungsspezifisch 154
Gruppentherapieforschung 131, 183
Gruppenzusammensetzung 87

H

humanistische Gruppentherapien 65

I

IMELDA 201, 206
Information 201
integratives Modell 81
intendierte dynamische Gruppenmethode 58
interaktionsorientierte Gruppenkonzepte 40
Interaktionsprozessanalyse 115
Intragruppenkonflikte 137
Inventar zur Erfassung interpersonaler Probleme 95

J

Johari-Fenster 109

K

kognitive Verhaltenstherapie 64
Kohäsion 144 f., 196
Kombination von Einzel- und Gruppenpsychotherapie 77
Kommunikationsregeln 105
Konformität 27
Konformitätsdruck 25
Ko-Therapeuten 176
Kultur der Reflexion 161
Kurzzeitgruppen 89

L

Leiterstile 171

M

Macht 132
Machtbeziehungen 132
Massenpsychologie 23
Matching 153
Matrix 55
Mentalisierungsbasierte Gruppenpsychotherapie 63
Mentalisierungsfähigkeit 156
Meta-Analysen 186
Milgram-Experiment 28
Milieutherapie 23, 44
Mindfulness 69
Mobbing 32
Modernisierung 30
Motivationseinschätzung 92

N

Nebenwirkungen 193
Neurowissenschaften 198

O

Onkologie 190
Onlinegruppen 84
Operationalisierte Basisdokumentation für Gruppenpsychotherapie 205

P

Peer Group 20
Persönlichkeitsmerkmale 156
Plastizität des Gehirns 159
Praxisleitlinien 216
Primäre Gruppen 20
Prinzip »Antwort« 63
Prozessforschung 196 f.

psychoanalytisch-interaktionelle Methode 61
Psychodynamische Gruppentherapie 53
Psychoedukation 69
psychoedukative Gruppen 42, 69
psychological mindedness 96, 156
psychosomatische Rehabilitation 83
Psychotherapieverfahren 51
PsyRENA 83 f.

Q

Qualitätssicherung 200

R

Rahmenbedingungen 87
Reformen 35
Robbers-Cave-Experiment 28
Rolle 127

S

Schmerz 191
»schwierige« Patienten 161
Selbsthilfegruppen 74
Selbstmord 19
Selbstöffnung 141, 143 f.
Selbstpsychologie 158
Situational-Leadership-Modell 174
Sitzungszahl 87
soziale Aktivierung 136
sozialer Mikrokosmos 22
Sozialpsychologie 26, 99, 127
soziodynamische Grundformel 131
soziodynamische Rangpositionen 128
Soziogramm 131
Spiegelphänomene 56
Stanford Prison Experiment 26
störungsspezifische, mitgliederorientierte Gruppentherapie 40
strukturelle Aspekte 72

Sachwortverzeichnis

Subgruppen 123
supportive Kurzzeittherapie 59
Systematic Multiple Level Observation of Groups 115
Systemzentrierte Gruppenpsychotherapie 68

T

Theorie des sozialen Vergleiches 100
therapeutische Faktoren 141 f.
therapeutische Gemeinschaft 44
therapeutische Gruppen
– Typen 72
transdiagnostisch 154
Traumafolgestörungen 154
Triple-E 192
Typen von Gruppen 113

V

Veränderungstheorie 39
Verhaltenstherapie 44
veröffentlichte Social Impact Theory 133
Vorbereitung und Information 101

W

Weiterbildung 162, 208
Wirkprinzipien 70
Wirksamkeit 185
Working Alliance 168

Z

Zusammensetzung von Gruppen 97